KB160354

예술인류학으로 본

풍물굿

예술인류학으로 본 풍류도

• 박정진 지음

이담 Books

내가 알기에는 풍류도는 학문, 예술, 종교를 통합한, 그리고 진(眞), 선(善), 미(美)를 통합한, 그래서 거의 완벽한 인간상에 도달하는 것을 목표로 삼고 있는 도이다. 오늘날 인간은 이들 세 가지 중에서 하나만이라도 갖추면 성공한 것으로 간주된다. 그러나 이것은 한마디로 인간을 불완전한 것으로 만들고 만다. 우리 조상들은 그렇지 않았다. 진리를 탐구하면서도 도덕을 닦았고 아름다움을 갖추었다. 그런데 지금은 진리와 도덕과 아름다움이 서로 떨어져서 인간을 불완전하게 만들고 있다. 굳건한 학문적 토대 위에서 풍류도를 오늘의 의미로 되살리지 않으면 안 된다. 풍류도는 부활하여야 한다.

풍류도가 부활하지 않으면 우리 민족은 결코 문화의 주인이 되지 못한다. 반대로 풍류도가 부활하면 우리는 반드시 문화의 주인이 될 것이다. 풍류도의 내용은 결국 신과 하나가 되는 '신인합일(神人合一)'에 있다. 이 책을 다 읽고 이것을 깨달으면 성공한 셈이다. 인간은 흔히 육체의 한시성(限時性) 때문에 육체를 하찮게 보기도 한다. 그래서 사후의 영혼의 세계를 위해 육체를 버리는 것을 숭고한 것으로 여기는데, 이것은 영육이분법(靈肉二分法)에 의한 함정이다. 영혼의 육화 과정은 육체의 승화 과정과 똑같이 중요하다. 그 평범한 육체 속에 영혼이 깃들며 영육은 순환하고 있다. 인간은 신이 되고 싶어 한다. 반대로 신은 인간이 되고 싶어 한다. 모든 말(언어)로 되는 것은 존재하며 소통한다. '신'이라는 말도 여기선 예외가 아니다.

서구 역사는 '신은 죽었다.'고 파산선고를 내렸다. 그래서 신은 타락하고 말았다. 그러나 한국인은 아직도 신과 활발한 거래(소통)를 하고 있다. 왜냐하면 한국인은 신성(神聖)에서 인간성(人間性)을 제외시키지도 않았으며 인간성에서도 신성의 가능성을 배제하지 않았기 때문이다. 정·기·신(精·氣·神), 이 삼자는 소통하지 않으면 죽은 것이다. 신바람이 나지 않으면 죽은 삶이다.

그래서 한국인은 역사책 속에서 말로만 운위되는 신을 믿지 않는다. 역사화라는 것이 얼마나 신들을, 인간들을, 사실들을 왜곡시키는지 알고 있다. 때로는 역사학의 천재인 서구인들에게, 중국인들에게, 일본인들에게 침략을 당하기도 했지만 역사가 한국인의 신화(神話)를 잠재울 수는 없었다. 풍류도는 이 신화를 되살리는 지름길이다. 역사는 신화의 현현(顯現)이거나 죽은(맥 빠진) 신화에 불과하다. 한국인은 하찮은 돌덩어리에서도 신을 불러낸다. 또 그것이 역사적 언어가 되게 한다. 그리고 합장(기도)만 하면 육체적 본능에 너무 연연하지도 않는다. 사람과 사람 사이에 신을 개입시키고, 신들은 축제나 협동 속에서 노래와 춤을 통해 들어온다. 때로는 축제는 난장판(난장트기)이 되기도 하지만 그 극적인 의례(ritual) 속에 삶의 균형 잡기를 한다.

한국인의 보다 광범위한 신(神)은 기(氣)이다. 기(氣)는 어떤 모양의 신(神)도 만들어 내는 재료이다. 그것은 정(精)으로 고정되기도 한다. 한국인의 기(氣)는 선비적 특성을 가졌다. 일본의 기(氣)는 기생적(妓生的) 특성을 가졌으며 중국의 기는 장군적(將軍的) 특성을 가진 데 비해서 그렇다. 한국 선비도의 원형이 '풍류도(風流道)'이다. 이 풍류도 문화는 일찍이 문화의 진선미(眞善美)를 합친 총체로서 우리 조상의 문화적 이상형이었다. 풍류도는 조선조의 선비정신보다는 훨씬 활기차고 생명력이 있는 자유분방한 문화였다. 이것은 자연주의가 이룩한 이 땅의 최고의 문화적 유산이다. 오늘날 이 풍류도를 되살리는 것이 문화인과 문화인류학자의 목표가 되지 않으면 안 된다.

풍류도(風流道)가 중요한 이유는 이 삶의 방식이 학문과 예술과 종교, 진선미를 통합하여 인간의 전체성을 훼손하지 않는 가운데 인간을 완성에 이끄는 점 때문이다. 이 셋 중에서 하나 또는 둘에 통해서는 아직도 불완전함을 극복할 수 없다. 우리 조상들은 일찍이 이를 간파한 것이다. 그동안 신들은 너무 높게 있거나 너무 멀리 있었다. 이제 신들은 인간이 되고자 한다. 절대신보다는 여성신(goddess)이나 작은 신(small god)과 인간은 함께 있고자 한다. 작은 신, 그것은 다른 말로 평화이다.

한국만큼 작은 신이 많은 곳도 드물다. 작은 신은 바로 자연(自然), 그것이며 평화, 평범한 일상사(日常事)이다. 이제 우리 주변에 흩어진 모든 사물들은 신이다. 이것이 바로 물신(物神)이고 또한 신물(神物)이다. 오늘날 한국만큼 종교가 성한 곳이 없다. 한국인은 신에게 가장 민감하게 교감하는 감응장치를 갖고 있는 족속이다. 모든 신들의 귀의처다. 신들의 고향이다. 신들이 모이면, 신들은 수장(首長)을 뽑을 것이다. 그러나 그 수장은 신들의 지배자가 아니다. 이제 신들도 민주적이다. 단지 명목상 대표 신일 따름이다. 한국인은 말 없이도 통한다. 말을 해야만 존재하게 되는 곳과는 다르다. 말로써 우주를 표현하지 않아도 된다. 그들은 느낄 따름이다. 그래서 한국인은 죽음 앞에서도 낙천적일 수 있다. 죽음은 자연의 순리(順理)이다. 자연에 맞으면 행복하고 자연에 맞지 않으면 불행이다. 한국의 정원은 가장 인위적인 손길이 덜 간 정원이라고 한다. 그저 야산 같은 정원이다. 인위적인 것은 최소이면 족하다. 자연과 더불어 타고난 품성대로 사는 문화, 이를 두고 '한국문화＝풍류도(風流道)문화＝심정문화(心情文化)'라고 규정해 볼 수 있을 것이다. 이것은 모성적 문화이다. 여자는 이름보다는 느끼기를 좋아한다. 여자는 다스리는 것을 싫어한다. 여자는 사랑하는 것을 좋아한다.

'서구문화＝이지문화(理智文化)'라고 할 수 있다. 이것은 부성적 문화이다. 남자는 이름을 붙이기를 좋아한다. 남자는 다스리기를 좋아한다. 남자는 권력을 좋아한다. 오늘날 이지문화(理智文化)는 그 부성적(父性的) 특성으로 한계에 와 있다. 인간과 인간, 인간과 자연, 인간과 국가, 국가와 국가 간에 벽을 만들고 적대적인 관계를 벗어나지 못하고 있다. 이제 이지문화가 주도적인 자리에서 물러나고 심정문화(心情文化)가 그 모성적(母性的) 특성으로 적대관계를 우호관계로 만들고 벽을 사랑으로 녹일 때가 온 것이다. 이지문화는 이제 심정문화의 보조수단이다. 권력은 사랑의 보조수단이다.

2009. 8. 석촌호 망호정에서
대박단군 朴正鎭

차례

제1장

예술로서의 생활, 생활로서의 예술

1. 예술복합과 문화복합의 상관성

◈ 예술과 생활의 상호작용으로 본 예술인류학

인류학자들은 문화를 문화복합(culture complex) 또는 문화체계(cultural system)라고 한다. 이는 문화가 여러 요소의 복합체로 구성되어 있으며, 그 움직임은 체계적이기 때문이다. 예술복합이라는 말은 실은 문화적 사상(事象) 일체가 예술이라는 관점을 가지고 있다. 따라서 예술복합은 문화복합이기도 하다. 그러나 예술복합이라고 굳이 말할 때는 일상의 생활(life)과 예술의 행위미술(performance)을 아주 가까이 접근시키고자 하는 의도가 숨어 있다. 즉 예술인류학자에겐 생활＝퍼포먼스이다. 예술복합이란 바로 살아 있는 퍼포먼스를 말한다.

"삶(생활)은 저절로 예술이다." 이는 박물관에 가면 확인할 수 있다. 당대 일상인들의 생활용품에 불과한 것들이 실은 매우 예술적으로 보인다. 그 까닭은 무엇인가. 단순히 낯설기 때문만은 아닐 것이다. 면면히 흐르는 무의식의 심층에 나름대로의 미의식이 있기 때문이다. 반대로 현재에 낯익은 것은 낯설게 하여야 예술이 된다. 낯설게 하면서도 현재와 동떨어지지 않는 기술, 그것이 예술이다. 예술은 당시에 받아들이는 감수성과 별개로 존재하는 것은 아니기 때문이다. 지금 예술이 아닌 것도 먼 후일 후손들이 보면 예술이 될 수 있다. 그렇다면 예술과 생활이라는 것의 경계도 애매모호하게 된다. 더욱이 낯익은 것도 훌륭한 예술이 될 때가 있으니 말이다.

예술가들은 현재의 작업을 삶으로 이해한다. 예술가들은 자신의 작업이 작품이라고 생각하고 그것을 시장에 내놓는다. 그렇다면 일상인들의 삶이 예술이 되지 못하는 이유는 무엇인가. 일상인의 하루하루 생활도, 참으로 이해한다면, 창조적인 것이고, 최선을 다하는 것이고, 하늘과 땅 사이에서 발생하는 삶의 결정체이다. 무엇보다도 자신의 삶의 절정, 엑스타시를 위해서 기도하고 고군분투하는 것이다. 일상인들의 삶이 예술이 되지 못하는 이유는 자신의 삶을 단순히 예술이라고 생각하지 않은 때문이라면 참으로 겸손하다. 예술가들의 작품은 미술관에 가면 확인할 수 있다. 예술가들은 당대의 미의식을 이끌어가는 특별한 존재들이다. 그러나 이제 일상인들의 생활도 예술의 눈으로 바라볼 수 있다.

이렇게 과거와 현재, 생활과 예술은 서로 상호 침투적이고 가역적인 것이다. 때로 예술과 생활은 애매모호하고 이중적이지만 확실한 것은 예술도 삶이라는 태반에서 발생한 것이라는 점이다. 자연과 문명도 실은 매우 반사적이다. 자연은 문명의 태반 구실을 하였다. 우리는 흔히 문명을 자연과 엄청나게 동떨어진 것처럼 생각하기 쉬운데 실은 인간이 삶을 의지하고 아이디어를 얻을 것은 자연뿐이다. 예술은 자연의 모방이라는 설이 아리스토텔레스의 학설이다. 칸트는 유희본능을 주장하였다. 모방과 유희는 일견 서로 다른 것인 것 같다. 하나는 수동적이고 다른 하나는 능동적인 것 같다. 그러나 실은 자연이라는 '스스로 그러한' 거대존재를 가정할 경우 그 자연 안에서 이루어지는 행위는 보는 이에 따라 다르게 해석할 수 있다.

자연을 중심으로 보면 모방이고, 인간을 중심으로 보면 유희이고, 유희는 창조라고 할 수 있다. 서로 가역하면서 조금씩 변형되고 나중에는 극단적인 입장에 서는 것이 인간과 자연의 운명인 것 같다. 우주 발생론에서는 창조론과 진화론이 맞선다. 기독교의 천지창조론에서도 보면 "신은 자신을 닮은 존재로 인간을 만들었다."(창세기, 1장 26, 27절)고 한다. 진화론에서는 생물 진화의 정점에 인간이 있다. 유신론과 무신론이 어딘가 비슷한 모양이다. 두 이론은 내용에 있어서는 양극에서 대립하고 있는 것 같지만 실은 창조론과 진화론 자체는 매우 대칭적이다.

생활과 예술이라는 것도 그렇다. 궁극은 모르는 것이고 그래서 신비이다. 모르는 것이 없다면, 신비가 없다면 인간은 무슨 재미로 살겠는가. "아는 것은 힘"(프란시스 베이컨)이라고 하지만 "모르는 것을 아는 것이 인간의 삶이다(모르는 것이 있기 때문에 인간은 산다)."(소크라테스) 인간은 살려고 하고 무엇인가 끊임없이 한다. 그래서 소크라테스는 일찍이 '무지(無知)의 철학'을 설파하고, 철학 자체를 필로소피(philosophy), 즉 애지(愛知)라고 주장하지 않았던가. 어딘가 철학사가 물고 물리는 것 같다. 내용은 서로 정반대인데 그것 자체를 두고 보면 매우 대칭적이다. 대칭의 세계를 비대칭적으로, 하나의 맥락에서 강요된 어떤 것으로 설명한 것이 학설이라는 것인가 보다. 정말 우주는 X이다.

인류학자는 문화(culture)를 문화복합(culture complex)이라고 부른다. 그 복합이라는 용어 속에서 인간생활 속의 다양한 모든 것(예컨대 사회구조나 예술품, 신앙, 그리고 과학 및 상징체계 등)을 포함하고 있다. 어쩌면 인류학자는 문화복합이라는 용어로 다양한 것을 한데 묶고 그러한 개념조작을 통해서 문화에 대한 하나의 종합적인 이미지를 구축한다. 문화 속의 그 잡다한 것들―그것들은 서로 다른 차원에서 고체(명사)가 되기도 하고 액체(형용사, 동사)가 되기도 하고 기체(동사, 부사)가 되기도 한다. 또 서로 간에 조화롭기도 하지만 때로는 마찰을 일으킨다. 그 균형과 갈등의 이중주는 마치 파노라마처럼 펼쳐진다. 그 협화음과 불협화음, 그 조형성과 반조형성, 구조와 해체를, '하나의 덩어리'(Cluster)가 아닌 역동적으로 해석하는 일은 오늘날 인류학의 한 과제임에 틀림없다.

본론에 들어가기 전에 문화에 대한 미학적 토론을 위해서 한 가지 예를 들어보자. 예컨대 이성(理性)과 감성(感性)은 반대개념이다. 이들은 매우 대칭의 미학(美學)에서 출발하지만 독립적인 존재로 될 때는 대립적인 것으로 되고 그 미학의 긴장(대칭적 구조들 사이의 원천적 관계)은 상실되거나 비대칭의 역사와 공간에서 갈등으로 변하고 만다. 사물을 관계로 보느냐, 실체로 보느냐는 중요한 갈림길이다. 예컨대 과학은 사물 사이의 관계를 법칙으로만 보게 되고 나아가 사물은 법칙으로 변하고 사물의 본래적인 의미를 잃고 만다. 도대체 언어와 법칙은 사물의 본래적 의미를 왜곡한다. 그리고 객관화하는 미명 아래 사물을 수단화한다. 보편적·객관적 언어는 사물을 목적과 수단으로 바라보게 한다. 사물을 예술가ー시인의 눈으로 바라보는 일은 그래서 매우 중요하다.

미개·원시사회의 인간들은 어쩌면 현대인보다 훨씬 훌륭한 시인이었을 것이다. 시인의 눈으로 사물과 자연을 대하면서 소통을 한 것으로 보인다. 말하자면 현대인이 원시심성을 회복하는 대칭구조의 본래적 긴장(이것은 대립구조의 갈등과 다르다)을 회복하게 함으로써 세계를 하나의 조화의 세계로 바라보게 할 것이다. 무의식의 대칭의 공간에서 의식의 비대칭의 공간으로 넘어오면 사람들은 완전히 달라진다. 그러한 점에서 대칭과 비대칭의 공간을 수시로 넘나드는 훈련이 필요하다. 대칭과 비대칭의 차이는 전자는 대칭하면서도 자연의 전체성을 잃지 않는 것이고, 후자는 전체성을 잃고 대립을 하게 하면서 하나의 법칙화에 얽매이게 한다. 보편적 언어, 그것은 때로는 절대자를 의미하고 그 절대자는 보편적 언어를 수단화한다. 때문에 이성과 도구적 이성이라는 말이 생겨났다.

무엇보다도 그러한 절충적(중용적) 구조는 이성이 아닌, 이성과 감정이 적절히 가미된 자연스런 구조가 되어야 한다. 물론 특정한 이성에 특정한 감정이 붙고 특정한 언어에 기운(氣運)이 붙는 것도 사실이지만 — 이통기국(理通氣局)⇌기통이국(氣通理局) — 각 단계마다 이성과 감정이 자유스런 만남과 이별을 하는 것이 자연의 순리이기 때문이다. 이성의 독재도 그것이 상징을 벗어나기 위한 극점(極點)이긴 하지만 상징의 극단적 편중구조에 불과한 것이다. 상징은 아직 감정이 살아 있는, 대칭성에서 연원하는 원시적 언어이고 주술이다. 무엇보다도 상징에는 살아 있는 기(氣)가 있다. 기운생동(氣運生動) 말이다.

자, 이제 본론으로 들어가자. 문화복합은 언어적인 것의 독재적 구조의 하나이다. 이 독재적 구조를 언어 본래의 상징성 회복을 통해 상징구조로 돌려놓아야 한다. 인간의 여러 행위나 환경(조건)들은 너무 언어로 엄정하게 규정되어 있고, 그 언어들 사이에 벽들은 너무 많이 존재하고 있다. 그래서 소통(communication)을 위한 언어가 소통의 벽이 되고 있다.

한 문화(one culture)의 독재적 구조도 비교 문화적 관점에서 보면 하나의 편중된 상징에 불과하다. 이것은 문화의 '분류학적 피라미드'이다. 문화를 상징(구조)으로 돌려놓는다는 것은 이 같은 분류항 사이에 숨어 있는 의미구조를 발견하는 일이고, 이 같은 행위는 분류학의 독재를 막는 일이며 분류학 속에 위치한 사물을 수단화하는 것에 대한 방어이다. 또한 상징(구조)은 분류항 자체를 위한 분류학이 아니라 역으로 분류항을 수단화하는 것을 탈피, 사물을 본래적으로 이해하는 것이다. 이것은 생성되는 의미(구조)이다. 마치 음악의 의미(구조)와 같은 것이다. 그것은 고정된 의미(구조)가 아니기 때문이다.

따라서 이제 문화복합은 상징(구조)복합으로 되어야 하고 상징복합은 바로 예술복합을 의미한다. 문화를 예술복합으로 보는 것은 나의 예술인류학 모델인 '언어⇌사물⇌상징⇌기(氣)'를 '상징'을 중심으로 토론하는 것이 된다. 이와 같은 작업을 위해서는 우선 인간의 지각과정을 신체 내부(우리 몸)에서 파악할 필요가 있다. 신체 밖의 결과물－물질적 형태, 가시적인 것에서 시작할 경우 대개 언어－사물적 환원에 빠지기 쉽기 때문이다. 물론 언어－사물적 구조를 배제하려는 것은 아니다. 다만 언어(사물)의 소통성(疏通性)과 불통성(不通性)을 동시에 포용하려는 의도에서이다.

신체 내부에서 지각과정은 서로 다른 형태를 취하지만 기본적으로는 신경전도라는 전기적 소통을 전제하고 있다(전기적 소통은 리듬으로 표현하는 것이 더 적합하다). 여기서 지각과정의 서로 다른 형태라는 것은 신체 밖에 외재(外在)한 사물과는 달리 매우 관계적인 것이다. 관계적이라는 말은 관계를 떠나서는 의미를 찾을 수 없다는 뜻을 내포하고 있다. 말하자면 신체 내부의 지각과정의 이미지는 확실하게 존재하는 것이 아니라 매우 유동적(관계적)인데 이것이 신체 밖으로 나올 경우 시각이나 언어, 역사와 환경에 의해 결정화(고정화)되고 만다. 문화를 상징(구조)복합으로 본다는 것은 결정화된 하나의 의미가 아니라 다원다층의 의미를 허용하는 것을 말한다.

이러한 다원다층의 의미(유동적 의미)를 토론하기 위해서는 존재론(being)보다는 생성론(becoming) 또는 생기론(生起論, 生氣論)이 필요하다. 생성론의 입장에서 보면 형식(구조)과 내용은 하나이면서 둘이고, 둘이면서 하나이다. 구조는 형식과 내용의 간격을 좁히는, 아니 경계선상에 있는 것이다. 따라서 구조는 일견 기호학적이면서도 반기호학적인 상징이 될 수밖에 없다.

이 글의 논의를 효과적으로 하기 위해 미학(美學)과 미술사에서 거론된 도상해석학(圖像解釋學, ikonologie)을 살펴볼 필요가 있다. 특히 워버그(Warburg)학파를 대표하는 E. 파노프스키(E. Panofsky)와 이에 비판적 입장을 보이는 W. 웨이드리(W. Weidle)의 견해를 수용하고 있는 H. 세들메이어(H. Sedlmayr)의 주장은 무척 흥미롭다.

파노프스키는 의미의 층을 ① 현상적 의미의 층 ② 의미내용의 층 ③ 본질적 의미의 층으로 나누고 그에 대응하는 해석자의 행위를 ① 지각적 경험 ⑦ 문헌학적 지식 ③ 세계관적인 근원적 파악 등 3단계로 제시했다.

이는 다시 ① 자연적 주제의 층 ② 관습적 주제의 층 ③ 본질적 의미·내용층으로 이야기된다. 파노프스키는 이 세 층이 각각 분리된 것이 아니라 통합적인 방식으로 진행되어야 한다고 강조한다. 그의 도상학적 해석학은 분석보다 종합을 꾀한다. 이것은 의미하는 것(signifier)과 의미되는 것(signified) 사이의 분리 및 종합과 상통한다.

결국 예술작품의 내용을 '문화상태의 일종의 상징'으로 파악하고 예술작품을 문화사의 징후(symptom)로 파노프스키는 파악한다. 파노프스키의 입장에 대해 W. 웨이드리는 이 같은 징후가 형식과 내용의 기호론적 지시작용의 인과론적인 지표로 머문다면 그것은 '형식과 내용의 결합관계'이며 예술언어의 분석단계에 불과하다고 한다.

이에 비해 세들메이어의 도상학은 건축에서 비롯된 것으로 '의미 깊은 형상의 제 관계'를 다양한 형상권(bilderkreis) 속에 얽혀 있는 다층적인 구조관계로서 조명한다. 세들메이어는 제 민족의 예술사를 '예술복합체(kunstwerkkomplexe)'의 역사로 파악한다.

그는 공동체 구성원들의 공동관심을, 공통된 이상으로 수렴하는 공간체험의 상징적 변형인 동시에 형상들의 장소를 위한 틀이라고 할 수 있는 '건축의 역사'에서 찾는다. 그는 이 건축의 역사를 이코놀로기 내지 상징의 역사, 그리고 위상론(topologie), 곧 예술복합체에 있어서 형상들이 차지하는 '의미 깊은 장소'의 역사로 기술하는 것이다.[1]

파노프스키의 도상해석학은 세들메이어에서 철학적인 해석학으로 변모한다. 우리는 특히 그의 건축에 대한 이해에 주의할 필요가 있다. 즉 그의 건축적 공간(장소성)은 곧 구조를 의미하기 때문이다.

세들메이어는 형식과 내용을 '총체적인 예술작품의 위상과 내포적 구조관계' 속에서 파악한다.[2] 세들메이어에 따르면 예술작품은 그 자체 완결된 소우주적인 '하나의 전체'이면서도 형상들의 체계라는 '보다 큰 전체' 속에 있는 것이다.[3]

이상에서 볼 때 파노프스키와 세들메이어의 차이는 파노프스키보다는 세들메이어가 '의미의 다양성'에 접근하고 있다는 점이다. 다시 말하면 파노프스키가 구조주의자라면, 세들메이어는 탈구조주의자의 입장에 있다. 파노프스키는 시간에 얽매여 특정 시공간의 역

---

1) 장미진(1988), '圖像解釋學의 이론과 방법, 그 적용 試論(1)', ≪美術史學報≫ 창간호, pp.29~33, 美術史學研究會.
2) 李永喆(1986), '예술사 기술에 있어서 해석에 관한 研究 - Hans sedlmayr의 구조분석을 중심으로', 서울대학교대학원 미학과 석사논문, p.72.
3) 장미진, 위의 논문, p.33.

사적 유형이나 습관에 치중한 반면 세들메이어는 공간(정확히 말하면 空)에 착안, '의미 깊은 장소'의 역사로 예술복합체를 보고 있다.

공간(空)이야말로 의미소이며 구조이다. 공간은 차별성과 관계의 원천이다. 나의 DSCO모델이 공간(S = Space)을 강조한 것과 일맥상통하고 있다.[4] '의미하는 것'과 '의미되는 것' 사이의 관계는 결국 전체에 대한 부분의 관계[5]라고 볼 때 파노프스키도 '구조(상징)'의 문제를 함축하지 않은 것은 아니지만 구조분석을 통한 '예술의 내포'보다는 정신사로 빠져나감으로써 인간의 모든 활동과 지각이 문화전승을 통해 이미 형성된다는 점을 고려하지 않고 있다.[6]

웨이드리는 파노프스키가 한 작품이 내보이는 징후와 한 작품의 상징적 가치를 동일시함으로써 징후와 한 작품의 내재적 의미, 즉 본질을 동일시해 버린 오류를 범하고 있다고 말한다. 징후는 표지에 불과한 외적인 것이지 작품의 본질일 수는 없다는 주장이다. 그는 예술을 표현적 표출(darstellende ausdruck)이라고 보고 예술적 언어(parole)는 '형상의 의미'를 암시하는 것이 아니라 형상의 전존재를 통해 형상 내부의 의미(sinn)를 표현하는 '의미 – 형상(sinn – bild)'이라고 강조한다.[7]

세들메이어는 형상은 반드시 '무엇에 관한 형상(bild von etwas)'일 수밖에 없으며 그것의 중심에는 가시적인 것과 비가시적인 것의 일치 내지 상응이 자리잡고 있다고 한다.[8] 의미 – 형상은 다원

---

4) 박정진(1988), '한마당철학으로 이르는 길', ≪문화예술≫, 1989. 1 · 2월호(통권121호), pp.37~39, 서울: 한국문화예술진흥원.

5) Ch. Hasenmueller, 'Panofsky, Iconography, and semiotics', p.291.

6) 장미진, 앞의 논문, p.36.

7) 장미진, 앞의 논문, p.37.

8) H. Sedlmayr, 'Gebäude der Ikonologie, Ein Entwurf', S. Vii.

적인 의미, 즉 다원다층의 의사소통을 말한다. 이상의 도상학적 논의 속에 나오는 예술복합은 본고의 탐구에 많은 시사점을 준다.

특히 의미라는 것은 공간(空)에 대한 차별적 이해이며 그것의 관계설정이라는 데 유의할 필요가 있다. 인간의 문화복합 속에는 매우 이질적인 요소가 혼재해 있다. 그러나 그 요소가 물리적으로 어떤 것이든 간에 인간의 지각과정에서 발생하는 차별성 때문에 존재한다. 그 차별적 존재를 구조(의미)라고 볼 수 있다. 이것은 상징(symbol)이며 이미지(image)의 세계이다. 이 세계는 매우 신축성 있는 세계이며 확대와 축소가 가능하다.

이상에서 볼 때 도상(icon)을 문화복합으로 대치할 수 있다면 예술복합은 문화복합이 된다. 문화의 어떠한 형태도, 심지어 행위(performance)조차도 도상으로 표현할 수 있다. 그러나 그 해석은 다층(다원)적이라 한다. 세들메이어가 '의미 깊은 장소'의 역사로서 '건축의 역사'를 규정한 것은 또 다른 의미가 있다. 원래 이 세계(우주)는 입체적이었다. 회화는 이것을 평면에 옮기는 작업이다. 미술사나 인류학적으로 볼 때 회화는 패널(액자)에 넣어지면서 벽화에서 나왔지만 다시 입체를 추구하는 조각이라는 장르로 발전했다. 결국 미술은 '평면과 입체 사이의 작업'임에 틀림없다. 문제는 그 '장소'가 정태적이냐 동태적이냐에 있다. 세들메이어의 장소는 건축에서의 발생 때문에 다소 정태적인 경향이 있다. 정태적인 장소의 의미는 '정태적인 상징'이 되기 쉽고 그것들의 예술복합체가 정태적이 되는 것은 당연한 결과이다.

인간은 상징적 동물이다. 상징을 통해서 '장소성'의 한계를 넘나든다. 상징은 때로는 개념(concept), 지수(index), 때로는 도상(icon)으로 나타난다. 이를 전반적으로 묶을 때의 유(類) 개념은 상징이며 이것을 지각과정에 연결시킬 때 지각 이미지(sense - image)가 된다. 따라서 상징은 인간생존의 최대무기인 셈이다. 작금에 이르러 예술복합은 동태적인 개념의 도입에 따라 인간의 행위(퍼포먼스가 그 대표적 예이다) 등을 포함, 문화복합으로 자연스럽게 확대되고 이에 세들메이어의 정태적 공간개념은 동태적인 공간개념(정확히 말하자면 空의 개념이지만)이 될 필요가 있다.

말하자면 동태적인 건축을 상상하면 된다. 거주자의 요구에 따라 무한히 변조가 가능한 건축(변화무쌍한 건축)이 그것이다. 이것은 정태적인 평면이 아닌 절대평면과도 맥락을 같이한다. 절대평면은 점(點)이나 점의 연장인 역동적인 선(線)에 의해 달성되는데, 인간의 일반적인 시각(肉眼)에 의한 어정쩡한 '평면 - 입체복합'과는 다르다. 다시 말하면 점이야말로 정태적인 공간이 대적할 수 없는 동태적 공간이며(虛空의 개념이 더 적당하다) 평면과 입체가 동시에 시원하는 원초적 힘이다.

말하자면 인간의 문화는 '상징'이라는 점(點)의 복합체이다. 공간이 점에서 출발한 것이라면 인간의 문화는 '상징이라는 점'을 통해 공간과 대응한다. 또 건강한 관계를 갖는다. 예술인류학은 '상징이라는 점'의 인류학이다. 그것은 인간의 행위도 상징이며(나는 이것을 의례라고 규정한 바 있다) 자연적 소여(givenness)에 대해 인간이 살아가는 모든 방법은 예술적인 건축물, 그것도 '변화무쌍한 건축물'이라는 발상에서 비롯된다.

미술(언어)은 학문적 언어와 공연 예술적 언어의 중간에 있다. 이러한 중간적 성격 때문에 미술언어는 학문적 언어와 공연적 언어로 축소·확대될 수 있다. 건축이 가장 종합적인 미술(예술)이라면(회화·설치미술·조각 등이 포함되며 인간의 행위마저 담는 그릇이라는 점에서) 문화복합을 상상력의 차원에서 동태적으로 규정할 때 가장 유효한 비유가 된다. 변화무쌍한 건축, 그것은 인간의 삶의 모습이다.

문화를 상징으로 규정하는 것은 인간의 삶을 '절대평면'으로 보는 작업이다. 절대평면, 그것은 무한히 역동하는 '점의 환희'이다. 그래서 문화복합은 예술복합이다. <표 1>은 예술복합으로 문화(복합)를 볼 경우의 특징을 나타낸 것이다. 나의 예술인류학은 예술복합과 함께 유전학, 족보학, 형상구조(의미), 원형론, 커뮤니케이션, 위상론(位相論), 통각(統覺), 몸, 기(質) 등이 그것이다.

〈표 1〉 예술복합과 문화복합

예술인류학	인류학
예술복합	문화복합
유전학	인종학
족보학	고고학
형상구조(의미)	구조(의미)
(sinn – bild)	(structure)
원형 – 변형론	유형론
커뮤니케이션	비교론
位相論	位置論
통각	시각
몸	언어
氣(質)	理

즉 예술복합은 인간의 행위 전부가 이원적 상징(+, −)의 다양한 공간적 분포임을 나타낸다. 이러한 상징은 때로는 원형으로 혹은 형상의 전존재를 통해 형상 내부의 의미를 표현하는 의미 − 형상이기도 하다. 또 상징은 물질적이기도 하고 비물질적이기도 하다. 여기서 물질적이라 함은 물질적인 것이 상징의 소여가 된다는 것을 말한다. 상징은 살아 있는 생기(生氣), 기운생동(氣運生動)이다.

2. 풍류도(風流道)와 예술인류학의 자연주의(自然主義)

◈ '기(氣)'를 중심으로 본 비언어적 세계

인간은 태초에 어떻게 삶을 살았을까. 역사시대에 들어오면서 인간의 삶과 사고는 언어(language)가 지배한다. 성경(Bible)에 "태초에 말이 있었다."라는 구절이 창세기에 있는 것은 이것의 대표적인 증거이다. 이 세상은 말에 의해서 만들어진 것은 아니다. 말은 인간의 출현과 더불어 시작된 것이다(물론 인간 제전의 영장류나 동식물들도 나름대로의 커뮤니케이션 체계가 있다고 하지만). 따라서 말과 말 이전의 경계선상의 삶에 대해 논하는 것이야말로 인간의 삶의 원형을 파악하는 지름길일 것이다.

말을 하지 않아도 있는 것은 있는 것인데 왜 사람들은 말을 하여야 있는 것이라고 생각할까. 말이 없어도 있는 것은 있는 것이었는데 왜 사람들은 말이 있어야 있는 것이었다고 생각할까. 심지어 말이 있는 것보다 더 있다고 느끼는 것은 무슨 까닭일까. 바로 여기에 말과 생각의 함정과 한계가 있다. 결국 말로 인하여 있는 것은 아무리 있다고 하더라도 근본적으로 있는 것은 아니다. 말로 인하여 있는 것이 아닌, 있는 것을 아는 것이 깨달음이다.

있다는 것은 또한 무엇인가. 아무리 있다고 말하더라도 있는 것의 존재감을 느끼지 못하면 있는 것이 있는 것이 아니다. 말은 있다고(말로는 있다고) 하는데 느끼지 못하면(느낌에서 있지 못하면) 있다고 하더라도 있는 것이 아니다. 느낌이야말로 있는 것이다. 그래서 세상에는 말로써 있다고 느끼는 사람과 느낌으로 있다고 생각하는 사람이 있다. 이들은 서로 반대이다. 전자를 주리파라고 하고 후자는 주기파라고 한다. 이것은 가부나 진위의 문제가 아니라 인간존재의 특성이다.

이 글은 예술인류학의 모델인 '언어(理)⇄사물(物)⇄상징(象)⇄기(氣)'에서 '기(氣)'를 중심으로 다시 말하면 가장 비언어적인 것을 다룬다.

인간에게서 언어(문화)를 잠시 제거해 보자. 그렇다면 본능적인 욕구(성욕, 식욕 등……)가 남는다. 다시 말하면 먹고 성교를 하는 것이 인간생활의 주종을 이룰 것이다. 이것을 '입과 성기(性器)' 사이의 생활이라고 할 수 있을 것이다. 이것이 인간의 원시적인 모습이다. 그 후 인간이 차차 욕구를 충족시키는 데 머리를 동원하기 시작한다. 이러한 발전은 욕구를 해소하는 중간과정으로 특유의 (집단적으로) 문화장치를 개입시키게 됨을 의미한다. 다시 말하면 문화를 통해서 살아가기 시작한다. 이것을 '머리와 성기' 사이의 생활이라고 할 수 있을 것이다.

이와 같이 인간생활의 기원과 변화를 추정해 보는 것은 생활이라는 매우 총체적인 것을(자연환경과의 관계도 있으니까) 인간의 신체적 구조에 환원·대응시켜보는 한 방법이다. 이것은 계통 발생적(역사적)인 것을 개체 발생적(구조적)으로 해석하는 것과 같은 이치이다. 해석한다는 것은 해석의 주체의 맞은편에 있는 객체가 불가침적으로(신성시하기까지 한다) 존재함을 인정하고 들어가는 것이며 또는 해석은 존재의 일부를 나타내는 것에 불과한, 매우 제한적인 의미부여 행위임을 뜻한다. 이런 점에서 유물사관도 물질(노동)을 기초로 한, 발생적(구조적) 해석학의 일종이다.

위에서 인간의 생활을 개체발생학적으로 본다는 것은 지나간 역사를 현재적으로 보는 것을 말하는데, 앞에서 기술된 '머리－입－성기' 모델은 좀 더 정확히 말하면 동태적이어야 한다. 따라서 다음과 같은 머리⇌입⇌성기'의 가역반응형식으로 표현하는 것이 보다 현재적인 설명이 될 것이다. 왜냐하면 이 세 요소는 동시적으로 상호작용하면서 인간생활의 기본구조를 형성했을 것이기 때문이다. 이상을 좀 더 부연하면 사실상 인간은 욕구를 달성하기 위해 애당초 머리를 사용했으며 머리를 사용하는 과정에서 머리는 또한 성기를 규제했을 것이라는 가정을 성립시킨다.

　욕구와 문화, 성(性)과 억압을 말리노프스키(Malinowski)는 트로브리안드 섬을 비롯한 미개사회의 민족지(民族誌)에서 잘 조사·설명해 주고 있다. 또 프로이드는 서구적 성의 억압이 어떻게 그들의 문화(언어, 상징)를 규정하는가를, 성욕의 은밀한 충족까지를 포함하여 그 메커니즘을 밝혔다. (프로이드식의 해석학이 비서구 지역 문화까지도 설명하는 만용을 부리는 것은, 그의 해석학이 본의 아니게 도그마로 전락하는 결과를 초래하는 우를 범하고 있지만)서구문화에서 시원(기원)을 확실히 해야 하는 시원적(oriental) 사고, 제1원인(The first cause) 추구는 바로 그들의 '문화와 성의 억압'을 결정하고 기독교의 '절대적 신관'이나 배타적이고 독선적인 '정통(選民)－이단'의 역사를 만들어 냈다. 또 그들을 역사주의자로 만들었다. 또 자연과학주의자로 만들었다.

　오늘날 세계는 서구문화의 신드롬 속에 빠져 있다. 그것은 바로 역사주의에 대한 맹신이다. 말하자면 제국주의로 그 치부를 드러낸 지금까지도 그들의 역사를 미화하고 여타 문화의 전범(典範)으로 강요하고 있는 일종의 '광기(狂氣)의 축제' 속에 있는 것이다.

　이러할 때 '문화－성'의 또 다른 관계형식으로서 우리의 전통

속에서 면면히 이어져온 풍류도(風流道) 또는 선도(仙道)를 재음미하는 것은 뜻 깊을 것이다. 나는 우리의 전통 선도와 풍류도를 가장 원초적인 인간의 삶의 형태로 본다. 이것은 문화(언어)가 성을 가장 덜 억압하는, 자연스러운 것으로 받아들이는 매우 '자연 상태의 문화', '자연에 가장 근접한 문화'로 본다는 뜻이다. 이것은 나에게 한국문화를 규정짓는 가장 적절한 용어인 '자연주의 문화론'으로 집대성되고 있기도 하다. 그러나 자연 상태라고 해서 생태학적 환경, 그것을 말하는 것이 아니다. 선도가 문화이기 위해서는 어차피 자연과 성을 규제해야 하는데 그것을 순리적으로 한다는 뜻이다.

그렇다면 선도는 왜 순리적인가. 순리라는 말은 무엇을 뜻하는가. 나는 순리를 우리의 전통적인 천·지·인(天·地·人) 3재(三才)사상에서 찾고 있다. 우리는 자연을 천지인으로 재해석했고, 천(天)과 지(地) 사이에서 인(人), 즉 인간의 위상을 정립했다. 하나의 시원적 절대적 추상(존재)을 설정하기보다는 관계로써 위상을 정립했던 것이다. 그것은 절대적인 것의 구현보다는 관계로의 역동적 긴장을 천·지·인에 요구하는 것이었다. 하나의 이(理)를 다른 것에 강요하기보다는 '관계에 의한 순리(順理)'로 보았던 것이다.

그 다음으로 순리를 찾을 수 있는 대목은 정·기·신(精·氣·神)사상이다. 천·지·인에서 인간의 위상을 정립하였다면 그것의 변형(transformation) 혹은 번안(version)으로서 정·기·신에서 그 관계의 구체적인 매질(媒質)을 설정했다. 더욱이 정·기·신은 서로 떨어진 존재가 아니라 서로 소통이 가능한, 서로가 서로의 존재를 침범할 수 있는 것으로 설정되었기 때문에 논리적 단절과 그것을 메우려는 논리구성의 노력이 필요 없다는 점이다.

정·기·신은 언어적 논리의 산물이기보다는 비언어적 비논리의 '초월적 논리'의 성격이 짙다. 여기엔 논리란 어차피 단절이 있기 마련이고 따라서 역리(逆理), 나아가 모순을 만나게 되고 결국 순리적일 수 없다는 전제를 함의하고 있다. 풍류도(風流道)와 선도(仙道)는 '천·지·인(天·地·人)', '정·기·신(精·氣·神)'이라는 대전제 위에 성립되어 있는 우리 조상들의 삶의 한 방식이었다.

선(仙)은 뫼 산(山)에 사람 인(人)을 합성한 용어이다. 산(山)은 천·지의 중앙에 위치하고 인간을 생태학적으로 가장 잘 수용하고 또한 천(天)에 대한 제(祭)를 모시기에도 가장 적합한 곳이다. 따라서 산은 상징과 생태(adaptation)를 모두 충족시켰으며 선(仙)자의 발생과 함께 선도(仙道)를 형성했을 것이다.

선도는 기(氣)의 소통을 통해 양생과 함께 비언어적 세계(정신통일)를 추구하고 있다. 이것은 단전(丹田)호흡 ― 머리에서 단전 쪽으로 호흡을 점차 깊숙이 내리는 방법, 상단(上丹) 중단(中丹) 하단(下丹) ― 을 통해 문명(문화)과 역의 방향을 취하고 있다. 그래서 언어적 편견과 모순을 초월하고자 한다. 선도는 종교 이전, 사상 이전, 역사 이전의 가장 비언어적인 '수도적(修道的) 삶'의 원형이다.

◆ 선도(仙道)는 '민족혼의 틀'

한민족의 전통사상을 흔히 유·불·선(儒·佛·仙)으로 압축, 표현한다. 실제 이 세 종교 중 불교는 삼국과 고려시대를, 유교는 조선시대를 이끌어온 중심사상이었으며 크게는 통치이념으로, 작게는 예의범절까지를 망라하는 문화(문명)체계였다. 그런데 선도(仙

道: 仙敎, 神敎, 神仙敎)와 그것의 신라적 변형인 화랑도의 실체를 밝혀주는 실증적 문헌과 기록이 크게 부족하다.

선도에 대한 문헌실증은 신라 말 최치원(崔致遠)의 <난랑비서문(鸞郞碑序文)>에서 비롯된다. 여기에 "나라에 현묘(玄妙)한 도(道)가 있으니 일컬어 풍류도(風流道)라, 삼교(三敎)의 근원이 선사(仙史)에 상비(詳備)하였으니 실로 삼교를 포함한 군생(群生)을 접화(接化)한 것이다."라고 쓰여 있다. '현묘지도(玄妙之道)'는 삼국통일을 이끈 신라의 화랑도(花郞道)에서 꽃을 피운다.

화랑에 관한 문헌은 많지 않다. 잘 아는 ≪삼국사기≫와 ≪삼국유사≫, 그리고 ≪파한집(破閑集)≫, ≪해동고승전(海東高僧傳)≫, ≪동유기(東遊記)≫, ≪동국통감(東國通鑑)≫ 등이다. 이 밖에 진위 논쟁에 둘러싸인 ≪화랑세기(花郞世紀)≫ 등이다.

조흥윤은 이들 문헌들을 종합적으로 검토한 결과 "풍류도는 고신교(古神敎), 곧 무(巫)의 신라 시대적 전개이다."고 결론 내린다. "삼국시대에 유불도가 이 땅에 들어오기 전 한국 고유의 종교는 무(샤머니즘)라는 것이 이제 한국사와 한국종교사의 정론이다. 신궁을 모시고 하늘에 제사지냈다는 것은 고대무의 전형적인 모습을 말해 주는 것이다."9)

화랑도가 국가에 의하여 정식으로 제정된 것은 진흥왕 때부터이다. 당시 신라가 화랑도 제정을 서두른 것은 군대를 보충할 수단으로서 필요하였을 뿐 아니라 장기적으로 국가가 필요로 하는 인재를 양성하기 위해서였다. 화랑도는 이처럼 교육기관으로서의 성격을 가진 제도였으나 정식 국가기관은 아니었으며, 종전의 촌락공동체적인 청소년조직의 전통과 중국 율령(律令)의 도입을 통한 관

---

9) 조흥윤(1997), ≪巫≫, 339쪽, 민족사.

청조직의 원리가 결합된 반관반민(半官半民) 성격의 조직체였다.

화랑에 대한 명칭은 선(國仙)·선랑(仙郎)·풍월주(風月主)·화판(花判) 등 여러 가지다. 단체의 기능도 청소년 집단으로서 교육적·군사적·사교 단체적 기능을 종합적으로 가진 것으로 보인다. 《삼국지(三國志)》, 《후한서(後漢書)》 등에 의하면 삼한시대(三韓時代)에 이미 마을 청소년들이 그들 고유의 집회소를 가지고 있었는데 신라는 4세기 중엽 급속히 국가체제를 정비해 갔고, 6세기 우경(牛耕)의 보급에 따라 경작능력에 차이가 생겨 촌락공동체 간의 균형이 파괴되고 또 군현제(郡縣制)의 실시로, 종전의 촌락 중심의 청소년조직도 쇠퇴하게 되었다. 이런 상태에서 중앙정부는 필요로 하는 인재를 얻기 위한 방편으로 여러 청소년들을 떼 지어 놀게 하여 그 행실을 보아서 등용하려던 제도가 화랑도의 전신인 원화제도(源花制度)였다.

처음 원화(源花) 두령으로 뽑힌 남모(南毛)와 준정(俊貞)은 무리를 300여 명이나 모았으나, 얼마 뒤 서로 시기하는 일이 생겨 이 단체는 화목을 잃어 해산되었다. 나의 생각으로는 사제 기능을 담당할 때는 여사제로서의 원화는 괜찮았으나 점차 국가조직의 확대와 전쟁의 수행자로서의 청소년 인재를 육성해야 할 필요성이 대두됨에 따라 여자 중심에서 남자 중심으로 바뀐 것으로 추측된다. 화랑(花郎)이라는 이름에 이미 사내 랑(郎) 자가 있는 것은 남자집단을 의미한다.

이에 비해 원화(源花)는 본래 여자집단의 이름이다. 그런데 둘 다 이름에 꽃 화(花) 자를 넣은 것은 바로 이들이 무당의 전통을 계승하고 있음을 웅변하는 것이나 마찬가지다. 꽃은 생명을 의미하고 동시에 재생을 의미한다. 그래서 제사를 주관하는 무당은 항상 꽃을 가까이하고 이름도 꽃 '화' 자가 들어간 것을 사용하는 경우가 많다. 꽃은 말하자면 탄생과 죽음 그리고 다시 재생의 의미를 동시에 가진 원형적 사물이다. 원형적 사물에는 대칭적 의미가 동시에 들어 있다.

'원화'가 '화랑'이 된 것은 삼국통일을 가능하게 한 단초로 보인다. 삼국통일은 '원화'라는 태모 혹은 태모신을 섬기는 집단에서 벗어나 사제(司祭)의 역할이 아니라 무사(武士)로써 역할변신을 한 화랑(사내)들의 임전무퇴(臨戰無退)의 정신으로 이룩한 것이다. 이에 대해 김상일은 "화랑들의 수련도장은 산(山)이다. 화랑들은 산에서 수련한 뒤 들로 내려와서 수련된 인격을 실천에 옮김으로써 자기완성을 기했다. 이는 화랑들이 더 이상 태모(太母)에 삼킴을 당하지 않고, 자기 스스로 태모신(太母神)에게 희생적 산제사를 바쳤다. 이 희생적 산제사에 의해서 삼국통일이 가능했던 것이다."라고 해석한다.[10]

선도는 그 후 중세에는 불교와 유교의 위세 속에서 간신히 그 주변에서 명맥을 유지해 왔다. 특히 고려 중엽 서경(西京, 지금의 평양) 천도와 함께 일어난 '묘청의 난'은 중국 중심의 유가(儒家) 세력에 대항하여 민족자존을 부르짖는 선가(仙家)세력의 한판 승부처였다. 물론 거사는 실패로 돌아가고 그 후 중국을 섬기는 사대 외교가 줄곧 우리역사를 짓누르게 되었고 조선조는 이를 외교의 기본으로 삼았다. 한반도 역사에서 고려조에 평양중심과 경주중심이 싸운 것은 역시 고대 고구려 중심과 신라중심의 세력격돌의 재판이라고 보인다. 이것은 오늘날 북한중심대 남한중심으로 재현되고 있다. 신라는 화랑도를 통해 통일을 달성하였음에도 고구려의

---

10) 김상일(1987), 《한밝문명론》, 211쪽, 지식산업사.

영토의 만주일대를 잃어버림으로써 낭가(郞家) 사상가들에 의해 매도된다.

낭가 사상가들은 고구려, 부여, 고조선, 이렇게 올라가서 만주일대, 만리장성 이동의 중국 동북지방까지를 한민족의 역사에 포함시키고자 한다. 낭가적 역사관은 실질적 역사적 사실이나 역사전개를 무시하고 신화적·낭만적 사관을 보임으로써 젊은이에게 설득과 호소력은 있지만 역사전문가들에게는 배척을 당한다. 낭가적 역사관은 재야사학자들의 주류를 이루고 있는데 이들은 역사를 끝없이 소급하는 것으로 인해서 비역사적이 되는 결함을 가지고 있다. 간단히 말하면 역사가 신화가 되는 흠이 있다. 마치 한민족의 구약과 같은 바이블을 쓰고 있다고 전문학자들에게 매도당한다.

역사적으로 선도는 단군시대와 그 맥이 닿아 있고 우리 민족 고유의 모습을 고스란히 담고 있기 때문인지 민족의 수난기에, 예컨대 고려의 몽고 침입기와 일제식민통치기에 맹렬히 부활하곤 했다. 여러 설을 종합해 볼 때 선도(仙道)는 적어도 유·불(儒佛)보다는 먼저 형성된 민족 고유의 문화체계임은 분명하다. 역사상 유·불의 위세로 보아 그 후에 생성된 것이라면 살아남을 수가 없음이 자명하기 때문이다. 민족의 평화 시에는 숨어 있다가 왜 민족의 위기 때에 솟아오르는지 궁금하다. 그 원인이야 복잡하겠지만 이러한 현상 자체로도 선도가 민족 고유의 것임을 증명하는 것이다. 문화층으로 볼 때 오래된 심층에 있는 것은 바로 죽음에 이르러서야 본능처럼 떠오르며 저항하기 때문으로 해석된다. 선도는 한국민족의 문화적 본능회복이다.

그런데 우리는 선도의 역사와 그 사상체계, 생활상에 드러난 구체적인 모습, 문화예술 속에 녹아 흐르고 있는 그 정신을 찾는 데 너무 인색했던 게 사실이다. 오히려 우리 선조들은 때때로 불자(佛者)의 모습으로 또는 유자(儒者)의 모습으로 선(仙)사상을 음성적으로 당대의 말로 번역하고 해석하여 전해 왔다. 불교의 '선(禪)'사상과 '선(仙)'사상이 혈연관계에 있다. 선(仙)을 잇는 도인들이 기생하기에 절 만한 곳이 없었다. 선도는 중화(中華)사상이 팽배한 이후 지배이데올로기로서의 지위를 상실하고 주로 피지배계층의 민간이나 지배세력에서 밀려난 양반들 또는 일부 산속의 선승(禪僧)들에 의해서 이어졌다.

그뿐인가. 의성(醫聖)으로 불리는 허준(許浚)의 "동의보감(東醫寶鑑)"은 선도의 양생법을 당시의 예방의학, 민중의학의 차원으로 재생시켜 놓았으며, 심지어 퇴계(退溪) 선생까지도 선도의 양생법으로 건강을 유지했음을 "활인심방(活人心方)"은 전한다. 활인심방은 중국에서 전해진 책이지만 우리 선조들은 각양각색의 모습으로 선도와의 대화를 통해 옛것과 새것을 연결하고 민족문화의 혼을 지켜왔던 것이다. 오늘날의 진정한 선도의 부활은 현실을 바탕으로 한 '실사구시(實事求是)'의 실학정신으로 논의되고 발굴되어야 할 것이다. 선도는 신화 속에서 끄집어내어 과학시대에 걸맞게 새롭게 재정비되어야 한다.

영원한 삶! 이것의 정체는 무엇인가? 우리조상들이 남긴 선도는 이러한 꿈을 담은 인류문화의 원형이며 일종의 문명체계이다. 선도문명체계의 원형은 천부경문명체계이다. 천부경은 인류문명의 건설과 해체와 복원을 가능하게 하는 마스터키에 해당한다. 이것은 더 이상 신비화되어서도 안 되고 더 이상 미신이라 비하되어서도 안 된다. 21세기 초 최첨단의 과학시대에 선도수련 붐이 일고 있다. 이를 계기로 선도를 상업적으로 파는 장사꾼의 무리도 있고, 그동안 이것이 너무나 방치되었던 관계로 제대로 복원을 하지 못했다.

오늘의 과학문명체계는 이문명체계(理文明體系)이고 이문명체계의 부작용을 선도문명체계가 치유하고 보완할 수 있다. 바로 선도문명체계의 핵심은 기문명체계(氣文明體系)이다. 산업화로 환경이 파괴된 오늘날 기문명체계의 복원이 절실하다. 기문명체계는 우주를 하나의 정·기·신(精·氣·神)이라는 소통체계로 본다. 기문명체계로 보면 인간이 살아서는 장생이요, 죽어서는 불사가 가능하다. 이는 생명을 유지할 때는 건강하게 유지하고 죽어서는 무아의 상태로 돌아감으로써 이를 불사라고 말할 수 있을 것이다. 이것은 바로 형이상학과 형이하학인데 그 사이를 소통시키는 것이 필요하다. 이것을 우선 형이중학이라고 명명하자. 형이중학이라는 말이 생소하겠지만 형이상학과 형이하학의 소통을 위해서는 반드시 필요하다.

형이중학은 천지인의 원리로 보면 형이상학＝신(神), 형이중학＝기(氣), 형이하학＝정(精)인데 형이중학은 다시 말하면 바로 기학(氣學)을 말한다. 흔히 기(氣)는 정·기·신(精·氣·神)의 중간에 있어서 매개체 또는 매개항의 역할을 하는 것으로 알려져 있다. 따라서 유물론자들은 기(氣)를 물질이라고 하고 유심론자들은 기(氣)를 정신이라고 하면서 서로 자기 쪽으로 끌어들이느라 법석을 떤다. 그러나 기(氣)는 정신도 아니고 물질도 아니다. 기(氣)는 차라리 이(理)와 세트를 이루는 개념이다. 굳이 정·기·신(精·氣·神)의 개념을 이·기(理·氣)의 개념에 대응시키려고 한다면 이(理)라고 할 수 있다. 이(理)야말로 물질과 정신의 양쪽에 속하고 기(氣)는 그 중간에 있는 것이다. 이(理)는 물질에서건, 정신에서건 찾을 수 있는 것이다. 인간의 정신이 물질의 법칙을 발견하는 까닭은 바로 정신과 물질의 조합의 접점이 있기 때문이다. 학자들은 이(理)를 정신이라고 생각하는 경향이 많은데 이(理)의 관념성 때문에 오는 혼란이다.

형이중학(形而中學; 中學 혹은 衆學이라고 약칭함)이야말로 기학(氣學)이다(형이중학＝기학). 기학(氣學)이야말로 음양학(陰陽學)이다(기학＝음양학). 음양학(陰陽學)이야말로 역동적 우주학이다(음양학＝역동적 우주학). 역동적인 분야는 학문으로 잡기가 어렵다. 바로 이 점 때문에 지금껏 철학에서 제대로 형이중학은 거론되지 않았다. 형이중학은 형이상학과 형이하학을 통합하는 학문이다. 다시 말하면 형상(우주)의 전체상에 대한 연구를 할 수 있는 것이 형이중학이다. 형이중학은 문화총체성을 연구하는 데에 없어서는 안 될 학문 분야이고 그 속에 인류학은 제1의 학문으로 필연코 들어가야 한다.

인류는 이제 형이중학이라는 다리를 통해서 형이상학과 형이하학을 만나게 하여야 하고 형이중학은 바로 중도(中道)나 중용(中庸)이나 균형(均衡)과 역설(逆說)의 진리를 학문의 목표로 한다. 형이중학의 입장에서 보면 모든 학문은 중학(中學: 衆學)을 향하는 과정에 있는 것이고 특히 양극단의 것조차도 중(中)을 잡기 위한, 균형을 잡기 위한 노력과 그 결과가 된다. 다시 말하면 인류는 형이중학 또는 중학을 중심에 두고 그 주변을 맴돌면서 살아온 셈이다.

인류는 섣불리 어느 한 이데올로기에 서거나 편을 갈라서 싸움을 하는 것을 지양해야 한다. 이것은 중심에서 이탈하는 것에 불과하다. 따라서 기(氣)를 하는 사람일수록 그 기(氣)가 주변으로 달아나지 않도록 잡은 이(理)를 몸에 익히는 훈련을 하지 않으면 안 된다. 이제 기(氣)와 이(理)는 입장이 정반대로 바뀐 셈이다. 이(理)는 기일분수(氣一分殊)에 지나지 않는다. 이(理)는 우주의 실질이 아니라 그 실질이 저절로 만들어 낸 형식에 지나지 않는다. 이(理)는, 예컨대 물이 아니라 물이 만들어 낸 물길에 지나지 않는다. 물길이 물을 만들어 낸 것은 아니다.

오늘날 선도문명체계를 회고하고 재조명하려는 까닭은 단순히 과거로 돌아가 과거의 삶을 살자는 것이 아니라 오늘의 과학문명체계를 보완하자는 뜻이다. 또 인간 각자가 자기 몸의 주인이 되자는 뜻이다. '자기 몸의 주인'이 된다는 것은 바로 신선이 된다는 '우화등선(羽化登仙)'의 참된 뜻이다. 선도문명체계의 참뜻을 오늘에 되살릴 때 우리는 서로 모순 대립관계에 있는 정신과 육체, 사회관계를 하나의 '완성된 총체성(wholism)'으로, 하나의 '완성된 문화체계(culture system)'로 이룩할 수 있을 것이다. 영육(靈肉)이 하나가 될 수 있을 것이다. 이렇게 되면 우주는 더 이상 수단적인 것이 아니라 바로 목적적인 하나의 '영감(靈感)체계'가 된다.

도(道)란 무엇일까? 교(敎)란 무엇일까? 도는 혼자서 완성되는 것이고 교는 집단적 힘을 빌려 완성되는 것이다. 이제 인간은 교(敎)에서 도(道)의 시대로 들어간다. 인간은 집단적 동물이지만 이제 그 집단을 떠나서 개인의 차원에서 스스로의 안심입명에 들어갈 것이다. 이게 바로 진화라고 할 수도 있고 개인의 완성이라고도 할 수 있다. 도(道)란 종교적인 인간이 만들어 낸 상징(symbol) 가운데 최고의 상징이다. 도는 기(氣)를 움직인다.

◈ 기(氣)와 선(仙, 僊)의 회복

기(氣)와 선(仙)은 역사의 위기 때마다 되살아났다. 단군의 부활은 그 대표적인 것이고 최근세의 동학(東學) - 천도교(天道敎), 증산교(甑山敎), 대종교(大倧敎)의 발생은 의미심장하다. 민족종교는 대체로 무적(巫的) 성격을 가지고 있다. 최제우(崔濟愚, 1824～1864)가 1860년에 동학을 일으켰고, 김일부(金一夫, 1826～1898)가 1884년에 정역(正易)을 완성했고, 강증산(姜甑山, 1871～1909)이 1901년에 천지공사를 선언했고, 나철(羅喆, 1863～1916))이 1909년 단군교를 중광(重光)하여 대종교를 열었다.

최치원이 통일신라 말기 유·불·선 3교를 통합한 풍류도를 주창하였듯이 최수운(崔水雲)도 "우리도(道)는 유(儒)도 아니고 불(佛)도 아니고 선(仙)도 아니다. 그러나 유·불·선이 합일되어 있는 것이다. 즉 천도(天道)는 유·불·선이 아니로되 유·불·선이 천도의 일부분이다."라고 했다.

이러한 전통이 근대에 부활한 것이 바로 동학이다. 그런 점에서 동학은 고대의 종교적 전통이 근대에서 새롭게 부활한 것이다. 그런 점에서 천부삼경(天符三經)인 천부경(天符經), 삼일신고(三一神誥), 참전계경(參佺戒經)이 한민족의 구약(舊約)이라면 동학의 동경대전(東經大全)은 신약(新約)과 같은 것이다. 동학은 특히 구한말 서학(西學)을 수용한 뒤에 전통을 바탕으로 새롭게 자생종교를 탄생시켰다는 점에서 한민족의 근대적 경전의 대표라고 할 수 있다. 그런 점에서 그 후에 자생적으로 생겨난 증산교, 원불교, 통일교 등 신흥종교의 모태가 되었다. 이들은 각기 동학을 모태로 하여 다른 종교를 습합하였다. 증산교는 네오샤머니즘(neo - shamanism)

이고, 원불교는 네오부디즘(neo – buddhism)이고 통일교는 네오기독교(neo – christianism)였다. 특히 나철의 대종교(大倧敎)는 바로 고래의 단군교(檀君敎)를 부활하였다.

한국역사의 회복은 선도의 중흥과 함께 이루어져야 함을 알 수 있다. 왜냐하면 선도는 종래의 절대적, 배타적 종교가 아니라 인류의 제 종교를 수용할 수 있는 그릇(器)이기 때문이다. 이는 천부경이 제 종교의 원형인 것과 시작과 끝의 관계에 있다. 또 동서고금의 문화가 지금 한반도에 몰려 있음도 '이(理) = 문화'와 '기(氣) = 자연'의 조화임을 알 수 있다. 이(理)는 기(氣)를 파악하는 틀(文化)이지만 정작 기는 이의 양면성, 즉 내용성과 형식성을 말한다. 기에서 출발한 문화는 다시 기를 회복하는 기화에서 순환성을 갖는다. 결국 문화적으로 선도를 본다면 '주술(呪術) = 문화복합(文化複合) = 전인상(全人象) = 선도(仙道) = 기과학체계(氣科學體系)'라는 등식이 성립한다. 문화는 기(氣)의 마이너스 과정이었다. 이제 기의 플러스 과정으로써 자연을 회복하여야 하겠다.

나철(羅喆)은 일제 때 대종교를 창시하여 만주를 거점으로 독립운동의 본산이 되게 하였다. 대종교의 종(倧)은 상고신인(上古神人) 혹은 한배님의 뜻을 지닌 것으로 '한임', '한웅', '한검'이 혼연일체가 되어 있는 존재를 일컫는다. 대종교의 "신리대전"(神理大全)에는 이 3신을 "나누면 셋이요, 합하면 하나이니 셋과 하나로써 한얼자리가 정해지느니라(分則三也 合則一也 三一而 神位定)."라고 하였다. 대종교는 바로 우리의 조상인 환인, 환웅, 단군을 섬기는 종교로 우리의 고대 경전인 천부경, 삼일신고, 참전계경을 섬기고 있는 종교이다. 그러나 일제 때 독립운동을 주도한 세력치고는 아직도 교세는 크게 떨치지 못하고 있다. 대종교는 천부경문명체계의 핵심과 적통을 가지고 있지만 현재를 잃고 있다.

아마도 옛것을 알고 지금의 것을 아는 고금소통(古今疏通)이 아니라 지금을 알고 옛것을 아는 금고소통(今古疏通)을 이루어야 할 것 같다. 우리 민족은 언제나 민족적 위기 때에 기(氣)와 선(仙)을 회복함으로써 민족적 자아를 형성하고 나아가 새로운 우주관, '생존의 우주관', '살아 있는 우주관'으로 재무장하였던 것이다. 한국 문화는 동아시아의 음양문화적 전통에 속하지만 그 가운데서도 음양오행의 전통이 성립되기 이전에 천부경에 의해서 3·1의 원리를 바탕으로 이룩한 우주관을 가지고 있었다. 이 3·1의 전통은 서양의 존재론(存在論)과 동양의 생성론(生成論)을 통합할 수 있는 철학이 될 가능성이 크다. 왜냐하면 3·1의 원리는 음양을 태극(太極), 혹은 삼태극(三太極)으로 포용할 수 있는 구조이며 틀이기 때문이다.

앞장에서 말하였지만 서양문명은 존재론적 문명이다. 존재론적 문명은 필연적으로 존재의 제1원인이 되는 것으로 거슬러 올라가게 되고 그것을 설명하는 길은 존재가 아닌 어떤 것을 상정하거나 절대신을 상정할 수밖에 없다. 그래서 존재의 반대가 되는 무(無) 혹은 여호와(여호와의 뜻은 '나는 나이다'라는 뜻이다. 이것은 존재론적인 설명이 못 된다)를 상정한다. 이것은 존재에 대한 일종의 역설적 해결에 속한다. 이것은 일종의 다른 모든 진리를 합리화하기 위해 하나의 불합리 혹은 역설을 상정하여 문제를 해결하는 방식이다. 그러한 점에서 무(無)라는 말이라 여호와라는 말은 같은 것이다.

서양철학은 필연적으로 하이데거에 와서 '존재(存在)와 무(無)'에 도달하였고 급기야 사르트르에 와서는 무신론적 실존주의에 도달하였다. 사르트르는 최초의 제1원인보다는 지금 실존하고 있는 것이 더 중요함을 깨달은 셈이다. 이것도 일종의 제1원인에 대한 물음의 포기이거나 부정에 속한다. 서양철학의 존재 – 절대론은 부정의 철학으로 문제를 해결하고 있다. 말하자면 결국 앞의 것을 부정함으로써 나아가고 있다고 해도 과언이 아니다. 흔히 우리는 신을 두고 무소부재(無所不在)한 존재라고 한다. 그런데 무소부재한 존재는 없다. 단지 그러한 존재가 있는 것처럼 말을 하여서 문제를 해결하는 것에 불과하다. 그래서 서양의 절대신은 결국 말에 불과하다. '빈껍데기의 말'이다.

이에 비해 동양문명은 관계론적인 문명이다. 관계론적 문명은 한마디로 제1원인이 필요 없다. 관계론적 문명은 처음부터 관계론으로 시작하기 때문에 1은 곧 2이고 2는 곧 1이다. 다시 말하면 1은 '관계의 구성'이기 때문에 2이고 2는 곧 '관계의 하나'이기 때문에 1이다. 이것의 대표적인 예가 바로 태극이고 음양이다. 태극 없는 음양도 없고 음양 없는 태극도 없다. 그래서 같은 원리로 동양문명에선 태극이 곧 무극이다. 다시 말하면 1과 0과 무한대(∞)는 같은 것이다. 관계론은 바로 서로를 내포하고 있기 때문에 존재론과 같이 독립된 것을 설정할 필요가 없다. 말하자면 관계론에는 항상 전체로서의 1이 따라다닌다. 그래서 2↔1은 3↔1이 된다. 그러나 이때의 3은 서양철학의 존재로서의 3이 아니다. 어디까지나 관계론으로의 3이다. 관계론은 독립된 존재로서의 어떤 것도 없다. 이것이 바로 기(氣)라는 것의 본질이다. 기(氣)는 존재(存在)와 선후(先後)와 생사(生死)가 아니다. 이 때문에 서양문명은 '이(理)문명체계'라고 말할 때, 동양문명은 '기(氣)문명체계'라고 말하는 것이다.

서양의 철학적 전통－특히 그리스철학, 헬레니즘적 전통과 유대·기독교적 전통은 흔히 상충되는 것 같지만 실은 교묘하게 서로 절충하고 있다. 유신론과 무신론은 공존하고 있다. 유일신과 인간주의는 공존하고 있다. 불교의 무(無) 혹은 무신론(無神論)은 바로 여호와 절대신(絕對神)과 내밀하게 소통하고 있다. 대립적인 것의 어딘가에는 생각지도 않는 서로 껴안음, 상호작용하는 영역이 반드시 있게 마련이다. 예컨대 예수는 바로 존재론적 전통의 문제를 알아서 다시 문제해결의 방식으로 성령을 역설하였는데 성령이 바로 기(氣)의 일종이다.

　기독교 신학은 오늘날 여호와(Jahve, Jahwe) 절대신을 몇 가지에서 설명하고 있다. 그 첫째는 야훼이스트(J＝Jahvist)로서 신을 인격적으로 설명한다. 이는 인간을 창조한 존재로 신을 설명하지만 실은 그 이면에는 '신(하느님)＝인간'의 등식을 약간 비틀거나 거꾸로 설정한 것이라고 볼 수 있다. 둘째 예호비스트(Je＝Jehowist)로서 신을 말이라고 설명한다. '신(하느님)＝말'인 셈이다. 셋째 엘로히스트(E＝Elohist)로서 신을 자연적 상징으로 설명한다. '신(하느님)＝자연＝이미지'인 셈이다. 이러한 세 가지 설명방식은 절대신을 설명하기 위해 인간이 설정할 수 있는 여러 방식을 동원한 것이다.

　유대교의 야훼(Yahweh＝YHWH＝YaHoWah＝Yehowah＝Jehovah: 존재하는 모든 것을 존재케 하는 자: '나는 나이다')는 본래 매우 이성적(理性的)인 성격을 가지고 있다. 이것이 그리스에서 신이라는 뜻을 가진 일반명사인 엘로힘(Elohim: '스스로 있는 자' 복수) 또는 엘로흐(Eloah, 단수)가 되면서 매우 기질적(氣質的)인 성격이 된다. 이스라엘인들은 가나안인들에게서 복수형 명사인 엘로힘을 빌려와 단수로 사용했다. 그리스 '70인 역 성경'은 키리오스(Kyrios

=Lord)를 사용했다. 모세의 어머니 이름은 요게벳인데 이는 야훼의 발음과 같다. 기질적인 것은 바로 성령적인 것을 의미하는데 성령적인 것이 되면 이상하게도 여성성과 더 가까워진다. 심지어 야훼는 'Yo, Yah, Yahu'(감탄사)라는 설도 있다. 절대적인 존재는 감탄할 수밖에 없는 존재인지도 모른다.

그런데 예수에 이르러 신을 성령(聖靈)으로 설명하게 된다. 성령이란 바로 기(氣)로서 우주만물을 관계론으로 설명한 것인데 이는 실은 서양문화적 전통에서 매우 이단적이고 혁명적이고 획기적인 사건이다. 예컨대 '신(하느님)=에너지'인 셈이다. 서양문명의 약점을 은밀히 보완한 것에 속한다. 서양문명은 예수의 등장에 의해서 완성된다는 말은 이 때문이라고 해도 과언이 아니다. 아인슈타인이 과학적으로 상대성 원리($E=mc^2$)를 발견한 것은 예수 이후 2천 년 뒤의 일이다. 예수는 기존의 서양의 존재론적 전통, 절대신의 전통을 이어받으면서도 그것의 단점을 성령이라는 '기적(氣的) 존재'의 설정으로 서로 분열되고 독립되어 구원되지 못하는 세계를 구원한 것이다.

삼위일체 신학은 바로 동양의 관계론적 전통에서 3·1원리를 그대로 적용한 서양의 예이다. 그런 점에서 천지인(天地人) 3·1원리는 음양(陰陽)의 2·1원리와 함께 인류의 보편적 원리라고 해도 무리가 없을 것이다. 삼단논법(三段論法)이나 정반합(正反合)의 변증법도 이들의 변형이라고 볼 수 있다. 서양문명은 삼단논법과 정반합, 그리고 삼위일체 신학으로-과학과 종교의 원리를 완성하였지만, 한민족은 천부경 삼경 속에 과학과 종교의 원리를 다 포함하였다. 천부경은 일시무시일(一始無始一)에서 시작하여 일종무종일(一終無終一)로 끝맺는 81자의 경전이다. 그럼에도 불구하고 놀랍게도 그 81자 속에 문명의 모든 이치, 과학과 종교의 이치를 포괄하였다는 점에서 인류가 이룩한 가장 탁월한 핵과 같은 경전이다. 여기서 특히 일(一)은 '한(훈)'사상으로 축약되어 있다. '한'은 한울님, 한얼님, 하느님, 하나님 등으로 번역되기도 한다.

서양의 문명은 존재론은 거슬러 올라가면 천지창조론과 맥을 같이하여 '존재론 − 천지창조'의 틀에 의해 구축된 것이고 동양의 문명은 음양론은 거슬러 올라가면 천지개벽론과 맥을 같이하여 '생성론 − 천지개벽'의 틀에 의해 구축된 것이다. 그러나 서양의 '존재론 = 천지창조'는 동양의 '생성론 − 천지개벽'의 서양적 해석이요, 동양의 '생성론 − 천지개벽'은 서양의 '존재론 − 천지창조'를 동양적으로 해석한 것이다. 만약 전자를 아는 자가 후자를 모르면 전자를 아는 것이 못되고 만약 후자를 아는 자가 전자를 모르면 후자를 아는 것이 못된다. 우주만물은 절대론으로 볼 수도 있고 상대론으로 볼 수도 있다.

이는 결국 말의 문제이다. 이것은 또한 여성적 사고와 남성적 사고로 대별해 볼 수도 있다. 남성은 천지가 창조되었다고 생각한다. 남성에게는 '누가 나를 낳았으니까 내가 세상에 나왔다.'고 생각하는 것이다. 그러나 여성은 천지가 개벽된다는 것을 안다. 여성은 본능적으로 '내가 누구를 낳기 위해 개벽되어야 한다.'는 것을 알고 있다. 우주를 여성적 사고로 볼 필요가 있다. '여자가 되라. 그러면 깨달을 것이다.' 서양문명에서 예수야말로 처음으로 여자가 되어본 남자이다. 그래서 남자가 운영하는 서양문명에 왕중왕(王中王, King of kings)으로 군림하게 된 것이다. 역시 극과 극은 통하고 양에 음의 씨앗이 있고 음에 양의 씨앗이 있다.

◈ 선(仙) 자와 진(眞) 자는 순수 우리말

　여기서 우리 글자 두 자를 소개하고자 한다. 도대체 선도(仙道)라고 할 때 선자는 무엇을 의미하고 그 유래가 어떤 것일까? 우리는 흔히 선하다, 선한다는 말을 자주 듣는다. '선(善)하다'는 착하다는 말이 되겠고, '선(禪)한다'는 말은 선불교에서 하는 수행을 의미할 수도 있을 것이다. 그런데 그 '선'이라는 한글 발음이 같은 것은 예삿일이 아니다. 말하자면 선도(仙道)를 하는 것을 '선(仙)한다'라고 말할 수도 있겠고 선도를 하면 '선(善)하게' 될 수 있는 것이다. 우리 민족에겐 '선'이라는 말이 매우 좋게 긍정적으로 쓰였음을 알 수 있다. 우리는 또 매우 보고 싶은 사람이나 그리운 사람을 그리워할 때 '선하다'고 말하기도 한다.

　<선(仙)> 자는 인간의 가장 원시적인 모습을 의미하고 나아가서 원시적인 생활의 총체성을 유추하게 하기도 한다. '산에 사는 사람' 또는 '산사람', 이것은 무엇을 말하는가. '선' 자는 '산이' 등으로 불리면서 무당을 뜻하기도 했다. 물론 무교, 즉 무(巫)는 선(仙)과 달리 인간의 영(靈)과 육(肉)을 이분화하여 고등종교가 나오는 바탕이 되기도 했는데 선(仙)은 영과 육을 이분화하지 않으려는 경향성이나 전통을 가지고 있다. 선(仙)은 다분히 현세적이고 영육일원적인 반면 무(巫)는 내세적이고 영육 이원적이다. 물론 어원학적으로 무당은 흔히 '산이'라고도 한다. '산이'란 다름 아닌 바로 선(仙)에서 변천한 것임에 틀림없다. 이는 바로 무당과 선인(仙人)과의 혈연관계를 말해 준다. 선(仙)은 또한 선비라는 말로 변천한다. 선비는 조선조에 들어 유학을 하는 사람을 지칭하는 용어로 쓰였지만 실은 고구려 때부터 선인을 지칭하는 말이었다.

무(巫)는 매우 추상적인 영혼이라는 존재를 설정한다. 무교는 귀신으로 모든 것을 푸는 단계의 종교이다. 조상신은 바로 그 귀신의 안성맞춤의 대상이다. 하지만 그 추상성에서 무(巫)는 귀(鬼)와 신(神)을 설정하지만 고등종교는 귀(鬼)보다는 신(神)에게로 그 중심을 옮겨간다. 귀(鬼)는 과거지향적인 것이고 신(神)은 미래지향적인 것이다. 이는 조상귀신(祖上鬼神)에서 절대적인 신(神)으로 나아가는 과정이기도 하다. 신(神)으로 나아가는 것은 바로 문화적 특수성에서 문화적 보편성으로 향하는 것이기도 했다. 그런데 문화의 특수성과 보편성은 하나이다. 마치 몸과 마음이 하나이듯이 하나이다. 그런데 그 중 하나만을 주장하면 아직도 하나에도 도달하지 못한 것이 된다.

무(巫)는 신내림이나 신올림 혹은 신바람을 위해서 춤을 춘다. 그러나 선(仙)은 그렇게 하지 않는다. 바로 이 점이 선(仙)을 문화적 원형으로 보게 하는 까닭이 된다. 무(巫)와 선(仙)은 혼습해 있는 경우가 많다. 그래서 혼란을 초래하기도 한다. 예컨대 삼국통일을 이룩한 김유신은 선(仙)을 했으냐, 무(巫)를 했느냐라고 할 때 그 답은 분명하기 어렵다. 그런데 이 선(仙) 자를 극히 좋아하는 민족이 우리 한민족이다. 잘 아는 바와 같이 신라에는 선풍(仙風)이 대단했다. 바로 우리가 잘 아는 풍류도와 화랑도가 바로 이것을 말한다. 풍류도의 중심인물을 선인(仙人), 선랑(仙郎), 선화(仙花), 국선(國仙)이라고 불렀다. 아마도 선(仙)을 하는 사람이 나라를 이끌어가거나 나라의 중요 인물이었음에 틀림없다. 바로 이 선도(仙道)는 신선(神仙)사상을 추구하고 신선은 바로 단군조선시대의 이상적 인물상이었다는 것을 우선 알아 둘 필요가 있다. 나중에 구체적으로 거론하겠지만 선도수련을 하는 것은 바로 단군에까지 접근하는, 민족정통성과 맥을 같이하는 것임을 명심할 필요가 있다.

　이야기를 약간 돌려보자. 그런데 선도계통에선 선도 수련이 본격적인 궤도에 진입하였다고 인정할 경우, 대체로 진기(眞氣)의 단계가 된다. '선(仙)' 자와 함께 '진(眞)' 자도 매우 중요한 말이다. '진(眞)' 자는 바로 선도를 하는 사람을 상형하는 글자이기 때문이다. 진(眞) 자는 사람 인(人) 자와 그 아래 눈 목(目) 자와 숨을 은(隱)자의 약자(ㄴ)와 오를 승(昇) 자의 약자(八)이다(人＋目＋隱의 약자＋昇의 약자). 이 글자의 모습은 마치 가부좌하는 사람의 눈 위에 사람이 하나 더 있는 형상이다. 이것은 무엇을 말하는가. 바로 <눈 위에 있는 사람>, <영혼을 가진 사람>, 즉 <신선(神仙)>을 의미하지 않을까? 더욱이 최근 북경대학에 유학하고 있는 일단의 한국 유학생이 사서삼경을 전부 들추어보아도 참 진(眞) 자가 없다는 사실을 발견했다. 북경대학 교수들도 이 엄청난 사실에 의아해하면서 머리를 가로저을 따름이었다. 이 진(眞) 자는 적어도 중국 정통의 사서삼경(四書三經)에는 없었고 신선사상이나 도가(道家) 서적에서만 나올 따름이다. 참 진 자야말로 가장 위대한 것인데 중국인들은 왜 그것을 사용하지 못했을까.

　중국의 경전들은 바로 이 진(眞) 자를 쓰지 못해 다른 글자, 예컨대 인(仁) 자나 성(聖) 자, 성(誠) 자, 신(信) 자 등을 개발했던 것은 아닐까. 그러나 다른 글자가 아무리 있어도 이 진(眞) 자를 이길 수 없으니……. 신선 선(仙) 자와 참 진(眞) 자를 놓고 여기에 중국 측의 글자라고 할 수 있는 인(仁) 자와 성(聖) 자를 대비하면 감회가 심상치 않다. 인(仁) 자는 아무래도 인위적인 냄새가 난다. 성(聖) 자도 마찬가지다. 인(仁) 자가 사람과 사람 사이의 일이라면 선(仙) 자는 적어도 그 한 단계 위인, 보다 원초적인 자연과 사람

사이의 일인 것이다. 그 일이란 바로 양 자가 하나로 되는 것이라고 볼 때 인(仁) 자가 사람 사이의 합일을 추구한 것이라면 선(仙) 자는 사람과 자연의 합일을 추구한 것이라고 볼 수 있다. 물론 인(仁) 자와 선(仙) 자는 내통해 있기는 하다. 또한 성(聖)자도 이와 마찬가지다. 성(聖) 자가 보다 높은 단계의 인간을 추구하는 것이라면 진(眞) 자는 본래의 모습을 되찾는 것이라고 볼 수 있다. 양자가 추구하는 것이 같은 것이라고 볼 수 있지만 성(聖) 자는 어딘가 인위적인 냄새가 나고 선(仙) 자는 자연적인 냄새가 난다.

혹시 선(仙)이나 진(眞)이 더 본질적인 글자가 아닐까. 다시 말하면 선도를 하면 저절로 인(仁)이나 성(聖)에 도달할 수 있는데 그 구체적인 방법을 감추고 중국문화는 인(仁)이나 성(聖)을 목표로 정한 것을 아닐까. 나는 "잃어버린 선맥을 찾아서"에서 단(檀), 단(壇), 단(丹)의 역사적 연관성과 변형과정을 추적한 바 있다. 간단하게 말하면 단(檀)이라는 글자는 단군을 상징할 뿐만 아니라 나무 신앙과 관련이 있으며 단(壇)은 그러한 것이 제도화 되어 제단(祭壇)화한 것을 의미하는 것이다. "단군도 무(巫)와 선(仙)의 양면성을 모두 지니고 있었으니 전자는 단군(檀君)이고 후자는 단군(壇君)이다. 후자가 더욱 발전하여 제사장(祭司長)이 되고 천군(天君)이 된다."[11]

그런데 단(丹)은 바로 신을 대상으로 섬기는 것이 아니라 인간이 스스로 신이 되는 것을 상징한다. 단(丹)은 인간이 스스로 우주의 배꼽자리임을 자각하는 단계를 말하는 것이었다. 이 과정은 인간은 하늘에서 나무를 타고 수직으로 내려온 신은 섬기다가 스스로 신이 되어 우주의 주체가 되는 변화과정을 집약하고 있다. 아마도

---

11) 김상일(1987), ≪한밝문명론≫, 219쪽, 지식산업사.

예부터 인류의 조상들은 이러한 메커니즘에 대해 나름대로 자각이 있었던 것 같다. 이것이 신인(神人) 혹은 인신(人神)이라는 것이다. 석가나 예수야말로 그런 대표적인 인간이다.

우리의 전통종교인 유불선(儒佛仙) 삼교는 풍류도 혹은 화랑도에서 볼 수 있듯이 삼교가 회통한 것이다. 이러한 회통을 잘 대변하고 있는 것이 바로 선교의 선(仙), 불교의 선(禪), 유교의 선(善)이다. 우리는 흔히 '선하다'(눈에 선하다)라는 말을 한다. 바로 인신 혹은 신인이 눈에 선하도록 하는 것이 바로 선(仙)하는 것이고 선(禪)하는 것이고 선(善)하는 것이다. 이렇게 우리말 발음이 같은 것은 글자가 달라지고 의미가 변형되지만 역사적 변천의 자취와 공통의 뜻을 담고 있다. 이것은 에리히 프롬(Erich Fromm)이 말하는 일종의 내향과학(inner science)과 같다. 종교는 실은 과학으로 말하면 내향과학이고 과학을 종교로 말하면 외향종교(outer religion)라고 말하면 어떨까. 어떤 측면에서는 인간은 옛날이나 지금이나 본질적으로 같은 것을 추구하고 삶의 양식에도 거의 대동소이한지도 모른다. 말하자면 산업의 변화에 따라 겉모양, 문명의 표층구조만 달라지지만 그 속내, 문명의 심층구조는 같은 모양이다.

문화의 전승·발전과정이라는 것은 생각보다 질서정연한 것이 아니다. 한때 문화의 수출국이 다른 때는 문화의 수입국이 되고 종주국에서는 사라진 것이 주변국에서 다시 흥성하게 되는 경우는 얼마든지 있다. 나중에는 어디가 시원인지조차도 분별하기 힘들게 된다. 신화라는 것도 나중에 천하를 통일하고 세계를 제패한 나라가 자신의 정권의 합리화를 위해 다시 조작하는 경우는 얼마든지 있다. 이러한 조작은 진실이라는 점에서는 은폐하는 것도 되지만 문화의 확대재생산원리나 문화능력을 배양하기 위한 문화의 통합의 당위성으로 볼 때 얼마든지 용인될 수 있는 것이다. 문화야말로 '시원이 어디냐'가 중요한 것이 아니라 '현재 누가 향유하느냐'가 더 중요하다. 문화야말로 본질적으로 조작적 성격을 가지고 있는 것이다. 이것이 신화조작이라는 것이다.

◆ 예술인류학은 무교인류학이다

근·현대학문은 서구에 의해 정초되고 체계화되었다. 그리고 지금도(서구의 영향력은) 여전히 계속되고 있다. 이것은 다시 말하면 모든 문화(문명)현상을 판단하고 가치(의미)부여를 하는 것이 서구적 관점에 의해 이루어짐을 뜻한다.

이러한 서구적 편견에 의해 피해를 본 것, 다시 말하면 왜곡되고 축소되어 보잘것없는 것으로 전락되어 간 것 중에서 가장 첫손가락에 꼽히는 것이 주술(呪術)일 것이다. 이것은 미신(迷信)이라는 이름으로 저주되어 죽어갔다. 서구인들은 주술이 갖고 있던 두 가지 특성, 즉 '주문(종교)＋기술(과학)＝예술'을 각기 분리하여, 주문은 역사주의와 기독교로 대치하고, 기술은 자연과학으로 대치하였다. 그리고 이 양자(주문과 기술)를 분열시킴에 따른 남은 분열 에너지를 예술로 독립시켰다.

서구문명은 주술에서 비롯된 핵분열을 계속해 나감으로써 이제 인간(인류)의 생활을 파편으로 만들면서 인간성, 나아가서 자연성을 파괴하고 있다. 일부 새로운 연금술로 이 같은 파편들을 재조합하는 경우가 있긴 하지만 원초적으로 이 같은 환원작업은 벽에 부딪혀 공해를 비롯하여 환경문제, 인간상실문제 등 기본적인 문제를 노출하고 있다.

내가 이같이 서구가 주도하고 있는 현대문명을 비판적으로 보는 것은 서구문화가 전적으로 잘못되었다는 것을 주장하기 위한 것이 아니라 서구문화, 그것은 인간이 만들어 낼 수 있는 많은 가능성 가운데 하나(하나의 편견)일 뿐이며 우리는 다른 문화를 찾아 나서야 하는 길목에 있음을 말하고자 하는 의도에서이다. 새로운 문화를 찾아 나선다는 것은 인간문화의 원형이 또는 본래의 모습이 어떤 것인가를 알아야 하는 역설에 우리를 빠뜨린다. 왜냐하면 어떤 문화도 인간성에서 파생된 변형에 불과하기 때문이다. 서구문화도 그들이 혐오한 주술에서 멀리 떨어진 문화가 아니다. 단지 그들은 주술적 특성을 가진 인간생활을 합리적인 것과 비합리적인 것으로 나누고, 때로는 전자의 편에, 때로는 후자의 편에서는 왕복운동을 했을 따름이다. 이러한 서구문화의 모습은 '정신분열적 상황'으로 규정할 수 있을 것이다.

따라서 서구문화의 압도적 지배에 허덕이고 있는 현대문명은 '분열적 증세'에 허덕이고 있다고 해도 과언이 아니다. 이 같은 병리현상을 치료하기 위해서는 문제 제기적 정신분석학보다는 정신병리학, 그리고 예방의학이 필요하다. 또 원초적인 인간의 건강을 되살리는 묘방이 필요하다. 나는 이 같은 처방의 하나로 '문화통합으로서의 주술'을 주장하고 싶다. 주술, 이것이야말로 원시적인 건강 그자체이다. 고대 인간들과 원시(미개)부족들은 그들의 삶을 여러 요소의 관계 속에서 보았다. 예컨대 고조선 선조들은 우주를 '천·지·인'으로 보고 그 구체적인 모습을 '정·기·신'에서 찾았다.

서태평양의 미개부족 트로브리안드 섬 주민들은 배를 건조하는 훌륭한 기술이 있었지만 안전한 항해를 기원하며 주술을 베풀었다.

특히 동이족(東夷族)의 역(易) 또는 중국의 '주역(周易)'은 당시 음양오행사상에 입각한 과학이었으면서도 그것이 내포하고 있는 패러다임적 성격 때문에 점복술(占卜術)에도 응용되었다. 말하자면 주역은 과학과 점에 동시에 응용되었는데 오늘의 과학도 그 마지막 목표는 미래 또는 미지의 세계에 대한 예측력 혹은 예언에 있으므로 같은 맥락이다.

주역과 오늘의 자연과학은 서로 다른 상징 – 과학체계이다. 사물(우주)을 관계로 볼 때는 반드시 요소들의 관계모양, 즉 구조가 성립되고 요소는 '전체의 표상', 즉 상징이 된다. 다시 말하면 존재도 상징이고 존재와 존재의 관계구조도 상징이고 궁극적으로 인간의 행위(실천)도 상징이다. '전체, 또는 부분의 표상'에 불과한 것이 된다.

서구인들은 아이러니컬하게도 주술을 미신으로 저주하는 주술을 행했다. '과학과 이성'이라는 주변부에 주술이 기생하도록 했으며 '개인주의'의 무의식에 욕구불만의 전체주의를 길렀다. 또한 '기독교'의 선교라는 미명하에 '제국주의'를 세계에 심었다. 그들은 기독교라는 주문과, 과학과 역사주의라는 몸짓(정신적 · 육체적 노동)으로 주술을 행했다. 서구문화는 인간의 원초적인 삶의 모습을 일탈한 것이 문제가 아니라 표상에 불과한 자기들의 언어들에 절대권을 부여함으로써 다른 많은 표상들을 무시했다는 데 문제가 있다. 그들의 주술적 언어는 자연과학적 편견이나 기독교의 에소테릭한(esoteric: 秘儀的) 독선을 벗어나 자연주의적 상징주의로 균형을 회복해야 한다. 모든 언어는 상징으로 환원되어야 한다.

흔히 샤머니즘이 미신으로 또는 기복신앙으로 비하되는 것은, 그것이 고대사회에서 통용되던 상징체계 전반이 오늘에 전달된 것이 아니라 극히 일부, 다시 말하면 도상(圖像, icon)이나 방법론이 생략된 용어들만 남아 있기 때문이다. 즉 샤머니즘의 껍데기만 부분적으로 산재되어 있고 그것의 실체, 즉 지표(指標, index)들은 멸실되어 버렸기 때문이다. 샤머니즘은 오늘의 자연과학체계와 같이 당시의 과학체계 ― 자연과학주의가 아닌 자연주의를 바탕으로 한 ― 이다.

샤머니즘이 미신으로 취급되는 까닭은 그것을 구성하고 있는 상징체계들, 즉 지표(index), 상징, 도상(icon) 사이에 과정(의미교환체계)이 분명히 남아 있지 않은 상태에서 종교적인 것, 예컨대 기(氣)가 접합되어 비합리적으로 보일 수밖에 없었던 때문이다. 샤머니즘은 정령을 주축으로 한 종교이다. 이에 비하면 불교는 말을 극복한 무아(無我)의 종교이다. 불교의 세계는 말의 안티(anti ―)의 세계이다. 그런 점에서 인도의 동양은 서구의 안티로서의 동양이다. 이에 비해 중국의 동양은 서구와는 다른, 음양대칭의 동양이다.

샤머니즘이 인간의 생활을 운용하는 주 원리가 되던 시대에도 인간은 실질적으로 사물을 다루는 방법(수단)들을 가지고 있었다. 단지 오늘날 우리는 그것을 잃어버렸을 따름이다. 오늘의 자연과학이 기독교주의를 배경으로 갖고 있듯이 당시의 과학체계에는 오늘의 기독교와 같은 입장으로 샤머니즘이 있었던 것이다.

학문적 물음은 사실 과학이 아니라 학문 이전의 가정으로서 주문(呪文)에 해당된다. 주문과 학문적 체계도 지극히 예술적인 작품(구성물)이며 그러한 작품은 영감(氣)에 의해 추진력을 갖는다고 할 수 있다. 이것은 인간의 신체와 신체 밖의 관계로 학문·예술·종교로 압축되는 것이다. 이것은 다시 인간의 행위를 예술로써 ― 일원적으로 ― 파악하는 것이 된다. 즉 학문과 종교, 텍스트와 도그마를 예술(context)에 환원시키는 작업이다. 그것들이 원초적으로 예술이기 때문에 계속 재창조(재구성)되고 있는 것이다.

예술인류학은 일상의 문법으로서 무속현상을 다룬다. 이런 점에서 예술인류학은 무교인류학이다. 인간의 정신 심리복합은 외재한 사물과는 달리 자기완결체계를 가지고 있다. 말하자면 사물은 그대로 인식되는 것이 아니라 인간의 자기체계의 형태(반영)로 지각된다. 상징은 이 같은 형태의 대표적인 것이며 인간은 자신의 생명력(氣)을 상징의 생산에 투여한다. 인간의 생활은 과학·기술과 또 다른 이 같은 상징작업을 항상 동반한다. 무속의 신들과 각종 의례들은 이 같은 상징작업의 산물이며 상징의 소여(所與)가 되는 감정의 종합적 최대치가 종교이며 신들의 세계(신화)이다.

예술은 종교적인 형태가 아닌, 과학과 종교 사이에서 다양한 상징을 인간의 신체나 다른 매질(媒質)을 동원하여 생산하는 영역이다. 인간은 따라서 종교를 믿지 않더라도 여러 상징작업을 통해 종교적 현상(체험)에 접하며 실천하고 있다고 볼 수 있다. 과학자들도 자신의 과학체계를 위해 가설의 단계에서부터 그의 상징에 기(氣)를 투입하지 않으면 이론정립을 할 수 없게 된다. 이렇게 볼 때 사물과 상징(언어)들은 기(氣)의 표현체로서 항상 공명하지 않으면 안 된다. 마치 이를 가장 가까이서 우리에게 보여주는 예술작품과 마찬가지로 -.

따라서 무속은 이론적(과학적) 체계가 은폐된 인류의 가장 오래된 상징형태이며 이 때문에 흔히 우리는 그것을 미신으로 다루어 왔다. 신은 기(氣)의 적분체이다. 어떠한 작은 상징도 신들의 잔상(殘像)들이다. 따라서 상징들은 신들의 미분체이다. 상징인류학이 예술인류학이라는 이름으로, 나아가서 무교인류학이라는 이름으로 불리는 것은 비록 상징이 언어의 형태로 가장 보편적으로 나타나지만 보다 본질적인 것은 기(氣)의 표현이라는 점이다.

언어는 기(氣)에 대한 한시적(限時的)·역사적 규정에 지나지 않는다. "태초에 말이 있었다."는 성경구절은 이제 "태초에 기(氣)가 있었다."로 수정되어야 한다. 언어(말)에 대한 종속은 세계(world)가 미리 존재했고, 후에 인간(human)이 존재하게 된 구조의 결과이며 자연(nature)의 일부에 불과한 부분적 존재인 인간이 부분에서 전체를 파악해야 하는 운명에 기인한다. 전체를 인식(파악)의 대상이 아니라 참여의 대상, 함께 변하는(생성하는)대상으로 파악할 때 세계의 진면목에 도달할 수 있을 것이다. 모든 것은 같이 생성변화하고 있다. 여기에 무교적 진폭이 있다. 신들과 거래를 하는(소통하는) 탁월함이 있다.

예술인류학을 무교인류학의 입장에서 볼 때 이제 학문이나 예술작업도 폭넓은 종교적 관점에서 조명되어야 한다. 왜냐하면 지금까지 학문은 예술이나 종교를 연구대상으로 해 옴으로써 비판의 독점적 권위를 누려왔으며 이에 따른 학문적 폐단이 적지 않았기 때문이다. 학문작업도 예술현상의 하나이며 종교적 현상의 하나일 수 있다. 이것은 나의 예술인류학 모델인 '언어⇌사물⇌상징⇌기(氣)'의 위치를 높이는 것이다.

3. 시간의 이중적(二重的) 가치

1. 텍스트로서의 서양철학의 시간론

인류학적으로 시간을 논의한다는 것은 크게 세 가지 관점에서 출발할 수 있다. 하나는 민족학적인 차원에서 하나의 현상으로 시간을 다루는 것으로 민족마다 시간개념은 어떤가를 알아보는 것이다. 다시 말하면 제 민족의 시간개념(관념)은 어떻게 다른가라는 물음에 답하는 것이다. 다른 하나는 이러한 시간(개념)이 인간의 생활 속에서 예컨대 생태·환경적인 조건과 어떻게 융합하며 생존(survival)을 달성하는가? 또는 사회·문화적 구조와 어떻게 조화를 이루는가를 탐색하는 것이다. 마지막으로 세 번째는 앞의 두 가지 논의가 시간은 공간개념과 함께 사물의 존재와 변화를 파악하는 잣대로서 일종의 언어(상징)임을 인정하는 것이라면 그러한 시간을 어떻게 초월하는가의 문제를 따지는 영역이다.

이상의 관점을 요약하면 사물의 지각을 위해서 시간을 설정하면서도(또는 시간과 공간개념을 분리하지 않거나) 그것을 초월하는 방식을 인류문화가 저마다 가지고 있다는 사실, 즉 시간의 이중적 가치(bivocality)를 확인하는 과정으로 논의를 압축할 수 있을 것이다. 이것은 다시 말하면 시간을 일종의 구조라고 볼 때 '구조-탈구조'의 역동적 과정을 해명하는 일이고, 시간을 일종의 상징(象徵)으로 볼 때 '상징-의례'의 역동적 과정을 조명하는 작업이 된다.

원래 시간론은 철학의 전통적인 주제였다. 인간의 모든 삶은 시간과 함께 공간이라는 두 가지 척도에 의해 파악되어 왔고, 또한 시간·공간의 개념을 어떻게 규정하느냐에 따라 삶의 내용도 달라져 왔기 때문이다. 어느 학문보다도 보편성을 추구하고 요구받고 있는 철학은 그 시간·공간 속에서 인류의 보편성을 찾는 제1차적 책임을 지고 있음은 물론이다. 특히 서양 철학자를 일별하면 그 같은 사정은 더욱 분명해진다.

아리스토텔레스(Aristoteles)는 시간을 '선후(先後)에 따르는 운동의 수(數)'라고 정의했다. 그러나 플로티노스(Plotinos)는 '정지(靜止)의 지속'을 문제 삼아 "시간이란 마음의 삶이다."라는 정의를 하였다. 플로티노스의 정의는 인간의 마음의 시간을 생산한다고 함에 따라 영원(永遠)의 문제를 제기한다.

아우구스티누스(Augustinus)는 '현재·과거·미래가 과연 있는가'라고 반문하고 '영원은 언제나 머무는 것이고, 시간은 결코 머물지 않는 것'이라고 시간론을 전개했다. 영원과 시간이 개념적으로 어떻게 다른가를 객관적으로 명시한 사람은 토마스 아퀴나스(Thomas Aquinas)이다.

토마스는 영원에 관해서 보티우스(Boethius)가·내린 정의, 즉 "영원이란 무한한 생명의 전체적이고 동시적이며 완전한 소유(所有)이다."를 음미하며 토론을 벌였다. 토마스는 아리스토텔레스의 '운동에 있어서의 선후(先後)의 수(數)'(계량화된 시간)에 대칭되는 것으로 '운동 밖에 있는 것의 제일성(齋一性)'을 영원에 견주었다. 따라서 영원은 항존(恒存)하는 존재(存在)의 척도인 데 대해 시간은 운동(運動)의 척도가 되는 셈이다.

시간에 대한 논의는 뉴턴(Newton)과 칸트(Kant)에 이르러 '절대시간', '무한시간'으로 논의되기 시작한다. 뉴턴은 시간·공간을 모든 실재를 포괄하는 영구적인, 무한한, 자존적인 '절대 실재'로 생각하였다. 뉴턴이 측정의 대상으로서 객관적인 '절대 실재'로 생각한 시간·공간을 우리 인식주관의 '선험적 감성형식'으로 생각한 것은 바로 칸트이다.

뉴턴은 바로 '수학적 시간', '물리적 시간'을 생각한 데 반하여 칸트는 '감성형식의 시간'을 보았다. 그러나 양자의 공통적 기반은 자연법칙이 갖는 '객관성', 즉 '보편타당성'과 '사유필연성'을 존중한 점이다. 현상 속에 시간이 있는 것이 아니라, 시간 속에 현상이 나타난다는 칸트의 생각은 '무한시간'을 상정케 했는데 이것의 뉴턴적(자연과학자로서) 표현이 '절대시간'이다.

칸트의 선험적 시간에 대해 생활하는 시간을, 형식적 시간에 대해 지속하는 시간을 보여준 학자가 베르그송(Bergson)이다. 베르그송은 '순수지속'으로서의 시간을 주장하고 양으로 측정되는 시간을 배제했다.[12] 칸트나 뉴턴이 시간을 공간과 이분(二分)하고 나아가 시간을 공간화시킴으로써 시간으로부터 '질적 다양성'을 배제한 데 대한 반명제였다

후설(Husserl)은 베르그송의 '순수지속'을 발전시켜 자신의 의식의 흐름을 관찰, '현상학적 시간'과 '절대적 의식류(意識流)'를 새로 제기했다.[13] 이것은 말하자면 "시간의 본성은 하나의 흐름으로 보이나 그 흐름의 모습은 그때그때 다르다."는 것이다. 후설은 '절대적 의식류'를 '원의식(原意識)의 흐름'으로 다시 설명하고 '원의식(原意識)'이란 말은 결코 대상이 될 수 없는 '절대적 주관성'을 지칭하는 것으로 사용했다.

하이데거(Heidegger)와 베르자예프(Berdyaev)에 이르러 시간을 파

---

12) 金奎榮(1987), ≪時間論≫, pp.259~265, 서강대학교출판부.
13) 金奎榮, 위의 책, pp.199~210.

악하는 데 있어 인간존재의 유한성과 시간의 이면성(二面性)이 제기된다. 후설은 '존재(存在)'의 차원을 괄호에 넣고 의식의 차원에서 '의식류(意識流)'로서의 '시간류(時間流)'를 다룬 데 반해 하이데거는 '현존재(現存在)'의 차원에서 시간성(時間性)을 다루었다. 이것은 인간의 유한성을 전제한 것이었다.[14] 한편 베르자예프는 시간의 이면성(二面性)을 논하면서 시간의 '거래(去來)와 지속(持續)'을 얘기한다. 다시 말하면 시간은 새로운 것, 알려지지 않은 것에 대한 창조적 활동의 결과이고 동시에 전체의 상실로 말미암아 우려하고 염려하는 데서 생겨지는 것이라는 주장이다. 결국 변화와 불변한 것의 얽힘, 그것이 시간이라는 것이다. 따라서 베르자예프는 '영원에 참여하는 순간', '영원과 합치되는 순간'이라는 시간론의 결론에 도달한다.[15]

지금까지 서양 철학사에서 시간론을 훑어보았다. 아리스토텔레스에서 베르자예프에 이르기까지 시간과 공간을 이분(二分)하고, 한쪽에선 '시간을 공간화'하고 다른 한쪽에선 '공간을 시간화'하면서 전자는 '공간의 절대화' 후자는 '시간의 절대화'를 하는 이원적 대립항의 변증법적인 발전관계를 본 셈이다.

결국 시간과 공간을 이원화(二元化)한 것 자체에서 문제가 내포되어 있었음을 알 수 있다. 이러한 점에서 볼 때 베르자예프의 '이중성(二重性)'은 참으로 시사하는 바가 크다. 변화와 불변의 얽힘, 진보와 퇴보, 우려와 희망, 불안과 환희, 염려와 해방……

시간과 공간은 애초부터 이원화되어야만 하는 것이 아니라 이원화해 놓고 그것을 부단히 일원화하는 과정이 서양 철학사였다는

---

14) 金奎榮, 위의 책, pp.259~265.
15) 金奎榮, 위의 책, pp.274~278.

점을 알 수 있다. 그렇다면 그것을 일원적으로 볼 가능성도 있음을 추론할 수 있다(현대 물리학은 이미 여기에 도달했다.). 실지로 시간과 공간을 처음부터 일원적으로 본 것은 동아시아(동양) 철학 세계였다. 또 원시·미개(primitive)사회도 대체로 그러하였다. 인류학적으로 볼 때 동아시아 철학과 원시세계관은 그러한 점에서 매우 의미심장하다.

인류학에서 시간문제를 집중적으로 다루는 분야는 역시 철학인류학(metaphysical anthropology)이다.

◆ 철학인류학의 성과

철학인류학에서는 인간의 시간을 '삶의 조건'으로 다루고 있다.[16] 20세기 사유는 아마도 처음으로 역사 속에서 가장 진지하게 시간문제를 다루었다. 딜타이(Dilthey)와 베르그송, 그리고 현재에 이르기까지 이 주제에 집중했다. 오르테가(Ortega)와 하이데거를 거치면서 특히 하이데거의 ≪존재와 시간≫는 그들의 가장 중요한 책의 제목이다. 더욱이 다른 지식 분야도 모든 방향에서 시간을 탐구했다. 예컨대 사회학(세대이론)·심리학·문학·예술 등.

어떻든 철학인류학에서는 시간성(temporality)이 경험적·구조적 속성으로 특히 그것의 기능이 탐구되어 왔다. 철학인류학은 다분히 전기적인(biographical) 조망(perspective)을 갖고 있다. 이것은 근본적인 리얼리티(reality) 또는 분석적 이론의 관점에서 인간의 삶을 보

---

16) Julian Marias(1971), Frances M. Lo'pez-Morillas 옮김, ≪Metaphysical Anthropology≫, pp.209~219, The Pennsylvania State University Press, University Park and London.

는 것이 아니라는 뜻이다. 그래서 시간성(temporality)이 어떻게 삶의 영양소(성분)들의 하나로 기능하고 있는지를 보여준다. 다시 말하면 경험적이지만 구조적인 형태로 시간을 논해야 한다는 것이다. 이것은 다분히 철학이 추상적으로 흐르기 쉬운 점과 때로는 구체성을 강조하는 과학에 종속되기 쉬운 점을 동시에 극복해야 한다는 것과 통한다. 경험과 추상의 사이에 구조가 있는 것이고, 구조는 기능하는 것이라는 대전제가 철학인류학에는 깔려 있는 것이다. 따라서 시간을 구조적으로 탐구한다.

인간의 삶은 영원한 것이 아니다. 더욱이 시작과 끝이 있다. 인간의 삶은 찰나적이면서도 계속적이다. 시간은 분절적(articulated)인 것이다. 일종의 연속체가 아니다. 따라서 양자를 통합하기 위해 분절적 연속체(성)라는 개념을 전기적인(biographical) 차원에서 사람들은 상정했다. 따라서 생물학적이고 육상적인 삶의 순환적(cyclical)인 성질이 시간의 양화(quantification)의 원초적 형태였다.

사람들은 또 불완전하고(imperfect), 미완성의(unfinished), 그리고 온전하지 못한(uncompleted) 인간(man)과 무한하고(infinite), 영원한(eternal) 신이라는 이원적인 것(the opposite of things)을 상정했다. 철학인류학은 인간의 시간에 대해서 다음과 같이 말한다. '그의 피조적(created)이고, 창조적인(creative) 시간성과 계속적으로 일어나는 절대적인 혁신에서 우리는 신의 이미지를 닮은 인간의 속성에 대한 인류학적인 의미를 발견한다고 말할 수 있을 것이다.

요컨대 철학인류학에서는 인류는 어떤 인종, 동서고금을 막론하고 시간을 생활 속에서 수용하는 한편 유한적 존재인 인간과 다른, 초월적 신(神)을 상정하여 이것과 구조(structure)를 통해서 소통하였다는 것을 보여준다. 이것은 '시간의 구조화', '구조의 시간화'로서 서양 철학사가 보여준 '시간의 공간화', '공간의 시간화'와는 다른 것을 보여준다(물론 서양 철학사의 시간과 공간의 관계를 포함한다). 구조, 그것은 이중성 — 하나이면서 둘이고, 둘이면서 하나이다. — 을 나타낸다. 이것은 앞에서 언급한 베르쟈예프의 이면성(二面性)과 무엇이 다른가? 구조는 공간을 포함하기 때문이다.

◆ 시간도 상징(언어)이다

문화와 소통(communication)을 연구하는 문화인류학자들은 '시간과 공간'을 상호 호혜적인 상징·표상(reciprocal representations)으로 본다. 이것은 마치 지도 그리기(mapping)를 연상케 한다. 이것은 철학인류학에서 언급했듯이 시간을 구조적으로 파악하는 것의 또 다른 한 단면을 말하는 것이다. 문화인류학은 시간을 인간이 사물을 인식하는 한 수단으로 보며 이것은 인간이 집단생활을 하는 점을 가정할 때 인간과 인간 또는 인간과 자연·환경 간의 소통체계로 자연스럽게 발전되는 것이다. 시간은 인간의 삶과 연결시킬 때 더 이상 추상적이 아니라는 뜻이다.

철학자들의 시간이 '평면적'인 것이라면 인류학자들의 시간은 '입체적'이고 그 시간 속에는 인간의 희로애락과 행위가 있는 것이 된다. 물론 철학자들도 시간을 이해할 때 공간을 동시에 거론함으로써 공간이 갖는 입체성(필연적인 존재성)을 간과한 것은 아니지만, 흔히 시간과 공간 사이에서 역동적 긴장관계를 상실하여 시간에서 '흐름'을 빼앗아가 전체성을 수(數)로 대치시키거나 공간에서 '존재성'을 강조한 나머지 절대·무한공간과 절대시간을 상정, 영원과 순간을 이원화하는 함정에 빠지기 일쑤였다.

영원 속에 순간이 있고, 순간 속에 영원이 있는 불가분리성을 대체로 간과했던 것이다. 그러나 현명하게도 인류는 서양 철학자들이 시간과 공간을 분리하여 어느 한쪽을(주로 공간) 강조함에 따른 우주적인 정신분열 현상을 사전에 예방하며 시간과 공간을 호혜적인(대립·적대적이 아닌) 것으로 사용했다. 크게는 동양(동아시아)이 그러했지만 이 밖의 미개·원시(primitive)사회에서도 그러하였다.

구조(언어·상징), 거기에서 시간과 공간은 타협점을 찾았던 것이다. 구조, 그것은 사물을 하나도 아니고 그렇다고 둘도 아닌, 다시 말하면 하나 속에 둘을 포함하고 있고, 둘 속에 하나가 포함된 것으로 이해함으로써 논리적 모순을 극복했던 것이다(흔히 서양학자들은 이것을 무논리성 또는 비논리성으로 칭했다).

이상과 같이 시간을 구조적으로 이해할 때 그것은 물리적 공간(사물)을 상징(symbol)으로 이해하는 것이 된다. 혹자는 상징이야말로 머릿속의 이해이고, 물리적 공간(시간)이야말로 머리 밖의 경험이라고 주장할 것이다. 그렇게 주장하는 사람에게는 그렇게 주장할 이유가 있긴 하다. 이러한 사람에게는 이미 물리적 시간 이해의 순환론이 구속하고 있다. 운동의 수(數)로서의 시간 말이다. 이러한 사람은 상징(symbol)의 내포성(connotation)을 이해하지 못하는 셈이다.

시간과 공간을 호혜적 표상으로 볼 때 시간은 A라는 장소(locality)에서 B장소로 가기 위해서 통과해야만 하는 장소의 목록을 가지는 것뿐 아니라 그렇게 해 가는 과정 속에서 경험하는 시간의 간격(time interval)으로 평가하는 것이 된다. 즉 경험의 척도로서의 천문학이나 물리학에서 운위하는 스페이스-타임(space-time)의 시간이 아니라 경험 그 자체인 시간을 말하는 것이다. 이러한 '장소의 목록'이나 '시간의 간격'은 마치 인간의 모든 사회·문화적인 환경을 지도처럼(map – like) 인식하는 것이다.

'장소의 목록'은 물리적 시간인식에서의 '사물의 운동'에 대치되는 것이고 '시간의 간격'은 물리적 시간에서 언급되는 '운동의 수'에 대치되는 것이다. 즉 시간에 대한 문화인류학적 인식은 '목록'과 '간격'으로 압축된다(표 2).

〈표 2〉 물리적 시간과 인류학적 시간

물리적 시간	사물의 운동	운동의 수(數)	운동〉구조
인류학적 시간	장소의 목록	시간의 간격	구조〉운동

물리적 시간에는 법칙의 발견이 중요하지만 인류학적 시간에는 문법의 발명이 중요하다. 그러나 그 문법이라는 것도 실은 대칭적인 세계를 비대칭적으로 설명하기 위한 장치, 틀, 체계이다. 문법에 의해 만들어지는 문장, 즉 구문(構文)이라는 것은 선형적 차원을 목적으로 한다. 그러나 인류학 중에서도 대칭인류학의 계열에 속하는 예술인류학은 이원대립항을 결코 하나의 선형적 문장 속에 가두는 것을 목적으로 하지 않는다. 세계는 법칙을 위해서 존재하는 것이 아니라 생명을 위해서 역동하고 생성되기 때문이다. 만약 역동하고 생성되지 않는다면 인간이 생산한 수많은 책들은 무용지물이 되고 말 것이다(표 3).

학문 \ 차원	3차원	2차원	1차원	사고의 방향
자연과학 (뉴턴물리학)	사물 (운동)	사고 (평면)	법칙 (문장)	3차원→1차원(하나의 차원＝線形的)
인류학 (대칭인류학)	삶 (문법)	관계 (평면)	이원적 대립항 (교환)	1차원(하나의 차원→3차원(非線形的)

인류학은, 특히 오늘날 철학(구조)·문화인류학은 사물의 척도로 서의 시간과 공간을 극복하고 있다. 시간과 공간은 이미 구조(기 능)로서 표현되거나 그것을 탐구하는 것이다. 그러나 인류학이 시 간과 공간을 완전히 도외시한 것은 아님을 초기의 진화주의나 전 파주의, 역사주의적 연구 결과에서 확인할 수 있다.

인류학의 장점은 통시성과 공시성을 동시에 확보하고 논의를 진 행함으로써 인류에게 새로운 해석학의 가능성을 제공하고, 해석의 다양성을 제공하였다는 점에서 특기할 만하다. 그러한 결과 문화적 절대주의 혹은 문화적 서구중심주의에서 벗어나서 문화적 상대주 의에 도달하였다. 특히 문화적 상대주의라는 개념은 절대주의를 동 시에 포용하고 있다는 점에서 절대적 상대주의 혹은 상대적 절대 주의를 실현하였다. 나아가서 두 가지의 해석이 모두 유효하다는 것을 알게 하였다. 그것은 시간과 공간의 타협과 화해의 산물이었 다. 시간과 공간의 관계는 지극히 유동적이다. 서로 독립적인 것 같으면서도 결코 구분할 수 없는 모순관계에 있다. 그러나 그 '모 순 위의 삶이 진정한 인간의 삶의 모습'인 것이다.

◈ 호피(Hopi) 인디언의 시간

자연과학주의에 은연중 물들어 있는 오늘의 인간들에게 가장 신기한 시간개념을 가진 인간집단은 북미(北美)호피 인디언의 예일 것이다. 호피 인디언의 예는 또한 시간과 공간이 타협한 가장 그럴듯한, 모범적인 경우이다. 호피 인디언의 언어에는 영어의 시간(time)에 해당하는 단어 자체가 없다. 시간과 시간만을 따로 떼어내면 공간의 개념까지도 변질되어 버린다. 이 말은 '호피족의 사고세계에는 상상의 공간이 없다.'는 것을 뜻한다.[17] 매일매일 생활에서 실제 눈으로 확인할 수 있는 공간 밖에 다른 공간은 없기 때문이다. 예컨대 수목이 자라고 시냇물이 흐르고 동물들이 뛰어다니지 않는 공간은 생각할 수도 없는 것이다.

호피인에게는 따라서 천국도 지옥도 없다. 이들은 분명히 대상을 담을 수 있는 추상적 공간을 모른다. 영어의 공간적 비유도 이들에게는 이질적인 것이다. 예컨대 어떤 논쟁에서 논리의 선(line)을 파악한다거나 요점(point)을 파악한다는 것은 호피족에게는 상상할 수도 없는 것이다. 호피족은 또 공간 안에 있는 다른 물체의 위치를 나타냄으로써 그 공간을 표현한다.

미국의 언어인류학자 워프(B. L Whorf)는 사피어(E. Sapir)와 함께 유명한 언어상대성 가설(Linguistic Relativity Hypothesis or Sapir Whorf Hypothesis)을 만들어 각 언어는 외부세계의 현상을 범주화해서 표현하는 데 있어서 특이한 양상을 나타낸다고 밝혀주었다.[18]

---

17) Edward T. Hall, ≪The Hidden Dimension≫, 김지명 옮김(1984), ≪숨겨진 차원≫, pp.126~127, 정음사.

18) Roger Keesing, ≪Modern Cultural Anthropology≫, 全京秀 옮김(1985), ≪현대문화인류학≫, pp.118~120, 정음사; F. E. Johnston and H. Selby, ≪Anthropology −

특히 워프는 인간의 심리적 지각세계는 그들이 사용하는 언어구조와 밀접히 연관되어 있다고 주장했다. 언어와 문화 및 사회의 상호관련성은 최근 인류학의 주된 연구 주제이기도 하다. 여기서 시간(공간)도 언어의 한 형태임을 상기할 필요가 있다.

워프는 또 언어가 인간의 시간과 공간에 대한 개념을 규정한다는 것에 착안하여 이것을 호피족과 평균적 유럽인에게 적용하여 설명하였다. 예컨대 유럽인들에게는 시간이 객관화된 것이기 때문에 아침, 저녁, 1월, 8월, 여름, 가을 등이 분명하고 또 시간은 절대적인 것이라 생각하여 과거·현재·미래가 분명하다. 그러나 호피족에게는 시간이 객관화되어 있지 않고 관습적인 것으로 생각되기 때문에 그러한 시간의 구분이 뚜렷하지 않다. 사피어-워프 가설은 언어의 강제력이 사람들의 경험과 사고방식을 규정한다는 점에서 언어결정론(linguistic determinism)이라 할 수도 있고 동일한 현상이라도 언어의 배경이 다르면 인식의 방법도 다르다는 언어상대주의(linguistic relativism) 입장을 동시에 내포하는 것이라 할 수 있다. 호피족은 요즈음의 일반적 시간개념과 매우 대조적인 위치에 있음을 이상에서 알 수 있다. 극단적으로 말하면(서구적) 시간개념이 없다.

◆ 누어(Nuer)족의 시간

아프리카 원주민 누어족의 시간은 크게 생태학적 시간과 사회구조적 시간으로 구분된다.[19] 이 두 종류의 시간은 사건을 기록할

_____

Biocultural View》, 권이구 옮김(1981), 《현대문화인류학》, pp.159~162, 탐구당.

때 개념적으로 서로 연관되어 있어서 연속적인 사건을 상호보완적으로 설명해 준다. 누어족의 대부분 시간들은 거의 완전히 구조적이다. 왜냐하면 이런 시간들은 사건들을 통한 사회집단 간의 관계의 변화를 나타내기 때문이다. 한편 누어인의 시간측정은 자연의 변화에 기초를 두고 있어 계절보다 더 긴 기간을 구분할 수 없다.

생태적·사회구조적 시간은 매우 제한적이고 고정된 표기법을 갖고 있으며 이들 시간은 미래가 이미 고정되어 있는 것과 마찬가지다. 사회구조적 시간은 사회체계를 통해 각 개인들이 통과하는 것으로 나타나지만 생태학적 시간은 이에 비해 보다 확실히 존재(being)하는 것으로 보이며 또한 주기적이다.

생태학적 주기는 1년이며 이 리듬은 마을에서 캠프로 왕래하는 것을 뜻하며, 비와 가뭄이라는 두 가지 기후에 대한 누어인들의 반응이다. 한 해의 생태학적 리듬은 주로 사회적 리듬으로 바뀌어 식량공급의 변화, 그리고 시간측정의 두 개의 극을 제공하고 있는 건기절정기와 우기절정기에 있는 생활양식들 간의 대조로 나타난다.

누어인들에게 우기는 토트(tot)이고, 건기는 마이(mai)이다. 또 마을 거주 기간은 시엥(cieng)이고 캠프 거주 기간은 웩(wec)이다. 누어인들 중 젊은 사람들은 토트 기간 동안 캠프에 계속 머물며, 나이든 사람들은 마이 기간 동안 마을에 머문다. 그러나 토트 특유의 기간 동안에는 모든 마을사람들이 마을에 머물며 마이 특유의 기간 동안에는 캠프에 머문다. 토트와 마이라는 말도 순수한 시간측정 단위가 아니라 건기 절정기와 우기 절정기에 하는 사회활동들의 특성을 나타낸 낱말이다.

---

19) E. E. Evans-Pritchard(1940), ≪The Nuer≫, 권이구 ·강지현 공역(1988), ≪누어인≫, pp.125~175, 탐구당.

누어인들은 해와 달, 바람의 방향과 그 변화, 그리고 몇 종류의 새들의 이동, 다른 천체들의 이동도 관찰한다. 그러나 이들을 시간 측정을 위한 준거지표(points of reference)로 주로 사용하지는 않는다. 계절들의 가장 중요한 기능은 사람들의 이동을 조절하는 것이다. 예컨대 누어인들은 9월 중순에 마을생활에서 고기잡이와 소 캠프의 생활로 전환하며, 이 생활 다음에 마을주거와 농사가 있다고 인식한다.

누어인들은 큰 사건에 대해 이야기할 때 시간을 가리키는 달(月)의 이름을 사용하지 않는다. 사건발생 기간부터 그 과정 속에 두드러진 활동들을 이야기함으로써 사건을 설명한다. 즉 초기 캠프 시간, 결혼 시간, 추수 시간 등.

누어인들은 시간을 활동의 한 체계로 여긴다. 달(月)과 낮(日), 낮과 밤 사이에는 시간의 단위가 없다. 어제, 오늘, 내일과 같은 용어들이 있지만 정확하지는 않다. 태양의 경로에 약간의 준거지표들이 있는데 비교적 정확하다. 새벽녘·해돋이·정오·일몰 등이 있다. 누어인들은 '초기 캠프 때', '마을로 돌아오는 때', '태양이 뜰 준비를 할 때', '우유 짤 때' 등 시간의 경과를 활동과의 관계 속에서 파악한다.

누어인들이 사용하는 시간에 대해 이렇게 개관할 수 있을 것이다. 즉 시간은 전체 한 해 동안 모두 같은 가치를 지니고 있지 않다. 따라서 건기 캠프에서 매일 벌어지는 전원의 일들이 우기 때와 같은 순서로 행해진다 하더라도 이것은 같은 시간들이 아니다. 왜냐하면 심각한 계절적인 조건들 때문에 물을 찾는 일과 목초지에서 하는 일이 우기 때보다 더 많으며 분화되어 있어서 더 큰 통합과 협동행위가 요구되기 때문이다. 건기생활은 대개 평범하며 일상적인 일들뿐이다. 우기생활은 빈번한 축제와 댄스, 그리고 각종 의식으로 매우 다채롭다.

결론적으로 볼 때 누어인에게 모든 시간은 어떤 면에서 구조적이다. 왜냐하면 시간은 부차적인 개념이거나 동등의 개념 혹은 협동적인 활동의 개념 ― 이것은 한 집단의 이동을 설명해 준다. ― 이기도 하기 때문이다. 시간의 개념이 생태학적 요소에 의해 규정되지 않는다면 구조적인 특징은 더욱 강화된다. 한편 시간측정의 구조적 체계는 나아가서 지역집단에게 공동의 역사와 독특한 역사를 제공하는 중요한 준거의 지표를 선택하게 했다. 즉 구조적 체계는 연령집단체계 내에 있는 특별한 집단들 사이의 간격(거리)이며 또 다른 면에서는 친족계통과 혈연계통의 간격이다. 이러한 구조적 간격은 구조적 시대에 대한 반영이기 때문에 구조적 시간은 구조적 간격을 알아야만 이해할 수 있다.

구조적 시간이 이동한다는 것은 어떤 면에서 보면 매우 환상적이다. 왜냐하면 구조는 꽤 일정하며 시간의 인식은 구조를 통과하는 사람들의 이동이기 때문이다. 역사적인 시간의 제약을 초월하여 보면 역사적인 사실에 있는 어떤 요소가 복잡한 신화로 통합된 것 같은 전통이 누어인에게 있다. 여기서 준거의 지표가 되는 것은 바로 구조적인 것들이다. 그것의 한 끝은 역사로 통합되고 다른 끝은 신화로 통합된다. 이러한 구조상에서는 사람들은 어떤 위치를 지니고 있지만 역사적 시간처럼 정확하지는 않다. 이러한 인식의 배경에는 언제나 사건을 같은 시점으로 볼 수 있는 순수한 신화의 지평이 놓여 있다고 할 수 있다.

◈ 세시(歲時)로서의 시간

　시간개념은 언어와 마찬가지로 문화 내부적으로는 결정성 (determinism), 외부적으로는 상대주의(relativism)를 동시에 내포하고 있음을 보았다. 이제 시간(개념)이 인간의 생활 속에서 어떻게 구현되느냐 - 생태조건과 사회구조와의 관계를 살펴볼 차례이다. 즉 생활 속에서의 시간을 세시풍속을 통해 알아보자.

　세시풍속을 흔히 '연중행사'라 부르지만, '세시', '세사(歲事)', '월령(月令)', '시령(時令)'이라고도 불렀다. 한자문화권에서 세(歲)는 연(年) 또는 수확을 의미한다.[20] 천체의 운행과 생산주기는 노동에 대한 사고를 부여했음을 의미한다. 또 시(時)는 일반적으로 인식하고 있는 시간과 같은 뜻으로 지속적인 기간을 뜻한다. 한자문화권의 농경사회에서 시간은 계절(season)로 구체화되었다. 계절마다 왕(王)이 우주의 이치에 따라야 할 준칙이나 농경신(神)에 대한 복종을 명한 것을 '시령'이라 하였다. 이상에서 세시의 시간은 생산주기와 관련하여 매우 구체적인 것임을 알 수 있다. 나아가서 세시는 생산과 관련하여 신(神)과 관련을 맺은 의례(ritual)도 포함하고 있음을 알 수 있다.

　인간의 사회적 시간에는 두 가지의 기본적인 유형이 있다. 하나는 시간주기, 즉 직선적인(linear) 것이며 또 다른 하나는 무한정의 많은 시간들로 반복되는 주기적(cyclical)인 것이다. 이상 두 유형의 복합으로 인간의 사회적 시간은 복합 직선적(complex - linear)인 특성을 나타낸다.

---

20) 金宅圭(1985), ≪한국 농경세시의 연구≫, pp.4~7, pp.48~57, 영남대학교 출판부.

세시풍속은 매년 주기적으로 반복하여 시계성(時季性)과 율동성
이라고 하는 시간적 의미를 지닌다. 이러한 시간은 각종 행사가
내포하고 있는 상징의 상호작용에 바탕을 둔 정감적 시간이라 할
수 있다. 다시 말하면 추상적 개념의 시간이 아니라 지각(sense-
perception)할 수 있는 구체적 시간이다. 생태적 조건과 사회적 구
조, 그리고 개체로서의 인간이 서로 감응(sympathy)하는 시간이다.
이러한 제요소(구조)의 감응은 상징을 유발시키고, 특히 하늘(天)을
숭배하는 제의(festival)에서 상징성은 크게 확대된다.

농업사회는 인간과 하늘을 일치시키며 살아갔다. 요즈음의 산업
사회처럼 시간을 생산과 분리시키고 더구나 생산을 시간이라는 척
도로 재지 않았다. 또한 농산품은 항상 하늘자의 관련성을 가졌으
며 공산품처럼 하늘과 별개의 상품이 아니었다. 따라서 농업사회의
특징은 인간의 사고와 행위, 생산활동의 산물 등 모든 것에서 상
징(symbol)이 우러나오는, 상징을 발견하는 사회였다.

하루의 시간은 해에 의하여, 한 달의 시간은 달에 의하여, 1년의
시간은 태양의 계절적인 일 순환과 달의 영허(盈虛)에 바탕을 둔
12달의 조절에 의하여 정해지고 있다. 인간의 출산치나 사망, 농작
물의 생성·수확과 조석간만도 달의 출몰과 관계되는 것이었으며
여성의 경도도 달의 영허와 관계있는 것이었다. 달이 차고 기우는
한 달의 초하루·보름·상현(上弦)·하현(下弦)에 관계되는 날에
농촌세시가 많은 것도 이 때문이다. 세시는 크게 생업력(生業歷)과
제의력(祭儀歷)으로 나눌 수 있다.

생업력은 생산활동의 주기적 행위계열이며 제의력은 세시의 의
례적인 측면이다. 이것은 세시가 주기적인 구조의 측면과 상징적인
측면을 동시에 갖기 때문이다. 요컨대 세시의 제의적 특성은 우주

전체와 인간의 삶을 일치시키는 데서 기인한다. 이러한 세시로서의 시간은 오늘날 산업사회에서 많이 멸실되고 관심에서 멀어지긴 했지만 여전히 집단무의식 속에서 되살아나고 있다. 이것은 인간이 생물인 이상 기계적인 시간의 노예가 될 수 없기 때문이다. 생물로서의 주기적 욕구 말이다.

4. 예술인류학적으로 본 시간

◆ 영원과 현재의 만남

앞 장의 (세시로서의 시간)에서 추상적·관념적인 시간이 아닌, 생활 속에서의 시간을 다루었다. 또 상징(언어)으로서의 시간도 다루었다. 예술인류학에서의 시간은 세시의 제의와 시간의 상징성을 결합함으로써 시간을 초월적인 것으로 파악하는 것이다. 다시 말하면 인간이 시간이라는 잣대를 통해서 사물의 존재를 파악하지만 운명적으로 그 시간을 초월해야 하는 인간생활에 대한 논의이다. 이것은 마치 베르자예프가 '영원에 참여하는 순간'으로 시간론의 한계를 벗어나려 한(?) 것에 비유할 수 있다.

영원이란 무엇이란 말인가? 보이티우스의 말대로 "현재는 영구한 현재의 어떤 영상을 지니고 있기 때문에 이런 것을 감지하는 사람에게는 그 순간적인 현재가 존재인 것으로, 즉 영구한 현재인 것처럼 보이는 것이다. 그러나 이러한 현재는 머물러 있을 수 없기 때문에 시간이라는 무한히 긴 여정을 취하는 것이다."라고 만족해야만 할까?

예술인류학은 동아시아의 음양론(氣)을 토대로 영원과 현재, 그리고 존재를 통합하는 시간론 아닌 시간론, 즉 초월적 시간론을 갖고 있다. 세시(歲時) 가운데 제의(祭儀)는 인간의 생산 활동이 결코 하늘과 떼래야 뗄 수 없는 관계를 갖고 있음을 의미하는데, 인간의 여타 모든 활동에 이 제의성을 확대하는 것이 예술인류학의 시간론이다. 이것은 구체적으로 제의를 가장 극적으로 보여주는 굿(ritual, 巫)을 모델로 하고 있다.

다시 말하면 이승과 저승을 연결하는 무당(shaman)의 시간이야말로 물리적 공간을 초월하여 영원과 만나는 시간이다. 동양(동아시아)의 달력은 인간생활의 지침서였고, 우주의 리듬을 음(陰)과 양(陽)의 주기·반복의 변화로 표현한 것이다. 이것은 달력을 통하여 자연의 물리적 시간변화를 인지구조상(認知構造上)의 구조적 시간으로 변형시킨 것이다. 그런데 이러한 구조적 시간 이전의 본래의 시간의 모습은 어떠한 것일까? 그것의 모습은 적어도 시간과 공간을 초월하면서도 이것을 포용하고, 포용하면서도 스스로 변화하는 우주의 본질, 음양(氣) 자체이다.

기(氣)가 흐르는 곳에 영원이 있고, 신(神)이 나는 곳에 현재가 있다. 영원과 현재는 함께 있는 것이다. 예술인류학의 시간은 사물(행동)을 상황적(contextual)으로 보기 때문에 시간과 공간이 만드는 격자 속에 고정된 의미를 인정하지 않는다. 그러나 집단적(사회적) 타성태(惰性態)로서, 또는 정태적인 것으로서의 구조와 요소(structure and element), 다시 말하면 의미소(意味素)는 인정한다. 정확히 말하면 그러한 의미소군(群)을 그때그때마다 조합(combination), 교환(exchange)함으로써 영원과 현재라는 시간의 이중성(ambiguity)

을 끊임없이 잡으려고 한다.

따라서 예술인류학은 끝내 시간 속에서 신화적 원형을 발굴하게 되고 그것의 변형(transformation)을 찾아 결국 인류학이 신학과 만나게 되는 접경(接境)에 이르게 된다. 그것은 영원과 현재를 순환(circulation)의 고리로 연결하는 신화학이다. 샤먼과 신화의 시간은 영원하다.

이상의 논의를 통해 볼 때 우리는 시간을 논하면서 영원에 도달한 셈이다. 다시 말하면 영원에 도달하는 시간론의 도정을 한 셈이다. 한 가지 분명한 것은 서양철학사의 시간론이 연출한 역사적 이원적 대립항이 다다른 곳이 '영원과 현재'라면, 인류사회의 대부분이 비록 서양과 같은 논리를 거치지는 않았지만 실질적으로 그것, '영원과 현재'를 생활했다고 할 수 있다는 점이다. 서양도 비록 철학사적으로 계량적인 시간을 논했지만 기독교적 축제를 통해 영원과 만났던 것이다.

서양철학사의 시간론은 인간의 텍스트로서 가치가 있긴 하나 인간의 삶은 콘텍스트이기 때문에 그 같은 텍스트의 구속을 뛰어넘는다. 결국 이교도(異敎徒)의 축제도 영원과 만나는 것이 인정되어야 하는 데 이른다. 그러한 점에서 기독교적 신관에 오염된 세계를 치유하기 위해서는 신(神)이라는 이름 대신에 기(氣)를 불러야 할 것이다. 그리고 생활과 격리(분리)된 신(神)을 추종하는 관념론자의 미음(迷夢)을 깨우치기 위해 시간을, 공간을 기(氣)라는 이름으로 대치해야 할 것이다.

기(氣)가 막힌(굳어진) 것이 구조(構造)이고 기(氣)가 열린 것이 상징(symbol)이다. 상징이 다층적으로 공명하는 세계가 의례(ritual, festival)의 세계이다. 이데올로기는 기(氣)가 극도로 막힌 것이다.

예술인류학은 구조의, 기(氣)의 열리고 닫히는 변증법적인 '상징－의례'의 역동과정을 통해 시간과 공간을 초월하는 새로운 신학 또는 신화학이다. 따라서 예술인류학의 시간은 영원이다.

끝으로 이 같은 논의를 통해 우리가 또 한 번 느낄 수 있는 것은 '모든 인간은 같다.'라는 궁극적 사실의 발견이다. 단지 인간의 사고가 어디에 초점을 맞추느냐에 따라 문명(문화)의 방향은 달라진다. 그런 점에서 문명과 시간(역사)은 절대적 공간의 산물이 아니라 방위(方位)의 산물이며 상대적인 것이다. 그러나 방위가 원을 지향하듯이 그 저변에는 보편성이 있다. 다시 말하면 시간(공간)도 보편성과 특수성이 있는데 그것은 단지 차원의 다름에 지나지 않는다.

호피 인디언에게는 사물(의미)의 관계로서가 아니면 공간도 없고, 따라서 사물의 변화를 나타내는 시간도 없었다. 이것은 흔히 요즈음의 구조주의 인류학자들이 사물(행위)을 하나의 목록(체계)으로 보거나 관계(교환, 순환)로 보는 것과 흡사하다. 단지 다른 점은 호피인에게는 자연 자체가 목록이라는 것이다. 요즈음의 인류학자와 같이 목록정리를 위한 언어(상징)적 작업이라는 과정을 거치지 않아도 되는 것이다.

삶을 위해서 자연을 받아들이면 되는 것이 호피인의 삶이었다. '모든 것은 위치 지어지고 위치 지어진 것의 교환이었다.' 호피인에게는 시간이라는 개념이 없었기 때문에 영원이라는 개념도 물론 없었다. 최소한의 의미만이 삶에 필요했다. 의미란 사실 시간과 공간의 교직물의 한 올(무수한 격자의 한 칸)에 불과한 것이었고 따라서 어쩌면 최소한의 의미를 가지고 살아가는 것이 가장 경제적인 삶이고, 생태적으로 성공한 삶인지 모른다. 이러한 점에서 볼 때 삶이 어려워짐에 따라 인간은 다양한 의미를 개발하지 않았겠느냐는 의문이 난다. 결코 다양한 의미가 풍부한 행복된 삶이 아니라는 생각이다.

현대인은 다양한 의미의 세계로 세계를 난도질하고 있다. 그리고 나누어진 세계를 합하느라 고생을 하고 있다. 그만큼(의미의 분화만큼) 심리적인 어려움을 겪고 있는 셈이다. 그 분화와 통일의 유형이 문화유형이다. 또한 사회구조이다. 인구집단의 크기가 커지고 중앙집권화의 정도가 높아지면서 역설적으로 자유와 민주를, 평등을 인간들은 갈구하고 있는 것이다. 그리고 황금시대(golden age), 요순(堯舜)시대를 사모하고 있다. 이것은 또 다른 의미의 거시적인 구조·순환체계이다. 시간과 공간, 역사와 문화(국가)의 원점으로의, 영원으로의 회귀에 대한 열망이다.

예술인류학은 고고학이 층위의 시간을 토대로 일종의 족보 학을 구성하는 것인 데 반해 층위의 시간을 초월하는, 그리하여 초시간적 원형을 찾아내어 그것을 현재에서 발견하는 것을 목적으로 한다. 따라서 예술인류학이야말로 '영원과 현재'의 학이다. 말하자면 족보 학, 나아가서 유전학이다. 전 인류의 거대한 예술적 유전자 풀에서 유전자의 선택적 조합을 통해 원형을 발견·확인한다.

제2장

예술인류학의 짧은 논문들

1. 상징 – 의례에 대한 이기철학적(理氣哲學的) 고찰

◈ 언어적 세계에서 비언어적 세계로

이 글은 첫째, 무엇보다도 학문의 방법론을 논할 때면 으레 서양철학에 의존하는 종래 타성을 벗어나 우리의 전통 이·기(理·氣) 철학으로도 그것이 가능함을 보여주는 것을 목적으로 한다.

둘째, 서양의 근대철학을 과학실증주의(결정론), 구조주의(기호학적 구조주의), 탈구조주의(현상학적 구조주의), 상징주의(현상학적신화학) 등으로 요약하며 이것을 이·기철학과 대응시키면서 상징과 의례의 본질이 무엇인가를 구명(究明)하고자 한다.

서양의 근대철학을 위의 네 단계로 보는 데는 생략과 비약이 따랐다. 그러나 본고의 성격상 논의를 보다 선명하게 하기 위한 조작적 조치였음을 밝힌다. 서구철학의 경우도 주관(관념)을 중시한 역사적 맥—관념론—이 있었지만 이것은 객관(경험)주의와 만나 현대에 이르러 과학 실증주의로 보편화되었다. 또 서구의 관념주의적 전통도 기독교적 절대주의와 마찬가지로 관념에 절대성·결정성을 부여하는 바람에 결국 과학주의는 기독교주의와 함께 양대 절대주의·결정주의의 하나가 됐다.

그 후 구조주의는 결정성보다는 사물의 관계와 체계인 구조에 초점을 맞추어 관계성을 해명하기 시작했으며 탈구조주의는 그 관계성을 해체하기 시작했다. 그 관계성의 이면에 숨어 있던 것이 상징이다. 상징, 그것에는 문화(문명)의 원형이 고스란히 보존되어 있다. 서양 철학사는 '사물과 언어의 만남의 역사'라는 말로 요약할 수 있다.

과학주의, 구조주의, 현상학은 왜 동양의 이·기(理·氣) 철학과 서양철학을 비교할 때 분류(비교)항목으로 유의미한가? 그것은 이들이 우주의 궁극적 존재(being)를 인정하면서도 구조주의는 그것의 존재양식이 하나의 체계(다시 말하면 자기 완결적 체계)를 갖고 있다는 점을 인식시키고, 현상학은 의식의 저류 이외에 현상의 여러 층이 존재하는 가능성을 열어주었다는 점에 있다.

비록 제한적이긴 하지만 이러한 열림의 가능성은 분명 서양철학의 '전통에서 다소 이질적인 목소리임이 분명하다. '언어와 사물의 유착관계'에서 탈출의 의지를 분명히 보이는 것이다. 좀 비약하자면 구조주의와 현상학은 그래도 가장 동양(동아시아)적 철학의 전통과 맥이 닿는 서양철학이기 때문에 선택되었다고 할 수 있다.

구조주의를 기호학적 구조주의와 현상학적 구조주의로 구분한 것은 구조주의가 다른 존재와의 관련 속에서 구조의 독자적인 자기 완결적 체계의 길을 열어 놓았다는 점이 외부적으로는 기계적 존재관의 사슬을 풀긴 했지만 내부적으론 다시 문을 닫았기 때문이다. 다시 말하면 서양문화(철학) 특유의 언어사물의 환원주의(구조의 열림에서 다시 닫힘)를 나타내는 '닫힌 구조와 계속적으로 새로운 층의 의미체계를 발견하기 위해 열려 있는 열린 구조'를 구별하기 위해서이다. 전자, 즉 언어적 환원주의가 '기호학적 구조주의'고, 후자, 즉 현상학적인 영향을 받은 것이 '현상학적 구조주의'이다. 후자는 흔히 '탈구조주의', '후기구조주의'와 맥락을 같이한다.

한편 현상학적 구조주의가 의미세계(체계)의 열린 상태를 가정하고 있긴 하지만 동양(동아시아)의 상징주의(symbolism)가 내포하는 열림과는 뉘앙스가 매우 다르다. 그것은 서양철학의 밑바닥에는 항상 존재적 사고의 귀향이 있기 때문이다. 그들에겐 사물도 존재고, 언어도 존재이다. 그러나 동양(동아시아)의 상징주의(symbolism)는 생성적(becoming) 사고를 ― 구체적으로 말하면 기(氣) 또는 기(氣)철학 ― 바탕으로 하기 때문에 그 상징(symbol)은 고정된, 결정된 것이 아니라 항상 유전(流轉)하는 것이다.

그러나 이 같은 동양(동아시아)적 상징주의와 서양의 탈구조주의는 서로가 비록 정반대의 출발점 ― 서양은 이(理), 동양의 기(氣) ― 에서 시작했지만 점차 중간에서 만나고 있음을 고려할 때 비교가 가능하게 된다. 다시 말하면 탈구조주의는 서양의 상징주의이고, 상징주의는 동양의 탈구조주의라고 부를 수 있다는 것이다. 이것은 흔히 평행적(대칭적) 비교가 아니라 교차적(비대칭적) 비교에 속하는 것이다.

서양철학(문화)과 동양철학(문화)은 그 자체가 비대칭, 즉 음양(陰陽)관계에 있기 때문에 동서양의 비교에는 반드시 음양의 변증법이 내재하기 마련이다. 동양철학에서 볼 때 서양철학(문화)은 음양(陰陽)의 한 역사·사회적인 표상(representation)이다. 그러나 서양은 이 표상을 실체(reality)로 본다.

한편 서양철학과 동양(동아시아)철학의 비교에서 퇴계(退溪) 이황(李滉: 1501~1570)·율곡(栗谷), 이이(李珥: 1536~1584)·화담(花譚) 서경덕(徐敬德: 1489~1546), 즉 세 학자를 예로 든 것도 논의를 쉽고 선명하게 하기 위한 전략적 선택이었다. 퇴계는 흔히 서양의 칸트에 비유되고 율곡은 메를로-퐁티에 비유된다. 그러나 화담은 아직도 구체적으로 비교된 바 없다. 그것은 화담의 설(說)은 아직 서양에 소개된 것이 적은 까닭일 것이다. 본고에서 세 학자를 나란히 등장시킨 것은 '상징과 의례'가 언어적 세계만이 아니라 비언어적 가계를 넘나드는 것인데 이들의 이기(理氣)철학이 '언어적 – 비언어적' 세계를 서로 개성 있게 언급하고 있기 때문이다.

◈ 상징·구조와 이기(理氣) 철학과의 관계

지금까지 상징과 의례를 다룬 학자로는 기어츠(C. Geertz), 나델(S. F. Nadel), 윌슨(C. Wilson), 터너(V. Turner) 등을 대표적으로 들 수 있을 것이다. 상징은 언어에서는 물론이지만 의례상황에서 볼 때 사건, 물건, 활동, 관계, 몸짓, 공간적 단위 등으로 나타난다. 상징은 의례에서 가장 작은 단위이지만 또한 궁극적인 것이다.[21]

상징은 사회관계를 반영하는 한편 초자연적인 실체나 힘을 따르려는 행동과 이를 조절하는 행동이 체계적으로 한데 섞여서 나타나기도 한다. 상징(의미)에 대한 해석은 과정분석이나 상황분석(situational analysis)을 하는 경향이 있다. 그것은 상징을 통한 의미의 커뮤니케이션이나 의미를 상징화하는 의례 과정에 대한 분석을 통해 쉽게 발견되기 때문이다.[22] 이러한 상징·의례과정을 논의·분석하는 원리와 철학을 어떻게 이(理), 기(氣) 철학에서 찾을 수 있는지 또한 이를 서양 철학과의 비교적 관점에서 이끌어 갈 수 있는지 살펴보자

서양철학의 이성주의는 경험주의(視覺的)와 만나 과학실증주의(18세기 말~현재)로 하나의 완성을 이룬다. 이 과학실증주의는 오

---

21) Victor Turner(1967), ≪The Forest of Symbols≫, p.19, Ithaca: Cornell University Press.

22) 鄭勝謨(1979), '의례에서 나타나는 意味의 象徵的 表現 過程에 關한 一研究', 人類學論集 第5輯, p.51, 서울대학교 人類學研究會, 서울.

늘도 자연과학과 사회과학 또는 인문과학에 이르기까지 그 철학적 바탕이 되고 있다.

그러나 과학실증주의는 인간이 사물·우주의 본질을 인식·이해하는 한 가지 타입이며 물질을 다루는 기술을 극대화시킨 것은 사실이지만 그것에 전적으로 인간의 삶을 맡길 수는 없는 것이다. 구체적으로 말하면 '이성과 객관'이라는 것은 오늘날 바로 '언어와 시각'으로 대체될 수 있는 것으로 받아들여지고 있다. 따라서 언어 구조의 다양성과 인간 지각의 통합적 측면을 고려하면 오늘의 학문은 이 다양성과 통합적 측면의 이해 지평을 넓히기 위한 노력을 계속해야 하는 사명을 갖고 있다.

이러한 시대적 욕구는 지역적으로 서구의 철학적·문화적 전통과는 근본적으로 다른 동양, 그리고 미개사회(primitive society) 등의 이해와 문화의 장르 가운데 학문(science)이 아닌 예술(art)과 종교(religion)의 폭넓은 이해를, 또는 이 삼자를 통합적으로 이해하기 위해서는 또 다른 철학적 기반의 필요성이 대두되고 있다. 인류학적으로 볼 때 레비스트로스가 구조언어학의 도움을 얻어 빛나는 구조인류학적 업적을 쌓은 것은 결코 우연이 아니다. 그 업적의 현지 조사무대가 브라질이었던 것도 마찬가지로 우연이 아니다. 레비스트로스야말로 서양의 과학실증주의와 역사적 진화주의의 틀을 벗어나 학문·예술·종교 등 전 분야에서 총체적 접근(wholistic approach)으로 인간의 보다 많은 문화를 이해하는 데 커다란 진전을 이룩했다. 그의 작업은 비단 인류학뿐 아니라 인간의 문화 전반을 이해하는 데 전환점(turning point)을 마련했다.

그의 출발점은 구조언어학이 발견한 음운론(phonemic)과 나아가서 언어의 상대주의(relativism)에서 착안하고 있다. 이것은 문화의 상대주의로 마치 물리학에서의 아인슈타인의 업적에 견줄 수 있는 것이다. 아인슈타인은 소립자물리학이라는 미시물리학과 이를 우주론에 확대한 통일장이론이라는 거시물리학을 동시에 수립했는데 레비스트로스는 구조인류학을 통해 미시사회학적 작업과 함께 이를 전문명사에 확대한 거시사회학적 작업을 했다. 레비스트로스가 발견한 불변의 구조, 무의식의 구조는 이원대립항(binary opposition)과 상호호혜적 교환(reciprocity)이었다.

문화상대주의는 한 문화의 체계 내에서는 질서유지를 위한 우열과 차등과 계층 등이 절대주의나 권력이 용인되지만 체계 밖에서는 상대주의가 되지 않으면 안 된다는 결론에 도달해 있다. 그런데 종종, 아니 계속적으로 인류의 역사는 자신의 체계 내에서 적용되는 것들은 체계 밖으로 확대하는 인종차별주의나 자민족중심주의, 제국주의를 보였다. 이는 보수적인 권력경쟁의 모습이다. 도덕은 체계 내에서 적용되는 이성이지, 체계 밖에 강요되는 이성은 아닌 것이다. 그래서 도덕적 엄숙주의는 때때로 수구적이라고 매도되고 개혁의 대상이 된다. 제국주의를 한 나라 가운데 종교와 도덕을 자신의 권력확대나 다스림에 이용하지 않은 나라는 없었다.

레비스트로스의 인문사회과학적 업적을 물리학의 아인슈타인에 비교하면 재미있다. 레비스트로스는 그의 사회학적 작업이 갖는 '인간관계' 추구라는 특성 때문에, 그리고 사회가 갖는 학문·예술·종교의 공통의 장(場)이라는 측면 때문에 인문사회학의 '통일장'이론을 달성한 것으로 평가된다. 이상을 다시 말하면 레비스트로스의 '구조의 요소'와 아인슈타인의 '소립자', 그리고 레비스트로스의 사회적 '총체성(wholism)'과 아인슈타인의 '통일장'은 인문사회과학과 자연과학에서 서로 조응(照應)하고 있는 셈이다.

그러나 레비스트로스의 구조주의는 살아 있는 (live)사회적 사실을 정태적 구조(예컨대 이원대립항)로 파악하려는 폐쇄성을 갖고 있다. 이것은 끝내 기호학적 입장으로 발전한다. 학자적 입장으로 볼 때 기호화(법칙화·수식화)작업은 당연하다고 할 수 있다. 학문은(학자는) 기본적으로 자기의 언어에 구속받는다(이를 자기에 걸린다고 말할 수 있다). 레비스트로스의 경우도 예외는 아니어서 사물이나 사회적 사실(사건)을 자신의 사고체계(일종의 관념주의) 내에 가두는 경향을 보였다. 그에게 보이는 객관주의와 관념주의는 결국 이성주의(理性主義) 계열에 그를 머물게 한다.

사실은 변하고 있다. 또 사실은 여러 각도에서 서로 다르게 볼 수 있다. 적어도 사실이 변하는 것이고 서로 다르게 볼 수 있는 것이라면 사고체계가 사실(사건)과 변증법적 상호관계를 맺을 것이고 그렇다면 사고체계도 변형(transformation)을 이루는 것이 당연할 것이다. 다시 말하면 사고체계가 없는 것이 아니라 있으면서도 변하는 것인데 그 변하는 것을 구조인류학은 경험적으로 적절하게 여러 차원에서 다루기 힘들게 되었다. 특히 변화의 정도가 심한 복합사회에서는 그 설득력이 감소되기 마련인 것이다. 그러나 구조인류학의 '구조'의 발견은 획기적인 것이었다.

인류학은 인간의 심리적 제일성(psychic unity)을 전제하고 있다. 만약 인간의 본질이 있다면 현상의 기호화보다는 본질의 드러남인 현상을 지향적(志向的)으로 추구하는 현상학(phenomenology)을 바탕으로 한 인류학이 필요하게 된다. 이것은 기호학(semiotics)에 반대하는 새로운 해석학(hermeneutics)적 입장이다. 기호학이 의미를 기호체계로 가두는 것이고, 현상학적 인류학은 의미를 열려진 상태로 두는 것을 말한다. 이것은 다른 말로 전자를 기호학적 구조주의, 후자를 현상학적 구조주의라 할 수 있다. 구조의 열려진 세계, 드러남의 세계를 추구하는 것이 현상학적 구조주의이다.

현상학은 이성(理性)과 사물을 동시에 인정하는데 양자의 상호작용을 끊임없이 추구하는 점에서 볼 때 매우 동양적 관점에 접근하는 것이다. 적어도 주관적 이성(理性)을 추구하는 실존주의보다는 훨씬 그렇다. 현상학적 구조주의는 구조의 열린 상태를 가정한다는 점에서 앞에서도 언급했지만 후기구조주의(post - structuralism)와 일맥상통한다.

구조의 열린 상태는 무엇을 의미하는가? 그것은 언어의 상징성·다가성(multi - vocality)을 의미하든가, 언어의 자기 매개적 의미생산을 뜻한다. 인문사회과학은 지금까지 역사·진화적 입장, 사회·구조적 입장이 그 주류를 형성해 왔다. 그것은 시간(전자)과 공간(후자)의 제한을 뜻하며 시공간 내의 생산활동을 의미한다. 그렇다면 언어의 자기 매개적 의미생산은 무엇인가?

현상학은 이성과 사물(사전) 사이에서 그 같은 자기 매개적 의미생산을 인정하고 있다. 그런 점에서 매우 상징적인 세계이다. 그런 점에서 매우 시공(時空)을 초월하는 경향을 보인다. 인류학에서 다루는 상징·의례세계는 매우 현상학적인 영역이다. 따라서 현상학에서는 이성(언어)은 상징(symbol), 때때로 의례(ritual)로 대체되며 따라서, '언어 - 사물'에 초점을 맞추기보다는 그 역동적 과정인 다시 말하면 '상징 - 의례'의 해석에 주안점을 두게 된다. 상징(의례) 인류학은 현상학적 구조주의이면서 나아가서는 현상학적 해석학(신화학)으로 발전하여 상징세계를 포용하게 된다.

상징인류학의 현상학적 해석능력은 살아 있는(live) 세계를 가능한 한 최대한으로 왜곡시키지 않으면서 변화무쌍한 의미의 세계를 언어적 세계로 끊임없이 환원시켜 줄 것이다. 그것은 궁극적 환원이 아니며 매우 상황적인 것에 불과하다. 그런 점에서 구조주의의 맥락에서 볼 때 '보는 것'과 '드러나는 것'의 구조적 만남이며 즐김(performance)이다.

상징인류학의 궁극적 목적은 신화적 원형의 발전이며 그것이 어떻게 현실 속에서 시시각각으로 변환(transformation)되어 나타나느냐 또는 그것을 어떻게 보느냐에 있다. 상징주의는 궁극적으로 현상학적 해석학(신화학)이다. 그렇다면 이상의 구조와 상징은 의식 또는 무의식과 어떤 관계에 있을까? 우리는 현실 속에서 인간활동 등의 언어적인 것, 신체적인 것, 초월적인 모든 것을 어떻게 하나로(전체로) 만나게 할 수 있을까?

사회실증주의자들은 주로 사회를 연구할 때 사회구조와 변동을 다룬다. 그러나 사회구조주의자들은 사회구조와 변환(transformation)으로 다룬다. 나아가서 현상학적 구조주의자들은 구조를 상징적 변환·변형(원형에 대한)으로 다룬다. 이는 의식적인 세계의 구조(structure)를 무의식적인 세계의 원형으로 전환시키면서 분화적인 세계를 미분화적인 세계로 해석하는 것을 의미한다.

의식 – 분화적인 것을 무의식 – 미분화적인 것으로 전환하는 것은, 다시 말하면 분화적인 것을 접합(articulate)하는 것을 말하는데 이러한 영역은 원천적으로 감정적인 또는 미학적인 세계와 통하는 것이다. 이러한 무의식의 세계는 사회구조적인 것을 정치적인 것으로 나타내기 일쑤고 이때의 정치적인 것이란 곧바로 신화(신학)와 통하는 길목에 있다. 다시 말하면 떨어져 있는 분별세계의 개체를 서로 연결하는 작용을 하여 예컨대 '우리는 하나다.', '세계는 하나다.'라는 의식·무의식을 깨우쳐 준다.

이것은 사회과학에서 흔히 말하는 집합표상(collective representative)과도 일맥상통한다. 이러한 무의식의 세계는 어떻게든 일단 하나(we, oneness)가 되어야 하고 그 다음에 그 하나는 여러 가지 형태로 표현될 수 있는 것이다. 이러한 점에서 볼 때 무의식적 차원으로의 전환은 의식적 차원의 구조물을 강화하기도 하고 또 다른 의식적 차원의 구조물을 생성하기도 한다. 왜냐하면 의식적 차원과 관계없이 무의식적 차원은 독립적으로 존재하며 의식적 차원이 무의식적 차원으로 전환되는 메커니즘에서 필연적으로 기존의 구조물이 재조정(왜곡·수정)되기 때문이다.

결국 기존의 구조물(구성물)을 강화하느냐, 재조정하느냐는 의식적 차원의 구조물의 의식화의 강도에 따라 달라지게 된다. 예컨대 기존 구조에 대한 의식화가 강하면 구조 유지적이 되고, 약하면 구조 개혁적이 되며 의식화가 강할지라도 무의식적인 변화욕구가 강하면 급진적 구조개혁 또는 구조 혁명적이 되고, 의식화가 약할지라도 무의식적인 변화욕구가 약하면(즉 심리적 만족도가 높으면) 구조 유지적 또는 점진적 개혁주의가 되기 쉽다.

이상과 같은 논의에서 사회구조에 수동적인·소극적인 욕구불만, 심리적 압박을 해소하는 단순히 심리적 본상의 차원에서 상징－의례(ritual)를 보는 사회심리학자 또는 구조·기능주의 인류학자의 관점이 너무 정태적인 입장임을 대조적으로 알 수 있다. 또한 사회 심리적 구조가 미개사회(primitive society)와 같이 정태적인 사회에서는 크게 변화가 없어 사회영역과 심리영역이 일치하지만 급변하는 오늘의 복합사회(complex society)에는 구조와 상징의 일치 또는 종래 구조적 관점의 적합성이 떨어진다는 것을 알 수 있다.

이는 상징의 원형과 변형의 차원에서 볼 때 사회구조를 역동적으로 파악하기 위해서는 구조와 상징 - 의례가 가역반응(구조⇌상징 - 의례)을 하는 것으로 파악해야 함을 말해 준다. 이것은 구조(理, 이데올로기, 도그마, 제도·체제……등)는 의례(상징, 원형, 변형, 축제, 제도개혁·반체제……등)와의 상관관계에 있으며, 구조에서 상징이 촉발되는 것뿐만 아니라 상징이 구조의 재조정을 이끄는 과정에 주목할 필요가 있음을 역설해 준다. 왜냐하면 전자에는 학계의 관심이 가 있으나 후자에는 아직도 관심이 덜한 상태이기 때문이다.

즉 상징(의례)이 사회구조를 개혁하는 메커니즘의 확인이 필요하다. 그러기 위해서는 무의식의 상징의 종류와 그것의 의례를 통한 관계형성(예: network, 비형식 집단), 상징적 교섭을 파악하고 이러한 관계형성이 어떻게 의식적인 제도나 공식적 집단에 반영되느냐를 연구해야 할 것이다.

문제는 상징과 의례는 사회의식적 차원의 결과 - 예컨대 혁명이 성공했느냐 실패했느냐 - 에 상관이 없다는 점이다. 상징과 의례는 심리적 차원(특히 무의식적 차원)에서는 확실한 역사적 실체(reality)이지만 역사·사회적 차원에서는 그렇지 못하다. 아니 무시되기 쉽다는 것이 정확한 표현일 것이다. 역사에서 흔히 실패한 혁명이 과소평가 되는 것은 이 같은 이유에서다.

그러나 분명한 것은 비록 상징 - 의례가 역사나 생활의 심층에서 표층으로 떠오르지 못했다고 하더라도 역사·사회현상에 영향을 미쳤을 것이라는 점이다. 왜냐하면 기존의 사회적 구조(체제)는 크든 작든 이를 수용하였을 것이기 때문이다.

이러한 '상징⇌구조'의 도식을 정치·사회적인 차원이 아니라 신화적인 차원으로 확대할 수 있다. 이는 미학(美學)을 초시간적인 차원에서 논의하는 것이 된다. 이것은 흔히 신화가 역사적 현재로 나타나는 것을 의미하는데 이는 또한 상징적 원형과 변형에서 동일한 것을 발견한다는 결론에 종종 도달하게 만든다. 예컨대 우리는 이렇게 말할 수 있다. '단군은 오늘도 살아 있다.'고-.

진정한 역사·사회학자는 상징이나 신화를 현재적(당시의) 시점에서 또는 각 역사의 단계나 사회적 맥락에서 찾아낼 수 있어야 한다. 이는 오늘의 시점에서 단군을 찾는 작업에 비유할 수 있다. 그것이(단군이) 정치적인 권력자(통치자)이었느냐 아니었느냐는 문제가 안 된다.

그것은 정치적 권력자(실존인물)일 수도 있고 아닐 수도 있다. 무의식이 의식이 될 수도 있고 무의식으로 끝날 수도 있는 것과 마찬가지이다. 꿈이 현실로 될 수도 있고 안 될 수도 있다.

그러나 한 가지 분명한 것은 그것이 꿈(상징)이었다는 사실이다. 상징(꿈)은 초역사적인 것에 역사적인 것을 포용하면서도 초월한다. 상징(신화)은 역사 이상의 것이다. 흔히 꿈(상징·신화)이라면 역사·사회적 맥락에서는 가볍게 취급한다. 그러나 꿈이야말로 가장 구체적으로 경험하는, 우주 전체와 교감하는, 삶의 실체이며 이것을 단 한 순간도 사람들은 잃지 않았던 것이다.

역사·사회를 이끈 원동력은 현실의 제도가 아니라 꿈(상징·신화)이다. 사회적 제도는 단지 그 꿈(상징·신화)이 담긴 그릇이며 그 그릇이 꿈을 담을 수 없을 때 다른 제도(그릇)를 사람들은 요구했다. 따라서 역사·사회의 표층은 제도이지만 심층은 꿈이며 따라서 꿈을 읽을 수 있어야, 꿈의 분석가가 되어야 훌륭한 해석학자(분석가)일 것이다.

이 단계에 이르면 현상학적 구조주의자들은 현상학적 신화주의

자가 된다. 역사의 각 단계는 마치 현상학자의 판단정지(epoche')의 대상이 되고 역사의 연속성은 분절적(단속적)인 모습이 된다. 그러나 신화적 원형은 무의식적인 것이기 때문에 후대에 전달되고(오히려 후대 인간의 무의식에서 떠오른다는 표현이 적합하다) 역사적 현실로 살아난다. 이것은 비록 유전적인 것은 아니지만 적어도 풍토적·체질적 특성과 모종의 관련성을 갖고 있으며 문화마다 상징과 의례가 다르다는 점에서 인간 심리적 보편성과 특수성을 동시에 내포하고 있는 것이다.

현상학적 구조주의자를 달리 표현하여 '고고학적 역사학자'라고 부른다면 현상학적 신화학자는 '예술인류학적 고고학자'라 할 수 있다.[23] 말하자면 역사를 각 층위별로 연구하지만 그 층위에 구속되지 않고 층위를 초월할 수 있는 역사해석학자이기 때문이다. 역사학자가 텍스트(문헌실증)에 얽매인다면 예술인류학자는 철저히 역사 자체를 콘텍스트화 함으로써 그 콘텍스트에서 역사적 문법(의미)을 발견한다.

예술인류학자의 진면목은 발견된 역사적 문법을 하나로(결정론적으로) 강요하지 않기 때문에 분명 기호학적 구조사학자는 아니다. '그렇게 볼 수도 있지만 이렇게 볼 수도 있는' 것이 해석학의 진미(珍味)이기 때문이다. 인간의 무의식은 열려 있다. 비록 의식의 구속에 의해 제한 당하지만 자유와 해방의 원천적인 힘은 사라지지 않는다. 그것은 우주적 힘의 본질이기 때문이다.

정치학자(정치가)는 이 신화를 정치적으로 이용하려 한다. 왜냐하면 집단 에너지를 싼값에 이용할 수 있기 때문이다. 반면에 역

---

23) 박정진(1988), '예술인류학의 방법론적 모색', 《문화예술》, 5·6월호(통권117호), pp.149~158; 박정진(1988), '예술인류학의 신화적 원형과 사례연구', 《문화예술》, 7·8월호(통권118호), pp.54~67, 한국문화예술진흥원, 서울.

사학자는 역사적 텍스트를 고집하여 역사 자체를 콘텍스트화 하는 것을 비난한다. 마치 역사는 요지부동의 거대한 석조물처럼 취급한다. 이것이야말로 박물관을 어떻게 볼 것인가를 전혀 모르는 역사학자이다. 그래서 정치학자와 역사학자는 때때로 충돌한다.

정치학자는 "역사를 이끄는 것이 역사책이냐?"고 반문하고 역사학자는 "역사적 전거(典據)를 무시하면 정치적 정당화가 이루어지느냐?"고 다그친다. 이러한 양상은 과거와 미래가 현재에서 부딪히는 꼴이다. 이것은 신화와 현재, 영원과 시간의 모순에서 비롯되는 문제이다. 과거와 현재, 미래는 서로 가역반응(과거⇌현재⇌미래)을 한다. 그것이 궁극적 해답(answer)이다.

이상의 논의를 이제 우리(동양, 동아시아)의 이·기(理·氣)철학과 서양철학을 비교하면서 접목시켜 보자. 특히 기(氣)의 개념은 적어도 인식의 주체와 객체를 분리하는 서양의 철학전통을 부정하는 특유의 철학개념으로 언어적인 것은 상징적인 것과 분리되지 않는다. 따라서 기(氣)의 입장에서는 우주는 하나인데 단지 논의를 위하여 어느 수준에서건 언어적 이분법을 쓰고는 다시 하나로 돌아가는 것을 의미한다. 논의의 세계는 마치 칼로 물배기와 같은 것이다.

동양(동아시아)철학의 본체론(本體論)은 서양의 존재론(being)과는 본질을 논하는 방법이 다르다. 동양의 본체(론)는 본질이 서양적 의미 맥락에서 존재적으로 드러나는 것이 아니라 드러나는 것이 본체의 용(用)에 해당된다. 이것은 구태여 서양철학의 문맥에서 찾는다면 의미형성체(noema)와 의미작용(noesis)의 관계를 발생론적으로 보는 현상학과 매우 상통하는 것이다.

현상학은 또 이러한 발생적 과정을 구성(constitution)적으로 보기 때문에 전반적으로 존재(being)적 사고가 아니라 생성(becoming)적 사고를 하고 있는 동양철학의 전통과 접목의 가능성을 많이 갖고 있다. 부연하면 구성(constitution)과 생성(becoming)의 사이에는 공동적으로 논의될 주제들이 많이 있을 수 있다는 얘기다. 단지 구성(constitution)이 전제하고 있는 요소(element) 또는 요소와 요소간의 관계(relation)를 실체(reality)로 보느냐, 그렇지 않느냐의 관점에 따라 사물의 본질을 성격 규명하는 데 상반된 결론에 도달할 수 있다는 가능성을 제외하고 나면 - .

어쨌든 과정적인 측면에서는 생성론과 현상학을 같은 것으로 놓고 보는데 문제가 없다. 이것은 마치 가정을 세우고 이론을 탐색하는 것과 가정을 세우지 않고 사실에 근거해서 이론을 구성해 나가는 것이 이론의 도출과정에서 똑같이 구성적임을 벗어날 수 없다는 점에서는 마찬가지인 것에 비유할 수 있다.

이상의 구성적이라는 특성은 상징과 의례를 논하는 데 매우 중요하다. 구성적이라는 것은 구조주의에서 구조(structure)나 체계(system)를 논할 때 마찬가지로 중요개념으로 등장하는데 '구성적'이라는 말은 '구조적'이라는 말과 동의어라 할 수 있는 측면이 있다. 여기서도 구조가 실체(reality)냐 아니냐의 관점에 따라 논의가 달라질 수 있지만 '상징의 과정분석을 동태적으로 논하고자 하는' 본고의 목표에서는 별문제가 되지 않는다.

왜냐하면 위에서 제기된 '과정'이나 '구성'이 적어도 그 출발점이 무(無)에서 시작된 것이든(동양철학) 유(有)에서 시작된 것이든(서양철학) 과정에서는 별 문제가 없기 때문이다.

그렇다면 상징(의례)의 과정은 어디에 위치하는가? 그것은 단적으로 말해 우리 몸이다. 우리 몸에서 상징은 구조적이었다가 탈구조적인 과정을 겪는데 이 과정에서 의식과 무의식적 영역의 가역 반응을 비롯하여, 몸 전체가 참가하게 된다.

몸 전체의 참가는 상징(의례)이 언어적인 소통뿐 아니라 비언어적 소통의 영역을 관할권에 넣는 것을 의미한다. 이는 다시 말하면 의례, 혹은 퍼포먼스의 참가자는 두뇌를 통한 이론적 이해의 차원이 아닌, 기(氣)의 소통, 파동의 소통을 하고 있음을 말한다. 이것은 물론 이성보다는 감정교류, 혹은 교감을 뜻하고 더욱 구체적으로 말하면 같은 종류의 파동을 형성한다는 뜻이다.

인간은 언어의 발견을 통해 인간과 사물, 인간과 인간 사이의 파동적 우주를 잃어버렸던 것이다. 음악이 위대한 이유는 바로 그 파동의 우주를 그나마 보존하고 있는 원초적 예술이라는 데에 있다. 흔히 음악은 국경과 언어의 장벽을 넘는 예술이라고 한다. 물론 음악에도 국경과 문화권마다 서로 다른 특징이 있다. 그러나 음악은 그렇다고 소통을 막는, 불통의 그것은 아니다. 다른 예술은 불통성이 점차 강하다. 특히 문학은 언어를 모르면 바로 불통에 이른다. 미술은 그 중간에 있다. 음악(비언어적)>미술(조형 언어적)>문학(언어적)의 순이다.

이러한 몸 전체의 참가는 동양철학이 실천을 원초적으로 포함시켰다는 점에서 일찍이 서양보다는 이 분야에 많은 업적을 남겼다. 이에 비해 서양은 실천보다는 '관념이나 사물'이라는 양극적인 관점을 보이다가 마르크스에 의해 실천(사회적)을 본격적으로 문제 삼았다. 이러한 관념과 사물의 중간지대가 상징이 머무는 인간적 영역이다. 또 이 영역은 필연적으로 인간의 관념(생각), 사물(자연)을 주재할 제3의 존재로서 신(神)이 개입될 수 있는 영역이기도 하다. 그래서 상징(의례)은 우리 몸 내부의 역동적 지각과정과 신

(神)과의 외부적인 커뮤니케이션(communication)을 연구대상으로 하게 된다.

상징은 철학의 문제를 넘어서, 인간의 삶의 종합적인 문제-정치·예술·신앙 등-를 입체적으로 다루게 되는 것이다. 상징은 철학이 있든 없든 인간 삶에는 반드시 따라다녔던 것이고, 철학이 상징을 본격적으로 문제 삼든지(캇실러), 또는 상징을 마치 언어적인 것으로 축소·압축시키든(비트겐슈타인) 관계없이 여전히 삶의 본무대에서 일탈된 적이 없었다. 최악의 상태에서 상징이 정지된 구조나 개념으로 결박된 적은 있었을지라도-.

인간의 머리는 상징을 소외시키기도 했지만 인간의 몸은 원칙적으로 상징을 떼어버릴 수 없었다. 인간의 몸은 상징과정 자체라 해도 과언이 아니기 때문이다. 따라서 몸의 일부인 머리의 산물인 개념적 언어도 상징성을 갖게 되고 인간 밖의 사물도 상징성을 띠게 되었을 것이다. 인간의 지각은 지각 이미지(sense-image)라는 다리를 거쳐서 개념으로 가고 외재(外在)한 사물을 이해했다.

상징주의자들은 아예 우주 전체가 상징적 상호가역반응의 유기적인 실체로 상징의 영역을 극대화시키기도 한다. 상징주의자에게는 마지막에 상징이 닫혀 있느냐(closed) 열려 있느냐(open)의 문제만 남게 된다. 좀 비약이긴 하지만 서양의 현상학자는 전자, 즉 닫혀 있는 쪽의 상징주의자이며 동양의 생성론자(음양학자)는 후자, 즉 열려 있는 쪽의 상징주의자라고 볼 수도 있을 것이다.

모든 개념과 사물-존재적인 것들을 다른 존재적인 것과 관계 지을 때, 즉 다른 존재적인 것과의 눈부신 태양의 반사(reflection)위에 존재적인 것을 놓을 때 상징은 생성되고 우주에 가득 차서 정령(清靈)처럼 떠돌게 되고 삶이 활기차게(live) 되고, 끝내 신(神)의 현현

(現顯)을 보게 된다. 상징은 신(神)의 메시지인 것이다. 결국 상징은 우주를 인간을 중심으로 한, 하나의 거대한 소통(communication)· 반영(reflection) 체계로 보는 것이다.

◈ 퇴계(退溪)·율곡(栗谷)·화담(花潭)

퇴계철학은 흔히 칸트철학과 비교되었다. 전두하(全斗河)[24]를 비롯하여 여러 학자들이 이에 관한 논문을 발표했다. 서양철학과 한국의 이기(理氣)철학을 비교적 관점에서 바라보는 것은 몇 가지 점에서 의의가 있다. 율곡의 철학은 김형효(金炯孝)에 의해 메를로-퐁티와 비교되었다.[25] 물론 이때 한국의 철학자로 퇴계(退溪)·율곡(栗谷)·화담(花潭)을 드는 것은 당연하다.

본고가 편의상 나눈 과학실증주의/(기호학적)구조주의/(현상학적) 구조주의/(현상학적) 해석학(신화학)상에서 볼 때 칸트는 과학실증주의를 대표하는 것이고, 메를로-퐁티는 구조주의와 해석학을 대표하는 학자로 볼 수 있기 때문이다. 칸트가 독일(대륙)의 관념론과 영국의 경험론을 통합한 것은 이미 알려진 사실이다. 이것은 과학실증주의로 오늘날 수렴되고 있다고 볼 수 있다. 다시 말하면 '칸트철학＝뉴턴역학의 세계'이기 때문이다.

물론 퇴계의 '이(理)와 기(氣)' 개념, 칸트의 '이성(理性)과 물 자체(thing‒in‒itself)'라는 개념을 동일시하기엔 많은 문제점이 있지

---

24) 全斗河(1983), '李退溪哲學의 構造聯關 및 그것에 대한 西洋哲學的 意味賦與', ≪退溪學報≫ 第三十八輯, pp.12～28, 退溪學研究院, 서울.
25) 金炯孝(1979), '栗谷과 메를로‒퐁티와의 比較研究', ≪韓國思想散考≫, pp.49～70, 서울: 一志社.

만 퇴계의 기(氣) 개념이 물질을 배척한 개념이 아니고, 칸트의 '물 자체'의 개념이 단순히 사물만을 지칭하는 것이 아니기 때문에 동일한 개념으로 취급할 수도 있을 것 같다. 특히 칸트의 '물 자체'의 개념은 확실히 흔히 서양적 개념의 존재로서의 사물이기보다 좀 더 본질적인 사물의 근원을 말하고 있기 때문에 많은 논의의 여지가 있다.

동양(동아시아)철학자에겐 거의 상식화되어 있다시피 한 기(氣) 개념은 흔히 유물론적인 해석의 대상이 되기도 하지만 물질적인 것을 포함한, 존재와 현상을 구명하는 보다 폭넓은 개념으로 봄이 타당할 것이다. 그렇다고 단순히 관념적인 것만은 아니다. 결국 관념과 물질을 종합하는 개념으로 받아들여지는 것이 옳을 것이다.

이런 점에서 칸트의 '물 자체'의 개념에는 서양의 이성주의(理, 언어)와 경험주의(사물)가 결국 과학실증주의로 수렴된다고 볼 때 아직도 설명되지 못한 또 다른 그 무엇이 있음을 나타내고 있다. 그것이 우리의 기(氣)의 개념과 만날 여지가 있는 것이다. 칸트를 산봉우리로 하여 오늘날 칸트철학의 전통은 서양철학에서 현상학과 분석철학이라는 두 줄기의 철학산맥을 만들어 내고 있는데, 현상학은 '물자체'의 개념에 충실해 있고, 분석철학은 '이성주의'에 충실하고 있는 것이라 볼 수 있을 것이다.

사실 서양의 구조주의철학은 어떤 점에서 현상학과 분석철학의 화해(통합)로 받아들여지고 있는데 현상학이(탈)구조주의, 분석철학이(기호학적)구조주의의 경향을 보이는 데서도 입증되고 있다. 이상의 논의를 율곡과 메를로-퐁티의 경우에도 적용할 수 있다.

율곡이 한국철학사에서 차지하는 위치는 서양 철학사의 메를로-퐁티와 비슷하다. 율곡은 이(理)와 기(氣)를 다루면서 어느 한쪽에 중점을 두지 않고(이 말은 환원주의에 빠지지 않는다는 의미이다.) 그것을 매우 역동적(과정적)으로 보았다. 특히 그의 '심성정의일로설(心性情意一路說)'은 인식과 존재의 축이 되는 마음(心)과 사물(物)을 연속선상에서 보는 것을 말한다.

이것은 서양 철학사에서 메를로-퐁티가 형이상학자이면서 현상학자의 경향을 물씬 풍기는 것과 통한다. 요컨대 메를로-퐁티는 후기에 우주를 보이는 것(le visible)과 보이지 않는 것(l'invisible)으로 파악했다. 이것은 서양의 이성주의적 전통으로 볼 때 매우 특이한 존재로 그를 규정하는 근거가 되기도 한다. 율곡의 사상에도 존재의 개념과 변화를 동시에 포함하려는 입장이 흐른다.

메를로-퐁티와 율곡은 결국 '인식－존재'의 상호 메커니즘을 지각이미지(sense－image) 상태에서 파악하는 것을 의미하는데 이것이야말로 구조와 탈구조를 동시에 포괄하는 상징(symbol)의 세계를 말한다. 즉 상징은 언어(구조)이면서 그 언어를 초월하는(탈구조) '언어－상징'의 역동적·중간적 성격을 갖는다.

이러한 것의 메커니즘은 형태심리학(Gestalt)에 의해 설명될 수 있다. 형태심리학은 의식과 자연, 영혼과 육체를 고전적인 이율배반으로 생각하지 않도록, 철학에 대한 심리학적인 해결 모색이다. 다시 말하면 구조의 형태에 대한 해석으로 구조는 주관과 동시에 객관을 포함하고 현존(presence)의 질서와 직관(intuition)의 질서를 아울러 가진다는 내용이다.

따라서 구조로서의 형태는 절대적인 관념이나 사물이 아니라 구체적으로 유연성 있는 모습을 보여준다. 율곡과 메를로-퐁티는 이러한 점에서 가장 상징－의례를 분석하는 이론적 배경으로써 적합하다고 볼 수 있을 것이다. 상징(의례)은 사물의 인식을 우리 몸의 지각단계(과정)에서 봄으로써 이성과 사물 속에 내재한 결정주의, 절대주의(또는 존재적 규정)를 회피하거나 결정주의에 함몰된 양가적(다각적) 의미를 살리는 것을 의미한다.

상징은 또한 지각 이미지를 통합적으로 보는 것을 의미한다. 왜냐하면 지각 이미지의 통합이야말로 양가(다가)적인 의미발생의 결정적 소여가 되기 때문이다. 우리의 지각은 여러 감각에 의해 서로 영향을 받고 또는 통합되는 메커니즘을 갖고 있다. 이것은 인간의 우주적인 것과 교통(communication)할 수 있다는 것의 다른 말이다.

(기호학적)구조주의, (탈)구조주의(후기구조주의, 현상학적 구조주의)에 이어(현상학적) 신화학(＝상징주의)을 본고에서 분류개념으로 채택한 것은 위에서 언급된 상징이 비가시적인(invisible) 것을 대상으로 하던 것을 한 걸음 더 발전시켜 신(神)의 영역에까지 확대·적용하기 위함이다. 즉 현상학은 사물뿐 아니라 사물의 근원인 신(神)들을 다룰 수 있다는 것이다. 인류의 모든 축제가 신(神)과의 교류를 표상하는 것에서도 현상학의 성공을 예측할 수 있다. 현상학의 존재(being)의 가정은 확실히 생성적(becoming) 관점에 있다. 현상학적 신화학은 확실히 이성주의－절대주의의 서양철학(문화)이 동양(동아시아)철학의 기(氣) 개념에 접근하는 것으로 볼 수 있다. 신(神)에 대한 논의는 상징(symbol)·의례(ritual)가 아니고서는 성립되기 어렵다.

이·기(理·氣)의 맥락에서 볼 때 기(氣)의 끝은 신(神)이다. 우리가 흔히 정(精)·기(氣)·신(神)이라고 하는 데서도 알 수 있다. 화담이 기(氣)가 하강한 것이 사물이고, 기(氣)가 상승한 것이 정(精)이나 신(神)이라고 한 것은 의미심장한 대목이다. 탈구조주의는 구조주의와 상징주의의 변증법적 상호작용에 근거하고 있다. 상징주의의 가장 본질적인 학문적 성과는 신화학이다.

상징(의례)이 흔히 축제 등을 통해서 또는 의식(儀式)을 통해서 신(神)들과 만나는 장소가 되는 것은 이 때문이다. 동양(동아시아) 문화는 아직도 신(神)이 살아 있는 문화이다. 그것의 가장 근본원인은 바로 이기(理氣)철학이며 이·기(理·氣)철학 가운데서도 특히 기(氣)철학이다. 본고에서 상징주의(symbolism)라는 말은 광의의 동양문화(철학)를 대표하는 말이다. 상징주의는 문학·예술 등에서 일종의 사조(思潮)로서 많이 거론되어 왔으며 특정의 유형(pattern)으로 사실주의에 반대되는 개념으로 사용되어 왔다.

또 철학에서 상징주의(형식)의 철학이 서양 철학사에도 비치긴 했다. 그러나 본고에서 상징주의는 서양의 철학을 이성주의(언어주의)라는 것으로 범주화할 때 이에 대(對)개념으로 사용하고 있다. 다시 말하면 위에서 언급된 구조주의·탈구조주의라는 것도 이성주의의 잔영(殘影)임을 벗어날 수 없다는 점에서 이성주의(언어주의)라 할 수 있을 때 상징주의는 동양의 고유한 철학으로 더욱더 의미를 갖는다.

그렇다면 상징주의는 무엇인가? 구조나 법칙, 더 기본적으로 언어라는 것도 실은 지각 이미지(sense - image)상에서 볼 때 이미지를 한곳에 고정시키거나 결정화한 것이며 또한 사물을 존재적으로 보고 사물을 언어적으로, 언어를 사물로 파악하는 것에 지나지 않는다. 상징주의는 이 같은 고정화·결정화, 언어의 사물화, 사물의 언어화를 거부하는 태도이며, 그렇게 사물을 보는 주의(主義), 입장을 말한다.

예컨대 동양의 음양(陰陽)사상은 대표적인 예이다. 상징은 어디서 연유하는가? 적어도 끊임없이 결정화를 부정하거나 결정화를 초월해서 존재하는 그 무엇을 상정치 않을 수 없다. 그것이 바로 동양의 기(氣)의 개념인 것이다. 상징과 의례는 기(氣)에서 연유한다.

이(理)의 철학적 전통이 주류(主流)인 서양에서 가장 기(氣)에 도달한 것이 현상학적 신화학이며 기(氣)의 철학적 전통을 가진 동양(동아시아)에서 가장 이(理)에 도달한 것이 퇴계의 경(敬)철학이며 기(氣)의 모습을 가장 많이 간직하고 있는 것이 상징주의(symbolism)이다. 이 상징주의에 탁월한 능력을 보인 학자가 우리나라는 율곡이며 서양은 메를로-퐁티이다.

동·서 철학사는 이제 구조·상징주의에서 만나고 있다. 이 때문에 상징(의례)을 동서의 비교철학적 관점에서 논하는 것이 의미 있을 것이다. 이러한 논의과정을 통해 볼 때 인간사(人間事)는 '상징 – 의례' 틀에서도 보편성을 찾을 수 있다는 가정(설)이 성립될 수 있다. 고프만(E. Goffman)의 연극적 사회분석(현상학적 사회학)은 그 좋은 예일 것이다.

즉 '지각 이미지(sense – image)'＝상징(symbol, ritual)＝연극적 사회학(현상학적 사회학)은 구조·상징주의와 이(理)·기(氣) 철학으로 설명될 수 있다고 보인다.

기발이승(氣發理乘) – 이통기국(理通氣局)

기발이승(氣發理乘) – 이통이국(理通理局)

이발기수(理發氣隨) – 기통이국(氣通理局)

이발기수(理發氣隨) – 기통기국(氣通氣局)

기발기수(氣發氣隨) – 기통기국(氣通氣局)

퇴계의 학설은 단적으로 말하면 '이발기발(理發氣發)'로 압축할 수 있다. 그는 '이발(理發)'을 '기발(氣發)'과 동시에 주장함으로써 과학실증주의에서 상징주의에 이르는 모든 철학을 논할 수 있는 폭과 길이를 가졌다고 할 수 있다. 실지로 그의 이(理)는 마음[心]만 다루는 것이 아니고 물질(物)도 함께 다룰 수 있는 이론적 틀을 마련했으며 오히려 기일원론(氣一元論)만을 주장한 화담보다 사물의 현상을 과학적으로 다룰 수 있게 했다.

흔히 전통철학의 '기(氣)'가 물질을 나타내는 것처럼 '기(氣)'만을 주장하거나 '기(氣)'를 중시하는 사람들이 유물론자이거나 과학주의자인 것처럼 연구·논의되지만 실은 그 정반대로의 '기(氣)'를 우선하는 사람, 주기론자(主氣論者)는 본질론자로서 본질의 굳어진, 결정화된 상태의 물질적 현상을 존재(being)적으로 보는 과학실증주의자와는 다른 것이다. 따라서 지금까지 실학(實學)이 '기(氣)'에서 원천적으로 유래되는 것으로 간주한 학자는 잘못된 족보학(고고학)에 빠져든 것에 다름 아니다. 마찬가지로 유물론자를 '기(氣)'와 연결시키는 것도 똑같은 함정에 빠진 것이다(이 부분은 별도의 논문이 되고도 남기에 여기서 이만 줄인다.).

퇴계가 '이발기발(理發氣發)'에 이어 '지행호진(知行互進)'을 주장한 것은 '이발기발(理發氣發)'의 원리가 어떻게 역사적으로 구현되는가, 그 과정의 법칙을 밝힌 것인데 '지행호진'은 서구의 '이론(theoria) - 실천(praxis)'이 어떻게 변증법적으로 상호작용하며 나아가는지를 보여준 탁견이라고 하지 않을 수 없다. 관념과 실재, 유심(唯心)과 유물(唯物)이 이분법적으로 나누어져 그 통합을 끊임없이 꾀하는 서구의 딜레마를 이미 뛰어넘은 것이었다. 그런 점에서 그는 신유학(neo - confucianism)을 사회학적인 차원으로 확대·정립한 철학·사상가이었음을 알 수 있다. 그래서 그의 학문은 결코 본질만을 논하거나 사회와 물질적인 자연과 유리되는 공허함을 피할 수 있었던 것이다.

물론 여기엔 수신(修身)을 기본으로 하는 동양(동아시아)의 철학적 전통이 크게 한몫하고 있다. 그러면서도 그는 또한 '기(氣)'를 도외시하지 않음으로써 우주의 본질에까지 꿰뚫고, 오히려 주기론자가 '기(氣)'에 들떠서 수신(修身)에 실패하는 것을 사전에 막고 '정치성(政治性)'이 아닌 '도의(道義)정치'를 수립할 수 있었던 것이다.

퇴계는 또한 우주의 본질적인 것과 긴밀한 관련을 맺는 종교에까지 깊숙이 들어가 신(神)을 다루는 득도(得道)의 수준에 도달하는 면모를 보였다. 말하자면 저급의 신과 통하는 데 만족하지 않고 그러한 신들을 뛰어넘는 면을 보였다. 다시 말하면 현실적인 정치나 접신(接神)의 경지가 아니라 '도의정치'나 '도의 경지'에 다다랐던 것이다. 이것은 그가 단순히 '기(氣)'만을 주장했다면 실현이 불가능한 것이었을 것이다. 퇴계는 인간으로서 다다를 수 있는 최고의 도인(道人)의 경지에 이르렀던 셈이다. 화이트헤드식으로 말하면 객체적 불멸성(objective immortality)에 도달한 것이다. 이것은 이(理)가 도달할 수 있는 최고의 경지이며 인간의 영광이다.

율곡은 '기(氣)'가 발(發)하는 것을 우선함으로써 '이(理)'는 다분히 '기(氣)'를 잡는(타는) 것으로 파악하여 다분히 구조주의가 표방하는 의미부여(작용)에 의한 사물의 파악방법인, 코드(code)를 중시하고 있음을 알 수 있다. 이것은 매우 마음[心]에다 초점을 두는 것으로 사물을 양가적으로 보는 — 예컨대 하늘[天]과 땅[地] —, 따라서 물리적 자연을, 그것과는 독립적인 코드 및 체계로 보는 매우 구조주의적 관점을 보이고 있다는 점이다. 그리고 그는 또 '기발이승(氣發理乘)'에 이어 '기발이승(氣發理乘), 이통기국(理通氣局)'을 주장함으로써 '기(氣)'로 사물의 파악을 끝맺고 있어 '이(理)'의 열려진 세계를 가정하고 있다.

율곡은 '기발이승(氣發理乘)', '이통기국(理通氣局)'을 주장하였지만 학자로서의 그의 인생은 역으로 '이발기수(理發氣隨), 기통이국(氣通理局)'으로 설명될 수 있다. 이러한 '이(理)'와 '기(氣)'의 동태적 과정은 마치 구조주의의 폐쇄된 체계(closed system)가 후기구조주의에 이르러 개방된 체계(open system)로 이행되는 것과 같다고 볼 수 있다. 이것은 또한 언어(langue)의 중시에서 언사(parole)의 중시로 바뀌는 '구조주의 – 후기구조주의'의 속성과도 일치하는 것이다.

다시 말하면 그는 심(心)철학의 특성을 보이고 있다. 그의 심철학(心哲學)적 특성은 현실정치에 대한 민감한 반응 — 이것은 정치적 상징 조작에 능함을 말한다 — 을 통해서도 알 수 있다. 심(心: 정신)과 물(物: 물질)은 이기론(理氣論)으로 볼 때 모두 기(氣)에 속하는데 그 심(心: 정신) 중에 가장 높은 단계의 추상과 형식이 이(理)인 셈이다. 그런데 주기론자들은 이(理)가 기(氣)와 따로 떨어져 있다고 생각하는 오류에 빠진다.

이(理)는 기(氣)를 조리하는, 즉 다스리는 것이기 때문에 잠시 떨어져 있는 것같이 느껴질 따름이다. 이는 마치 위정자가 국민과 떨어져 있는 것 같지만 실은 국민에게서 위정자가 나오고 위정의 자리에서 물러나면 다시 국민으로 돌아오는 것과 같다. 이는 지각과정의 객체화하는 작용에 불과한 것이다. 이를 실체라고 보면 잘못이다. 율곡은 사단칠정(西端七情)에서도 사단이 칠정에서 처음부터 구분되는 것이 아니라 칠정이 청(淸)한 것이 사단이라고 주장함으로써 사단과 칠정이 분리되는 것이 아님을 강조했다. 율곡은 나아가서 인심(人心)과 도심(道心)도 처음부터 구분되는 것이 아님을 강조한다.

그는 특히 퇴계와는 달리 '사단칠정(四端七情)'의 논쟁에서 사단과 칠정이 하나로 통합되어야 한다는 입장을 보임으로써 심성정의 일로설(心性情意一路說)에 입각하여 지각 이미지의 통합을 주장하는 서구의 상징(문화)주의자와 바로 통하게 된다. 지각 이미지의 통합은 언어나 상징, 감각기관의 상호작용(나는 이것을 기(氣)⇄언어⇄상징⇄사물의 가역반응으로 설명한 바 있다)을 가정(전제)하고 있다. 율곡이야말로 상징주의 또는 내가 앞으로 쓰고자 하는 상징인류학의 철학적 기반을 마련하는 데 보고(寶庫)인 셈이다. 어떤 점에서 그는 상징·의례·축제로 대변되는 것들에 대한 종합적 연구를 위한 철학적 바탕을 마련하고 있다. 그는 한마디로 세상을 하나의 의례(ritual)로 보는 대가였던 것이다. 그는 '기(氣)'라는 말을 타고 '이(理)'라는 두뇌작용을 통해 의미를 끊임없이 생산하는, 코드(code)의 다발을 들고 다니며 상황(context)에 따라 적절하게 시대적·정치적 명제를 찾는 경세치용(經世致用)의 학자였던 것이다. 따라서 그는 어떤 절대적 실천(praxis)보다는 시대에 상황적으로 참여할 수 있는 연행(performance)에 더 어울리는 사람이었다.

퇴계가 당쟁을 피해 낙향하여 조정에서 멀리 떨어진 것과 대조적으로 그는 당쟁의 한복판에 있었다. 그는 정치적 의례(political ritual)에 능하다고 보아도 큰 과오는 없으며 이것은 그의 철학과 내적 일관성을 갖는 것임을 알 수 있다. 그가 십만 양병설을 주장한 것은 '부국강병(富國强兵)'이라는 정치적 신화(일종의 원형)를 왜구의 침략이라는 현실 앞에서 깨우친 좋은 예(일종의 변형)이며 그가 '신화의 재생산' 능력의 소유자였음을 말해 준다. 따라서 그는 의례(ritual)의 두 가지 양상인 정치와 신화, 모두에 능했던 인물임을 알 수 있다.

화담은 기일원론자(氣一元論者)이다. 그는 '이(理)'도 '기일분수(氣一分殊)'에 지나지 않는다고 했다. 그는 확실히 우주의 본질을 꿰뚫은 사람이다. 그러나 그는 본질에 너무 연연했기 때문에 현상에 대해 구체적인 토론과 처방을 내놓지 못했다. 이것은 그의 매우 초월적 성격을 말한다. 실지로 정치에서 소외된 채 그는 살았다. 오히려 그는 매우 종교적인 삶을 보냈다. 그러나 그는 누구보다도 '이기(理氣)' 철학의 핵심원리인 '음양(陰陽)'에 통달했던 것 같다.

특히 그의 '귀신사생론(鬼神死生論)'은 비가시적이고 초월적인 세계까지도 '생과 사'라는 코드를 적용함으로써 신들의 세계에서의 역학관계를 설명해 내고 있다. 그가 "이것을 후학에게 전하여 두루 중국에서 가깝고 먼 곳에 동방에 학자가 나타났음을 알게 하라."(可傳之後學, 遍諸華遠邇 知東方有學者出焉)라고 한 것은 그의 학문이 스스로 대단함을 장담 호언한 것이다.

그의 귀신사생론을 보자.

"정호(程顥), 장재(張載), 주희(朱熹)는 말하였다. 죽음과 삶, 귀와 신의 정상을 지극히 갖추어 말하였다. 그러나 또한 아직 그렇게 되는 이치의 지극함을 낱낱이 설파하지 아니하였다. 모두 끌어내었으나 밝히지는 아니하였다. 배우는 사람으로 하여금 스스로 깨닫게 하였다. 이는 후학들이 하나는 알고 둘은 모르게 하였다. 그 조악한 것만 전하고 충분한 정수를 보지 못하게 하였다. 나는 세 분 선생의 미묘한 뜻을 취하여 '골돌지론'(鶻突之論)으로 삼고자 한다. 이것은 천고의 의문을 풀기에 족할 것이다. 정호는 "죽음과 삶, 사람과 귀신은 하나이면서 둘이고, 둘이면서도 하나다."라고 말하였다. 이것은 충분히 설명한 것이다. 나도 역시 죽음과 삶, 사람과 귀신은 다만 기가 모이고 흩어진 것일 뿐이라고 말한다. 모이고 흩어지는 것은 있지만 있고 없음은 아니다(취산은 있지만 유무는 아니다). 기의 본체가 그러한 것이다. 기가 '담일청허'(湛一清虛: 고요하고 한결같이 맑게 허함)한 것은 널리 가득 차 밖이 없는 것이다. 모여서 큰 것이 천지이고, 모여서 작은 것이 만물이다. 모이고 흩어지는 세력에는 미약한 것, 현저한 것, 느린 것, 빠른 것이 있을 뿐이다. 크고 작은 것이 태허에서 모이고 흩어져, 크고 작은 것이 차이가 있다. 비록 풀 한 포기, 나무 한 그루라 할지라도 그 기는 끝내 흩어지지 않는다. 하물며 사람의 정신이나 지각이 모여서 크고 오랜 것임에랴. 몸과 넋이 흩어지는 것을 보면 흡사 소진으로 돌아가는 듯하고, 무로 빠져버리는 듯하다. 이 점에 대해서는 모두 함께 지극히 생각해 보지 않았다. 비록 세 분 선생의 문하생이라 할지라도 역시 모두 그 궁극에 이르지 못하여 모두가 거친 지게미를 주워 모아 자기주장을 하고 있을 뿐이다. 기가 맑고 맑아 텅 비어 어울려 있는 것은, 태허가 동하여 양을 낳고, 정하여 음의 시초를 낳는 데에 근원을 두고 있다. 모이는 것이 점점 넓고 두껍게 되면 천지가 되고 사람이 되는 것이다. 사람이 흩어짐에 있어서 몸과 넋은 흩어질 뿐이지만 모이는 것의 '담일청허'는 끝내 흩어지지 않는다. '태허담일'(太虛湛一)의 가운데서 흩어져도 일기(一氣)는 같다(氣는 同一하다). 지각의 모임과 흩어짐은 다만 오래고 빨리 감이 있을 뿐이다. 비록 흩어짐이 가장 빠를지라도 하루나 달포가 걸리는 것들도 있으나 그것은 미미한 존재들이다. 그 기는 역시 끝내 흩어지지 않는다. 어쩐 일인가. 기가 '담일청허'

하여 이미 시작이 없었으니 또 그 끝이 없다. 이 이치는 기가 극히 묘한 바닥인 때문이다. 학자가 만약 이 이치를 터득하게 되면 이러한 경지의 머리에 이르게 된다. 비로소 여러 성인들이 완전히 전해 주지 아니한 미묘한 뜻을 엿보게 된다. 비록 한 조각 향촉의 기운이 눈앞에서 흩어지는 것을 볼지라도 그 남은 기운은 역시 흩어지지 않는 것이다. 어찌 기가 무에서 끝날 수 있다고 하겠는가!"

("程張朱說. 極備死生鬼神之精狀. 然亦未肯說破所以/然之極致. 皆引而不發. 令學者自得. 此後學之所以得其一而不得其二. 傳其粗而不見十分之精. 某欲採三先生之微旨. 以爲鶻突之論 亦足以破千古之疑. 程曰 死生人鬼 一而二. 二而一. 此盡之矣. 吾亦曰 死生人鬼. 只是氣之聚散而已. 有聚散而無有無. 氣之本體然矣. 氣之湛一淸虛者. 瀰漫無外之虛. 聚之大者爲天地. 聚之小者爲萬物. 聚散之勢. 有微著久速耳. 大小之聚散於太虛. 以大小有殊. 雖一草一木之微者. 其氣終亦不散. 況人之精神知覺. 聚之大且久者哉. 形魄見其有散. 似歸於盡沒於無. 此處率皆不得致思. 雖三先生之門下. 亦莫能皆詣其極. 皆掇拾粗粕爲說爾. 氣之湛一淸虛. 原於太虛之動而生陽. 靜而生陰之始. 聚之有漸 以至博厚爲天地. 爲吾人. 人之散也. 形魄散耳. 聚之湛一淸虛者. 終亦不散. 散於太虛湛一之中. 同一氣也. 其知覺之聚散. 只有久速耳. 雖散之最速. 有日月期者. 乃物之微者爾. 其氣終亦不散. 何者. 氣之湛一淸虛者. 旣無其始. 又無其終. 此理氣所以極妙底. 學者苟能做工. 到此地頭. 始得견 破千聖不盡傳之微旨矣. 雖一片香燭之氣. 見其有散於目前. 其餘氣終亦不散. 烏得氣之盡於無耶.")(≪花潭集≫ <鬼神死生說> 중에서)

"또 말하기를 조화와 귀신, 신과 주역과 음양의 극치처를 후학들은 계사전에서 다 배울 것이라고 하였다. 주돈이와 정명도, 정이천, 장횡거, 주희의 학설은 요컨대 끊임없이 공부하는 데에 달려 있으며 크게 노력한 연후에야 깨달음이 있을 것이라고 하였다. 또 말하기를 항상 계사의 미묘한 뜻을 밝혀내려고 정자와 주자가 모두 온 힘을 기울였다. 그러나 대략 설파하고 후학들이 찾아볼 지름길이 없어 거의 모두 거친 것만을 이해하고 밑바닥에 쌓인 것을 보지 못하였다. 나는 보잘것없는 견해에 부연을 더하여 후학들에게 흐름을 따라 그 근원을 탐구케 하였다. 나의 정력을 다 들인 때에 저서를 하려 했으나 뜻만 있고 아직 성취는 없었다. 참으로 한스러운 일이지마는 한스러운 것도 못 된다. 각 주에 또 각 주를 첨가하면 후학들이 그 번잡한 것을 괴로워할 것이고, 또한 깊이 생각지 않는다면 어찌하랴?"

("又曰 造化鬼神 神易陰陽之極致處. 後學有多得於繫辭傳 周程張朱之說. 要在做工不輟 大段著力 然後乃有見爾. 又曰 常欲發揮繫辭微旨 程朱皆極其力. 然略說破 後學無蹊可尋 類皆見得粗處 不見底蘊. 某欲加敷衍淺見 令後學沿流以探其源 竣吾精力盡. 時著書 有志未就 良亦一恨 然不足恨也/註脚更添註脚 奈後學苦其繁複 亦莫之致思何.")(≪花潭集≫ <鬼神死生說> 중에서)

화담의 입장에 이르면 귀(鬼)와 신(神)도 생멸하는 것이 된다. 귀신사생론은 죽으면 귀신이고 살면 신이라는 깨달음에 도달한 철학이다. 이것은 현재에 살아 있지 않으면 귀신이고 살아 있어야 신이라는 주장이다. 이는 귀(鬼)와 신(神)을 기존의 정해진 어떤 존재로 보지 않고 현재적으로 변화하는 과정 중에 있는 존재로 보고 있는 것이다. 말하자면 이 둘은 가역적(可逆的)인 입장에 있다. 가역적인 입장은 존재론적 입장에서 보면 모순이나 애매모호함이 된다. 어떤 이름이나 구조에 연연하지 않고 실지로 살아 있는, 작용하고 있는 것에 초점을 맞춘 철학이다.

그러나 기(氣)의 문제는 기운생동의 문제이지 생멸(生滅)의 문제로도 완전히 풀 수 없다. 서양의 존재론적 입장(being)에 대해 대칭적 입장에 섬으로써 불교는 요즘으로 말하면 생성적 입장(becoming)에 서게 된다. 말하자면 '유(有)에 대해 무(無)'로, '이다(是)에 대해 아니다(非)'로 대응한다. 존재론적 입장을 부정하기 위해서는 그렇게 대응했지만 이를 기운생동의 입장에서 보면 유무(有無)도 아니고 시비(是非)도 아니다. 기운이라는 것은 취산(聚散)이기 때문이다. 기운이라는 것은 모이고 흩어지는 것일 뿐이다. 거꾸로 말하면 기운생동이라는 것은 유무나 시비로 설명할 수 없다. 그렇기 때문에 기(氣)의 문제를 이기(理氣)의 일원(一元) 혹은 이원(二元)으로 풀어보려고 노력하는 것은 애초부터 모순에 봉착하는, 끝없는 논쟁에 들어가는 것이 된다. 왜냐하면 이(理)는 존재론의 입장에 있고 기(氣)는 생성론의 입장에 있는 것인데 이를 하나의 차원에서 논쟁한다는 것은 불합리한 것이기 때문이다.

기(氣)의 문제는 생멸(生滅)의 문제로 풀기도 하지만 기(氣)는 완전히 멸하는 것도 아니기 때문에 소기의 목적을 달성할 수 없게 된다. 반드시 같은 경우는 아니지만 생멸문과 진여문은 마치 생멸＝기(氣), 진여＝이(理)의 입장이 되는 것이다. 그래서 '일이이(一而二: 하나이면서 둘), 이이일(二而一: 둘이면서 하나)'이라고 애매모호함, 이중성으로 끝을 맺는다. 그런데 바로 서양의 합리주의적 전통에 의해 모순이라고 하는 것과, 애매모호함, 이중성이야말로 우주의 진면목이라고 할 수 있다. 원시미개 사회의 사람들은 대칭적 원리에 의해 이러한 애매모호함이나 이중성을 용인한다. 그런데 현대의 문명인들은 비대칭적 사고에 의해 이러한 것을 모순이라고 매도한다. 비대칭적 사고로는 결코 풀 수 없는 문제들이 많다. 비대칭적 사고는 이분법으로 결코 넘을 수 없는 장벽을 쳐 놓고 논리전개를 한다. 비대칭적 사고의 이분법은 대칭(對稱)의 세계를 대립(對立)으로 바꾸어 놓고 논쟁과 전쟁을 하는 셈이다. 말하자면 상대를 적으로 만들어놓고 괜히 싸움을 벌이는 것과 마찬가지다. 이는 마치 곡선의 세계를 직선의 세계로 환원시키려는 노력에 비할 수 있다. 이는 운동의 세계를 정지의 세계로 환원시키려는 우둔함에 비할 수 있다.

이제 존재와 비존재, 이기(理氣)와 생멸(生滅)의 문제, 나아가 유심(唯心)과 유물(唯物)의 문제를 '운동(運動) = 기(氣)'의 문제, 다시 말하면 기운생동(氣運生動)의 문제로 풀 필요가 있다. 말하자면 이런 것이다. "운동이 있는 곳에 기가 있고, 기가 있는 곳에 운동이 있다. 파동이 있는 곳에 기가 있고, 기가 있는 곳에 파동이 있다. 궤도가 있는 곳에 기가 있고, 기가 있는 곳에 궤도가 있다."

이는 적어도 화담에 의해 구축된 기일원적 세계에 대한 논의의 조그마한 진전이다. 생성론(becoming)의 입장, 기운생동(氣運生動)의 입장은 대립된 세계의 어느 한쪽에 서는 것이 아니라 양 세계를 다 포용하는 것이 된다. 이는 세계를 끝없는 대칭(對稱)의 세계로 보는 때문이다. 원시미개인들은 현대인이 대립의 세계로 보던 것을 대칭의 세계로 보았다. 현대인은 다원다층의 세계를 하나의 차원에서 통일하고 토론하고 법칙화하려고 하고 있다. 이는 어쩌면 다차원의 세계를 하나의 차원(일차원은 아니지만)으로 환원시키려는 우둔한 노력이라고 할 수 있다.

이상에서 볼 때 퇴계, 율곡, 화담은 제각기 순서대로 학문, 예술, 종교적 특성을 나타낸다고 파악할 수 있다. 교육자이며 학자인 퇴계는 주리적(主理的) 입장에 있었으며 은자(隱者)·선인(仙人)적 입장을 가진 화담은 기일원론(氣一元論)의 입장에 있었으며 경세가였던 율곡은 주기적(主氣的) 입장에 있었다. 세 사람 중에 가장 의례(ritual)에 능했던 사람은 율곡이며 따라서 그의 '기발이승(氣發理乘), 이통기국(理通氣局)'이라는 주기론(主氣論) 철학이 의례·축제의 연구에 가장 적합한 이론의 틀임을 알 수 있다.

세 학자 중 율곡(1536~1584)은 참으로 위대한 철학자이다. 율곡은 이기론(理氣論)의 틀에 입각하여 서양의 유기체 철학자인 화이트헤드(1861~1947)보다 몇 백 년 앞서서 유기체 철학을 주장하였다. 특히 율곡이 '기발이승(氣發理乘), 이통기국(理通氣局)'을 주장한 것은 학자로서는 매우 전향적이었다고 말할 수 있다. 대체로 학자의 경우는 기발이승(氣發理乘)을 주장한다고 하더라도 이통기국(理通理局)으로 끝나기 쉽다. 이것이 학자들의 관념론이다. 그러나 율곡은 이통기국(理通氣局)을 주장함으로써 경세가로서의 실천을 할 수 있었던 셈이다. 여기서 기국(氣局)은 매우 중요하다. 이는 기발(氣發)과 함께 기국(氣局)은 우주가 결국 기(氣)의 총체라는 것을 증명하는 것이기 때문이다. 우주는 기(氣)에서 시작하여 기(氣)에서 끝나는 것을 주장하는 결정적인 대목이다.

이에 비해 퇴계는 기발이이수지(氣發而理乘之), 이발이기수지(理發而氣隨之)를 주장함으로써 결국 이(理)도 발(發)하고 기(氣)도 발(發)하는 이발기발(理發氣發)을 주장하게 된다. 여기서 이발(理發)

이라는 것은 매우 중요하다. 이(理)가 발(發)한다고 하는 것은 이(理)를 우주의 실체, 화이트헤드식으로 말하면 현실적 존재(actual entity)라는 말이다. 이 말은 우주의 실체가 기(氣)라는 것을 동시에 인정할 경우 우주의 실체가 둘이 된다는 말이 된다. 이(理)라는 것은 사물에 내재한 원리나 법칙을 말하는데 쉽게 말하면 언어를 그 내용으로 하고 있다. 언어가 우주의 실체라는 말이 된다. 과연 언어가 실체인가. 언어를 실체라고 주장하는 자는 필연적으로 언어(명제)를 구성하는 원리인 문법(文法), 즉 법(法)을 우선하게 된다. 법이란 바로 이(理)를 말한다. 이 때문에 퇴계는 후학인 고봉(高峰) 기대승(奇大升: 1527∼1572))과 사칠논변(四七論辨)을 벌인다. 도덕이나 이치를 제자들에게 가르치는 것을 목적으로 하는 퇴계는 자연스럽게 이(理)를 우주의 실체로 인식하게 되고 이기이원론(理氣二元論)의 입장에 서면서 이(理)를 기(氣)라는 실체보다 우등(優等)한 것으로 인식한다.

화이트헤드식으로 말하면 퇴계는 존재에 대한 개념적 파악을 하는, 한정형식인 영원한 객체(eternal object)나 미래가 현재에 내재하는 방식인 예기적 객체화(anticipatory objectification)에 의해 달성되는 객체적 불멸성(objective immortality)을 이(理)로 본 것이다. 그래서 그의 성학십도(聖學十圖)는 객체적 불멸성에 이르는 길인 것이다. 그러나 이(理)는 결코 현실적 존재(actual entity)가 아니다. 그것을 담는 형식이며 그릇이다. 이(理)란 인간에게 가장 특징적인 것이고 인간에게 창조성을 가져다주는 것이지만 실체는 아닌 것이다. 화담의 주장처럼 우주의 실체는 기(氣)인데 단지 인간은 그 기(氣)를 다스리기 위해 조리(條理)를 부여하는 것이다. 이것이 이(理)이다.

퇴계는 기발이승(氣發理乘)은 인정하였으나 이통이국(理通理局)에 빠져 이발(理發)을 주장하는 우를 범했다. 퇴계의 인생은 '이발기수(理發氣隨), 기통이국(氣通理局)'으로 표현할 수 있을 것이다. 율곡도 퇴계와는 철학의 내용에서는 서로 다르지만 학자라는 측면에서는 같았다. 화담은 기(氣)만을 주장하여 이기(理氣) 사이에 있을 수 있는 개연성, 여러 단계의 상호작용의 메커니즘에 대해서는 귀신사생론(鬼神死生論)이라는 본질적이고 극단적인 것만 언급하였을 뿐 다른 많은 것은 밝히지 못하였다. 기(氣)는 스스로에 대해 아무 말도 못하기 때문이다.

하늘과 땅은 너무 멀리 있어도 안 되고 너무 가까이 있어도 안 된다. '이(理)와 기(氣)'도 마찬가지다. 퇴계는 '이(理)'가 너무 높고, 화담은 '기(氣)'가 너무 높았다. 율곡은 그 중간에 있다. 율곡은 그 중간에서 '역동적(力動的)인 중(中)'에 도달하였다. 이는 나의 '역동적 장의 개폐이론＝DSCO(Dynamic Space Close and Open)＝역동장(Dynamic Field) 모델'과 흡사한 것이다.

그렇다면 처음의 문제로 다시 돌아가자. 인간은 왜 의례와 축제를 계속 벌여야 하는가? 대답은 간단하다. '이(理)'와 '기(氣)' 사이에 존재하고 생성되기 때문이다. '이(理)'와 '기(氣)'는 '음양(陰陽)'과 마찬가지로 서로가 서로를 내포하고 있는 코드이기 때문에(이를테면 태극 문양) 무한히 다른 코드를 생산·확대하고 반대로 무한히 소멸·축소시킬 수 있는 원리를 내재하고 있다. 이것을 이름하여 '태극도설(太極圖說)'이라 한다. 결국 어느 위치에서 시작하더라도 코드(code)는 있으며 우주는 무한한 코드, 즉 의미의 창고이다. 따라서 우주의 모든 행위는 창고의 목록을 보태고 지우는 일이다. 그것의 우주적 배열은 나선형이다. 그것은 일종의 리듬

(rhythm)이다.

<표 4>에서 볼 수 있듯이 결국 퇴계·율곡·화담의 이기론은 서구의 과학실증주의·구조주의·후기구조주의·상징주의에 해당되는 논의와 대응되는 상관관계가 있음을 알 수 있다. 다시 말하면 서구의 근대철학의 상당부분을 약 4~5백 년 전에 세 학자가 이미 감당했음을 알 수 있다. 이러한 논의의 요체는 '기(氣)' 개념의 도입으로 볼 수 있다. 우리가 흔히 당파싸움의 시대로 규정한 조선조 중기에 당시로서는 서구에서는 감히 생각도 못한 심오한 철학세계를 우리 선조가 이룩했음을 알 수 있다.

〈표 4〉 퇴계, 율곡, 화담의 비교

퇴계 이황	율곡 이이	화담 서경덕
主理(氣隨)派	主氣(理乘)派	氣一元論
理哲學	心哲學	氣哲學
과학실증주의	현상학적 구조주의	현상학적 신화학
사물, 언어, 상징, 氣	언어, 상징, 氣	상징, 氣
학문(과학)	예술	종교
교육자	정치가	수도(은둔)자

여기에 하나 덧붙여 기(氣)를 중심으로 세계를 본다면 이발기수(理發氣隨) - 기통기국(氣通氣局)도 가능하다. 또한 기발기수(氣發氣隨) - 기통기국(氣通氣局)도 가능하다. 이는 완전한 주기론이다. 말은 인간으로 하여금 세계를 인식하게 하는 도구였지만 도리어 세계를 왜곡시키는 도구이기도 하다. 예컨대 말이 없어도 세계가 존재하지 않았다고 말할 수 없다. 그런데 말이 없으면 존재하지 않은 것으로 아는 것이 현대인이다. 말의 의미를 극도로 축소시키면 바로 기발기수(氣發氣隨) - 기통기국(氣通氣局)이다. 말은 단지

기(氣)를 표현하는 수단에 불과하다. 그나마 태초의 발단에 말을 인정하는 것이 이발기수(理發氣隨) - 기통기국(氣通氣局)이다.

'기(氣)'의 정체는 음양(陰陽)이며 음양은 마치 코드(code)의 '빈 공간'처럼 의미가 들어오기를 기다리며 이원대립(binary opposition) 의 끝없는 리듬운동을 하는 것이다. '기(氣)'는 시·공간(時·空間) 속에서는 문법이나 법칙제도에서 나타나듯이 지속성(타당·관성)을 갖는다. 그러나 마음(mind)속에서는 본질적인 형태로 남아 의미·개념을 끊임없이 생산하면서 의례(ritual)행위를 계속하고 있다.

그 의례의 집단적 표출이 정치이며 축제이다. 따라서 인간집단 (사회)이 존재하는 한 의례·축제는 계속되지 않을 수 없다. 그러나 그 의례가 생산 지향적이냐 소비 지향적이냐에 따라 집단(국가)의 생멸이 달려 있다. 생산적이라는 것은 생태적·경제적 기반을 잘 지켜 나가는 경우이고, 소비적이라는 것은 이를 무시한 채 개인의 정치술만 부각되는 경우이다.

생산(경제)이 뒷받침되지 않는 정치는, 다시 말하면 정치의 상징 조작은 공허한 것이 되어버린다. 상징조작을 위한 원천적인 재료 (바탕)를 잃어버리기 때문이다. 이러한 경우 정치는 대개 기만(사 기)적이다. 상징의 조건은 역설적으로 생태(경제)이며 생태적(물리 적) 환경은 상징을 생산한다.

축제는 필요하지만 필요 이상으로 소비 지향적으로 나타날 경우 필요악이라는 가설이 성립되는 셈이다. 그렇다면 일상생활과 축제 (의례)는 어떤 관계에 있을까? 일상생활도 축제로 볼 수 있지만 일 상생활 속에 축제가 있다. 인간의 일상생활자 축제가 만들어 내는 융합과 비융합의 모델(통합과 대립모델)은 대개 세 가지[26]가 있다.

---

26) Gerhard M. Martin(1973), 《Fest unto Alltag》, Verlag w. kohlhammeer Gmbh.

① 축제는 일상으로부터 고립되거나 ② 일상이 온갖 종류의 축제를 방해하는 경우, ③ 그리고 일상을 위한 축제가 그것이다. 이러한 축제는 또 세 가지 이론에 의해 설명되기도 한다.

즉 전통적인 축제이론들에는 ① '세계에의 동의'로서의 축제 ② '반대와 난장트기'로서의 축제 ③ 삶을 확장하는 놀이 형식으로의 축제 이론이 있다.

이상의 세 가지 모델은 일상과 축제라는 2가지 개념과 현실을 바탕으로 이룩된 것이다. 요컨대 '축제로서의 일상'이라든가 '놀이의 신학'은 축제나 신학(신화)의 관점에서 일상을 바라보는 것이다. 축제의 실천은 '반(反)문화' 또는 '세계문화의 통합(통일)'이라는 구세적(救世的)인 명제에 도달하게 된다.

◆ 새로운 상징학

흔히 인간들은 일상생활에 강요되는 정태적 구조(이데올로기, 제도, 심리적 원형)에 매여 살고 있는 듯이 보인다. 그러나 일상적인 정태적 구조라는 것은 많은 가능성 중의 하나로 부단히 인간들은 정태적 구조를 벗어나려고 하고 있다. 사회과학의 구조·기능주의는 비록 사회적 사실들을 동태적으로 본다고 하지만은 그러한 정태적 구조를 벗어나지 못했고 기껏해야 정태적 구조와 구조 간의 역동적 관계의 일부를 들출 뿐이다.

예컨대 제도와 제도간의 갈등·긴장관계, 근대화 등이 대표적인 경우이다. 사회적 사실의 동태적(역동적) 분석은 역사·진화적, 사

Stuttgart, 金文煥 옮김, ≪축제와 일상≫, pp.25～42, pp.61～69, 한국신학연구소, 서울.

회·구조적 연구분석보다는 '상징－의례적 연구분석'에 의해 더 깊이 있게 다루어질 수 있다. 상징－의례적 분석은 역사 진화적인 분석의 시간적 변화를 다루면서 동시에 사회구조적인 것의 공간적 존재성을 통합할 수 있기 때문이다.

왜냐하면 상징은 언어적 세계와 사물적인 세계의 중간에 위치하면서 사물과 언어 사이의 매우 역동적인 지각과정을 통합하면서 보여준다. 물론 여기서 지각과정은 최소한 생물(인간을 비롯하여, 동물은 더더욱 해당되지만)을 전제하고 있는 것이다. 즉 상징은 생(生), 살아 있는(live) 것으로부터 비롯되는 것으로 사물을 언어적인 것(구조적인 것)으로 부단히 옮겨놓는 사회적 타성태(정태적 구조)에 도전하고 있는 것이다. 따라서 상징은 일상의 정태적 구조를 벗어나려는 끊임없는 도전이다.

그러나 상징－의례분석이 역사적 진화와 사회적 구조를 통합하여 동시에 극복한다고 하더라도 유물사관(historical materialism)과 같이 시간적인 것을 구조적인 것에(역사를 계급에) 종속시키거나 이를 타파하기 위해 구조적인 것을 시간적인 것에(계급을 역사에) 종속시키는 계급투쟁과는 다르다.

인간은 언어와 사물의 타성태에 종속되어 살아가는 것이 아니다. 실제로 개인은 끊임없이 이미지들을 변화·교체시키며 살아간다. 이것은 미시적인 사회학(micro－sociology)－상징학(symbology) 또는 반대로 거시사회학(macro－sociology)－의례학(ritualism)－에서도 마찬가지다. 결국 상징－의례는 일상적인 생활을 이원적으로(음양적으로) 극대화(maximize)하거나 극소화(minimize)하면 반드시 발견하게 되는 것이다. 따라서 미시사회학이나 거시사회학이라고 하는 것은 결국 상징인류학(Symbolic Anthropology)의 차원에서 같은 것이다.

작은 세계를 크게 보거나 큰 세계를 작게 볼 경우 두 관점은 어느 중간에서 반드시 만나기 때문이다. 일상생활을 극대화한다는 것은 일상생활의 사건을 해석할 때 그 사건을 둘러싼 환경을 폭넓게 포용·적분하거나 일반적인 인식·판단기준과는 다른 높이에서 사건을 내려다보는 말하자면 수평·수직의 확대를 의미한다. 또한 극소화는 일상생활의 사건을 분석·미분하여 사건의 구조 속의 요소(element)를 찾아 요소 간의 관계를 해명하는 것을 의미한다.

여기서 극대화든지 극소화든지 현상학적 구조주의(신화적·해석학)로 본다 함은 역동적 이분법으로 해석하는 것을 말한다. 결국 무엇을, 어느 기준으로 이분하느냐는 보는 자(관찰자, 연구자)의 입장이나 느낌(feeling)에 달려 있다. 왜냐하면 이때의 기준은 매우 상황적(contextual, situational)이며 어떤 기준의 양쪽에 있는 대립항은 고정되어 있는 것이 아니기 때문이다.

그렇다고 상황적이라는 것이 순전히 임의적(arbitrary)이라는 얘기는 아니다. 어디까지나 사회적 상황은 어느 정도 각 사회마다(특정 사회) 그 구성원들이 공감할 수 있는 공감대가 있기 마련이다. 그 공감대를 느끼는 것은 참여관찰(participant observation)과 '현지민의 관찰'(emic)이 아니면 안 된다. 이 부분이야말로 지각작용(sense-perception)이 통합되는 영역이다. 바로 이 부분에 인류학의 장점이 모두 집결되어 있다. 상징학이야말로 인간문화에 대한 역동적·총체적 학문(science)이며 또한 예술(art), 종교(religion)에 관한 학문이다.

지각작용을 크게 나누면 이성적인 것과 감정적인 것으로 나뉘는데, 이 말은 이원적 대립항의 한쪽은 이성, 다른 한쪽은 감정이 차지하여 이성은 감정을 촉발하고 감정은 이성을 촉발하여 계속적으로 마음과 신체가 이원적 코드(code)와 의례(ritual)를 생산하는 것을 의미한다. 다시 말하면 코드와 의례는 동전의 양면과 같은 것이다. 동시에 그 동전은 지각작용을 하는 우리 몸이라는 공장에서 계속적으로 생산되어 나온다.

이상에서 볼 때 현상학적 구조주의는 그것이 극대화든, 극소화든 코드(code, concept)와 의례(ritual, symbol)를 확인하는 학문방법이다. 그것은 우리 인간의 본질적 지각구조에서 비롯되는 것이다. 현상학은 존재(being)를 가정해 놓고 계속 의식에서 생산되어 나오는 지각현상을 거슬러 오르면서 궁극적 실체를 찾는 과정이라고 볼 때 결국 현상학의 지향(intention)과 현상학적 구조주의의 사회적 상황(context), 역동적 기준은 일치한다고 볼 수 있다. 다시 말하면 이 삼자는 결정론이나 텍스트(text), 절대적 기준과 대칭되는 개념으로 사물(사건, 사태)을 매우 생성적(becoming)으로 보는 것과 통한다.

결국 현상학적 구조주의는 존재의 궁극(1)을 찾기 위해 끊임없이 이원대립항(2)을 찾는 과정이다. 따라서 존재는 이원대립항(2)의 의미를 찾는 데 봉사하는 것에 지나지 않는다. 절대적인 기준이 없으면 결정론도 없으며 텍스트는 판단정지의 대상이다. 오로지 콘텍스트(context)만 있을 따름이다.

이것은 마치 미시물리학과 거시물리학이 상대성 원리에 의해 구축되고 뉴턴 물리학이 미시물리학과 거시물리학 사이에 있는 것에 비유될 수 있다. 상징-의례는 미시-거시물리학, 그리고 미시-거시사회학과 같은 것이다. 상징학(symbolics, symbology)이나 의례학(ritualism)은 결국 같은 것이다.

이것은 언어학과 인류학의 또 다른 만남이다. 구조인류학은 (구조)언어학에서 많은 기여를 받았지만 인류학이 다시 (구조)언어학에 보답하는 것이 상징인류학이다. 이것은 관념성(concept)과 인류학의 역사성, 사건성(event)의 역동적 만남을 의미한다. 인간은 일상의 사고와 사건 속에서 무한히 상징 - 의례행위를 하고 있다.

결국 상징 - 의례의 틀로 사물을 본다는 것은 연극적인 상황으로 사물을 보는 것과 흡사하다. 더욱이 상징 - 의례의 틀은 기(氣)철학(＝음양론)을 기초로 하고 있기 때문에 흔히 사회적 통념으로 받아들여지는 분류기준이나 분석수준, 여타의 사회구조기능주의이론이나 갈등론으로 보는 것과는 다른 분류(분석) 수준과 결론을 갖게 된다.

결론들은 대개 '이중적 가치'를 포함하고 있게 된다. 이는 어떠한 수준에서도 다원다층의 음양론을 찾는 과정이라고도 볼 수 있다. 따라서 극장적 상황으로 사회를 투영해 보는 것이다.

2. 원효의 일심(一心)과 퇴계의 이발(理發)의 비교연구

한 개인이나 한 나라(집단)가 역사적 각 단계에서 당대에 국제적 지평의 문화적 보편성을 누리는 것은 쉬운 일이 아니다. 이는 반드시 천재적인 소수의 문화 창조자들의 희생적인 노력이 뒷받침되거나 아니면 적어도 집단적인 문화축적의 장치나 제도 없이는 불가능한 것이다. 한국 역사에서 가장 괄목할 만한 문화적 업적 가운데 집단적으로는 단연 오늘의 한국을 있게 한 삼국통일이 꼽힐 것이고, 개인적으로는 삼국통일의 정신적 토대를 갖추어 준 원효선사(元曉禪師)의 '화쟁(和諍)사상'이 꼽힐 것이다.

원효선사의 훌륭함은 이미 의심의 여지가 없고 그 업적 또한 토론의 여지가 없을 정도로 확고하다. 내가 여기서 몇 마디 첨가하고자 하는 것은 단지 새로운 각도, 문화변동이라는 관점에서 그가 이룩한 업적을 재조명해 보고자 하는 것이다. 말하자면 통일신라기에 특히 대(對)중국과 문화교류 혹은 문화접변 과정에서 원효는 어떻게 국제적 보편성을 달성하고 여기에 한국적 특수성을 가미하여 화쟁사상을 이룩하였나 하는 것이다. 화쟁사상은 가장 성공적인 문화수입과 토착화의 성공이라는 예로 충분할 것이다.

원효선사의 화쟁사상 이외에 또 한 가지 성공적인 예를 든다면 의심의 여지없이 퇴계(退溪) 이황(李滉)의 주리론(主理論)철학, 그 가운데서도 '이발(理發)사상'일 것이다. 나는 이 글에서 주로 원효과 퇴계가 각각 나름대로 당대의 국제적 지평에서 보편성에 도달한 내용을 분석함으로써 우리 역사상 최고의 사상가요, 철학자인 두 인물을 효과적으로 이해하는 계기를 삼고자 한다. 또 우리 문화의 새로운 가능성, 철학의 가능성을 탐색하고자 한다. 이 밖에 이 두 인물의 철학을 더욱 객관적으로 보여주기 위한 제3의 이해의 틀로서 동양의 '기(氣)철학'에 가장 가까이 접근한 서양 철학자로 꼽히는 알프레드 노스 화이트헤드[27]를 참고로 하고자 한다. 말하자면 원효와 퇴계와 화이트헤드는 서로를 비추는 거울이 되는 셈이다.

---

27) Alfred North Whitehead(1929), ≪Process and Reality: An Essay in Cosmology≫, Corrected edition, Edited by D. R. Griffin and D. W. Sherburne(1978), New York: The Free Press.

◈ '언어(理)↔상징(象徵: 心)↔사물(事物: 物)↔기(氣)'

자민족문화연구를 위해서 인류학이 문화의 상징(象徵)을 보다 적극적으로 활용하여야 한다. 지금까지 여러 차례 나는 예술인류학의 거시모델인 '역동적 장(場)의 개폐이론＝DSCO'를 주장한 바 있고 그 구체적인 미시모델로 '언어(理)↔상징(象徵: 心)↔사물(事物: 物)↔기(氣)'라는 네 가지의 상호 가역적인 관계를 제시한 바 있다. 이 모델은 네 가지 상태가 서로 상호 작용함으로써 문화에 대한 철학적 이해(해석)를 증진시키는 것과 함께 기본적으로 개념이나 언어에 대해 절대권을 부여하지 않는 데서 출발하고 있다. 이는 화이트헤드의 과정철학과 많은 점에서 공통점을 가지고 있었다. 무엇보다도 언어보다는 상징에 비중을 두었다는 점에서 그렇다. 나의 예술인류학 모델은 언어보다는 상징이 훨씬 더 복합적(통각적)인 지각을 담고 있다고 본다. 그래서 상징을, 마음[心]의 실체라고 본다. 그래서 상징을 사물[物]과 대응하는 것이라고 보고 상징・사물의 범주(비유적 변수)를 우선 설정한다. 그리고 여기에 상징을 더욱 언어적 확실성으로 몰아가는 이(理)와 사물을 더욱 가변적(생성적)인 것으로 보는 기(氣)를 설정하여 이(理)・기(氣)의 범주(비유적 변수)를 보탠다. 그래서 상징・사물, 이(理)・기(氣)라는 축을 통해 이들의 상호관계로 사물에 대한 이해를 시도해 보는 모델이다.

이들 네 가지 상태 가운데서 상징(象徵: symbol, symbolism)이 예술인류학에서 대표성을 갖는다. 상징은 무엇보다도 이중성, 즉 이중적 의미를 가지고 있고 그것으로 인해 말의 역동성을 보장해 주는 탁월한 기능을 하는 것이다. 이들 범주들은 매우 역동적이며 서로 가역반응을 함으로써 서로 열려있고 또한 순환하는 체계성을 갖는다. 다시 말하면 이 모델은 순환적인 모델이다. 이는 과학에서 매우 싫어하는 것으로 '순환론에 빠진다'고 하는 타부와 결부되어 있다. 그러나 자연과학적으로 법칙을 도출하고 실험하는 것이 아닌 한, 아니 오히려 해석학적으로는 그 효과성을 충분히 지니고 있다고 해도 과언이 아니다. 말하자면 신화적인 과학 방법 중에 하나인 셈이다. 나는 최근에 나의 모델이 문화에 대한 문제뿐만 아니라 철학적이고 종교적인 문제까지도 효과적으로 다룰 수 있다는 사실을 알게 되었다.

◈ 원효의 일심(一心)

앞에서 보여주었듯이 나의 예술인류학은 인간의 사물을 분석하기 위한 여러 이원대립적인 변수 가운데 심(心)과 물(物), 그리고 이(理)와 기(氣)를 가장 대표적인 것으로 보고 있다. 이때의 변수란 변화를 재는 수학적인 좌표의 축을 말하는 것이라기보다는 변화를 보는 일종의 카테고리하고 보는 것이 좋을 것이다. 말하자면 인간은 얼마든지 여러 이원적 대립항을 제시함으로써 사물을 분석하고 보다 잘 이해할 수 있는 것이다. 그런데 이것의 한계는 물리적인 법칙을 제시하기보다는 어디까지나 해석의 틀을 제공하는 해석학에 머문다는 점이다. 물론 해석의 틀을 제공하는 것도 훌륭한 학문이기도 하다. 특히 인문학이나 형이상학적인 성향을 가진 학문에 있어서는 그렇다.

원효는 아시다시피 일심(一心)을 주장했다. 일심은 곧 일승(一乘)이기도 하다. 여기서 심(心)은 물(物)을 다스리기 위한 불가피한 선택일 것이다. 불교에서 물(物)은 색(色)으로 통한다. 색(色)은 또한 경계(境界)를 말한다. 근대 서양의 자연과학에 비해서는 매우 주관적일 수밖에 없는 불교는 처음부터 심(心)을 물(物)의 위에 두고 출발한 것임에는 이의를 제기할 수 없다. 심(心)은 상대적일 수밖에 없다. 그런데 여기에 일(一)을 덧붙인 게 문제이다. 일심(一心)은 다분히 상대적(相對的)인 물(物)의 세계를 다스리기 위한 절대(絶對)사상이다. 말하자면 상대적인 세계와 절대적인 세계를 통합하기 위해서 일심사상은 불가피한 것이었을 것이다.

종교란 원래부터 실험과 관찰을 통해 진리를 발견하는 과학과 달리 직관과 성찰을 통해 진리를 발견하는 인간의 인식과 존재양식으로 전자의 객관과는 달리 주관의 산물이다. 주관은 처음부터 심(心)에 의존하지 않을 수 없는 것이다. 문제는 일심(一心)에 도달하는 데 따른 구체적인 분류 과정이 어떠하였느냐 하는 점이다.

원효는 그의 ≪대승기신론소 - 별기(大乘起信論疏 - 別記)≫를 통해 대승기신론의 복잡한 구조[28]를 다시 자신의 해석학적 관점에서 훨씬 복잡한 사유 및 분류체계로써 자유자재로 분석, 통합하고 있음을 볼 수 있다. 원효는 ≪대승기신론소 - 별기≫를 통해서 자신의 복잡다단한 사유체계를 개진하였다고 볼 수 있다. 이를 역으로 말하면 대승기신론은 원효에 의해서 다시 태어났던 셈이다. 여기서 ≪대승기신론소≫에 대해서 중언부언 개진하고 싶지는 않다. 선학들의 연구 및 번역 결과(은정희, 위의 책)에 아직 보탤 것이 없기 때문이다. 원효는 그 복잡다단한 체계를 거치면서 결국 상구보리(上求菩提), 하화중생(下化衆生), 진속일여(眞俗一如), 부주열반(不住涅槃)에 도달한다. 나는 여기서 단지 그 이 글을 써 나가는

---

28) 은정희, ≪원효의 대승기신론소 - 별기≫ 일지사, 1991

데 필요한 요점들만을 지적하고자 한다.

　원효는 당시 불교의 최첨단 이론인 중관(中觀)학파와 유식(有識)학파를 통합하면서 전자의 공(空)사상과 후자의 식(識)을 통합하면서 당시 국제적인 보편성의 차원에서 인간 고(苦)의 근거인 색(色: 物)을 초월하는 불교의 근본적인 사상에 도달하게 된다. 원효는 대승기신론의 사상을 독자적으로 이해하면서 크게는 없음(無)과 있음(有)을 통합하는 데 성공한다. 일심(一心)과 일승(一乘)에서 그의 사상은 집대성된다. 이는 법(法)도 취하지 않고 비법(非法)도 취하지 않는, 일상무상(一相無相)의 금강경(金剛經)사상과 공즉시색(空卽是色), 색즉시공(色卽是空), 무지역무득(無知亦無得)의 반야심경의 사상과도 맥락이 통하는 것이다. 이는 또한 ≪화엄경≫의 일즉일체 일체즉일(一卽一切 一切卽一)과도 맥을 같이한다.

　종교의 약점은 과학과 달리 진리를 발견하기는 하지만 그것에 따라 사물을 능동적으로 움직일 수 없다는 점이다. 예컨대 근대과학이 제시한 진리라는 것이 오류투성이이긴 하지만 그 오류 때문에 "진리의 각 단계에서 사물을 움직일 수 있었다."라고 하는 점은 매우 역설적이긴 하지만 부인할 수 없는 사실이다. 이에 비해 종교는 처음부터 사물을 움직이는 데에 목적을 둔 것이 아니라 사물에 대한 이해의 폭을 넓히는 데 목적을 둔 것 같다. 종교에는 사물을 움직이기보다는 사물의 어떠한 움직임도 포용하는 매우 적응적(適應的, 順理的, 兩義的, 陰陽的)인 성격을 가지고 있다. 종교는 양면성을 다 포용하는 성격을 가지고 있다. 이에 비해 과학은 한 가지를 향하게 하는 독선적(獨善的, 創造的, 一義的, 太極的)인 성격을 가지고 있다.

　이것은 나의 예술인류학적인 모델에 의거하면 심(心)이 바로 이적(理的)인 측면과 기적(氣的)인 측면을 동시에 가진 데에 따른 것이다. 바로 이것이 원효의 깨달음이기도 하였다. 일심(一心)은 절대에서 상대를 인식한 뒤 다시 절대로 향하는 성격을 가진 초월적인 절대성이라고 할 수 있다. 이 초월적 절대성은 특히 인간이 자기를 포함한 사물을 다스리는 데는 매우 유용한 개념이다.

원효의 일심사상은 화쟁(和諍)사상에서 더욱 토착적이고 독자적인 모습이 되고 강화되고 집대성된다. 원효는 "공(空)·유(有)·성(性)·상(相)·돈(頓)·점(漸)의 모든 쟁론은 다 우자(愚者)의 망집일 뿐 지자(智者)에 있어서는 단 하나의 성불(成佛)의 길일 뿐이라고 하여 삼승(三乘) 모든 교의가 일불승(一佛乘)으로 회통(會通)된다고 하므로 ≪법화경(法華經)≫이 최후 화쟁의 교(敎)임을 선양하였다."[29]고 하였다.

이종익(李鍾益)이 복원한 원효의 화쟁십문의 명목을 보면 ① 삼승일승화쟁문(三乘一乘和諍門: ≪법화경종요≫에 의함), ② 공유이집화쟁문(空有異執和諍門: ≪십문화쟁론≫ 및 ≪기신론동의집≫에 의함), ③ 불성유무화쟁문(佛性有無和諍門: ≪십문화쟁론≫ 및 ≪기신론동의집≫에 의함), ④ 아법이집화쟁문(我法異執和諍門: ≪십문화쟁론≫ 및 ≪기신론동의집≫에 의함), ⑤ 삼성이의화쟁문(三性異義和諍門: ≪기신론소-기≫에 의함), ⑥ 오성성불의화쟁론(五性成佛義和諍門: ≪교-분기 원통초≫에 의함), ⑦ 이장이의화쟁문(二障異義和諍門: ≪이장의≫에 의함), ⑧ 열반이의화쟁문(涅槃異義和諍門: ≪기신론동의집≫ 및 ≪열반종요≫에 의함), ⑨ 불신이의화쟁문(佛身異義和諍門: ≪기신론동의≫ 및 ≪열반종요≫에 의함), ⑩ 불성이의화쟁문(佛性異義和諍門: ≪기신론동의≫ 및

---

29) 김지견(1989), ≪원효성사의 철학세계≫, p.333, 대한불교전통연구원.

≪열반종요≫에 의함)(위의 책, pp.334~335)으로 나타나 있다. 앞으로 새로운 자료의 발굴에 의해서 보완되어야 할 것이지만 이것만으로도 원효의 화쟁사상의 면모를 알 수 있다.

여기서 중요한 것은 화쟁론의 총론이라고 할 수 있는 삼승일승화쟁문(三乘一乘和諍門)이다. 이것은 법화일승(法華一乘)이 모든 삼승교(三乘敎)를 회통한다는 주장을 펴고 있다. 원효는 ≪법화경종요(法華經 宗要)≫ 총서(總序)에 "≪묘법연화경≫은 마침내 십방삼세제불의 출세하는 큰 뜻이요, 구도사생이 모두 일도에 들어가는 큰 문이다[妙法蓮華經者 斯乃十方三世諸佛 出世之大意 九道四生 咸入一道之弘門]."이라고 하였다. 원효는 또 ≪법화경종요≫에서 "부처의 뜻을 여는 지극한 분은 백가의 서로 다른 다툼을 화합시킨다[開佛意之至公 和百家之異諍: 부처의 뜻을 여는 것이 公共에 이르면 백가의 서로 다른 다툼이 화합된다.]"고 말하였다. 말하자면 원효는 ≪대승기신론소 - 별기≫에 이어 ≪십문화쟁론≫에서 다시 그동안 전개되었던 모든 불승을 통합하여 법화일불승(法華一佛乘)으로 나아갔던 것이다. 화쟁론은 중관, 유식에 이어 법화에 이르기까지 전부를 하나로 통합하는 대통일 작업을 보여준 셈이다. 원효는 모든 것이 하나[一]로 보이는 경지에 있었다. 이것은 원효가 모든 각도(角度, 角點, point)에서 일어나는 논리를 포용할 만한 방대한 논리를 가지고 있었다는 뜻이 되는데 스스로가 원흉의 경지에 있지 않고는 이것이 불가능한 것임은 말할 것도 없다.

나의 모델에 따르면 원효가 물(物)에서 출발하여 기(氣)와 이(理)를 거쳐 심(心)에 도달하였다면 퇴계는 기(氣)에서 출발하여 물(物)과 심(心)을 거쳐 이(理)에 도달하였다고 할 수 있다. 이기(理氣)범주는 심물(心物) 범주보다는 소위 과학적인 데에 더 가깝다고 할 수 있다. 왜냐하면 이(理)는 하나(一義)를 고집하기 때문이다(물론 주자학은 오로지 도덕에만 理를 적용하여 자연과학의 발전에는 별로 기여한 것이 없다).

◈ 퇴계의 이발(理發)

퇴계는 이기(理氣)와 사단칠정(四端七情) 논쟁에서 종국에는 주리(主理)의 편에 섰다. 이발기발(理發氣發))은 그것을 상징적으로 보여주고 있다. 기(氣)가 발하는 것은 당연하지만 이(理)가 발한다는 것은 정통 주자학의 세계에서도 납득하기 어려운 것이었다. 왜냐하면 이(理)는 움직이는 기(氣)를 주재하는 것으로서 스스로 움직이지 않아야 하는 것이었다. 퇴계는 정지운(鄭之雲)이 지은 천명도(天命圖)를 고쳐주면서 "사단(四端)은 이(理)에서 발하고 칠정(七情)은 기(氣)에서 발한다(四端發於理 七情發於氣)."를 "사단은 이의 발이고 칠정은 기의 발이다(四端理之發 七情氣之發)."로 고쳤다. 이것이 후에 사단칠정의 단초가 되었다. 퇴계는 이기호발(理氣互發)을, 기고봉(奇高峰)은 이기공발(理氣共發)을 주장했다.

퇴계는 "사단은 이가 발하고 기가 이를 탄 것이고(四則理發而氣隨之) 칠정은 기가 발하고 이가 탄 것이다(七則氣發而理隨之)."라고 한 반면 고봉은 "퇴계의 주장이 이(理)가 작위의 능력을 가진 것"이라고 비판하였다. 고봉은 "퇴계의 이발(理發)은 주자(朱子)가 인성론을 논하면서 이지발(理之發) 혹은 성지용(性之用)이라는 말을 쓴 데에서 단초가 있었다."[30]고 지적하고 이것을 수병지원(受病

---

30) 고봉선생문집, ≪四七理氣往復書≫ 하편, 21枚 左 - 右 ; 전두하 저(1987), ≪이퇴계철

之原)이라고 논박하였다.

그러나 퇴계는 이것을 더욱 발전시켜 아예 존재론에서도 이발(理發)을 주장하게 되었다. 그래서 주리학파(主理學派)를 형성한다. 물론 주리론은 퇴계의 말대로 이(理)를 중심으로 이기(理氣)의 상호작용을 보는 것에 불과하지만 그 후 이(理)를 더욱 절대적인 것으로 만들어 갔던 것이다.

퇴계의 이발(理發)은 매우 절대성을 지니고 있다. 기발(氣發)은 매우 상대성을 지니고 있고 칠정으로 나타나지만 이발(理發)은 그렇지 않았다. 사칠논쟁은 나중에 인심도심론(人心道心論)과 인물성동이론(人物性同異論)으로 파생, 발전하였다. 이들 논쟁의 핵심을 결국 인간에 이르러서 이(理)가 발하는 것이 된다는 점이고 인심 가운데서 도심에 갈수록 이발(理發)이 되고 인성에서 물성에 갈수록 기발(氣發)이 된다는 점이다. 문제는 인간이라는 존재를 다른 물성과 구별하는 데 있어서 그것을 강하게 하느냐, 그렇지 않느냐에 달려 있다. 단지 입장의 차이에 불과한 것이다.

자연의 일부인 인간이 자연을 벗어나려고 하고, 물질의 일부인 인간이 욕망을 완전히 벗어나지는 못했지만 욕망을 간접적으로 추구하고 자제하는 문화적 장치를 만들어 내고 나아가서 보다 능동적으로 도덕을 창안하는 이런 일련의 일들은 결국 인간이 자연에서부터 이성으로 향하는 진화의 과정에 있다는 것을 말해 준다. 이성은 바로 창조이다. 여기서 일견 모순되어 보이는 진화와 창조가 같은 방향을 취하게 된다. 그래서 일련의 문화적 과정들은 결국 출발(물질적 소여)에서 보는 것과 최전선(창조적 이성)에서 보는 것은 다를 수밖에 없다.

학≫, p.207 재인용, 국민대학출판부.

아마도 과학은 전자의 입장에서 설 것이고 도덕(종교)은 후자의 입장에서 설 것이라고 여겨진다. 그렇다고 이들이 만나지 않는다는 것은 아니다.

◆ 화이트헤드의 과정철학으로 본 일심(一心)·이발(理發)

화이트헤드의 유기체철학, 이른바 과정철학은 존재론적 철학의 주어(subject: substance)와 술어(predicate: attribute)를 바꾼 것이다. 다시 말하면 존재론적 철학의 명제를 뒤집은 것이다. 그러나 무엇을 뒤집는다는 것은 무엇과 반대가 된다고 할 수도 있지만 동시에 같은 것이 될 수도 있다. 왜냐하면 결국 하나의 세트(조합: 순열은 순서를 따르기 때문에 다르게 보이지만 조합은 순서를 무시하기 때문에 같다) 속에 있기 때문이다(AB = BA). 설사 과정철학이 순서를 바꾼 이 등식(동일성, 가역반응)을 인정하지 않는다고 한다면 그 형식 면에서는 역시 서양철학적 전통을 벗어날 수 없을 뿐만 아니라 그 같은 전통의 연장선상에 있다고 말할 수 있다. 말하자면 과정철학은 형상(이성, 이데아 등)의 위치만 주부가 아닌 술부에 옮겨 놓았지만 여전히 형상을 인정하고 있다. 그 형상은 '영원한 객체들(eternal objects)'이라고 명칭에서 여전히 그 기능을 하고 있다.

과정철학이 철학이기 위해서는 또는 '현실적 존재'만 주장하고 물러나지 않으려고 할 바에는 철학의 본령이라고 할 수 있는 이성(理性)을 회복하지 않을 수 없었겠지만 과정철학의 가장 약점과 한계는 바로 여기, 서양철학의 이성적 전통에 있다. 물론 화이트헤드는 그 형식들조차도 존재로 포함하여 이분법을 벗어나는 듯하지만 여전히 형상과 질료라는 서양철학적 틀에서 완전히 빠져나오지 못하는 냄새를 풍기고 있다. 주체의 자리에 '현실적 존재(actual entity)'를 놓은 것은 혁명적이었지만 다시 '영원한 객체들(한마디로 개념들)'을 가지고 '현실적 존재'를 한정하지 않을 수 없었던 것이다.

철학은 궁극적으로 모순에 빠지지 않을 수 없는지도 모른다. 이것이 철학의 한계일 수 있다. 철학이 철학이기 위해서는 이성을 주장하지 않을 수 없다. 마찬가지로 종교는 도그마에 빠지지 않을 수 없다. 모든 것을 포용하지 않으면 안 되고 이것을 일원상으로 보여주어야 하기 때문이다. 종교는 그래서 명제에 대한 반대명제, 진리에 대한 반대 진리를 내세우게 된다. 이것은 자칫하면 명제의 역동성을 상실하고 유착되는 관계로 도그마로 전락하는 것이다. 그러나 인간에 대한 종교적 구원을 위해서는 위험을 무릅쓰고 이 일원상을 얻지 않으면 안 되는 것이다.

모든 명제는 실은 모순에 빠져 있다. 종래의 진리를 중심으로 명제를 다루는 방식에서 모순이야말로 진리라는 역설의 방식이 필요하다. 이는 어떤 명제가 모순이라고 하지 않고(이것은 명제가 주어와 술부로 이원화되는 것(순열)을 피할 수 없다) 명제 자체를 하나의 단위(조합)로 설정함으로써 '진리와 반진리'(이것은 두 개의 명제이다)가 아니라 이를 동시에 포용하는 '모순의 진리'를 상정할 필요가 있다. 이것이 바로 불교적으로 말하는 '공즉시색(空卽是色), 색즉시공(色卽是空)', '일즉일체(一卽一切), 일체즉일(一切卽一)'이라는 방식이다.

이것은 결국 진속일여(眞俗一如)에 도달하고 만다. 이것은 시공간을 벗어나는 것이며 굳이 말하자면 일(一)과 일체(一切)가 서로 떨어져 있는 것이 아니라, 부분과 전체가 따로 떨어져 있는 것이 아니라 동시적인 것이며 현재적인 거대한 '하나'가 되는 것이다. 이 거대한 하나 앞에 '영원한 객체들(개념들)'이란 매우 왜소한 것이며 단지 가능태로서 예측할 뿐인 것이다. 다행히 예측이 맞을 수도 있고 틀릴 수도 있는 것이다. 가능태(potentiality)는 거대한 하나라는 '현실적 존재(氣一元: 一氣)'에 비하면 존재라고 할 수도 없다.

화이트헤드는 이원적인(직선적인) 세계관의 모순을 해결(연결)하기 위하여 신(神)을 원초적 본성(설명의 근거)과 결과적 본성(설명되어야 하는 존재)으로 나누고 변화의 위에 있는(변화를 초월하는) 시간축을 설정하는 개념조작을 통해 생성하고 있는 우주를 설명하고 있기는 하다. 그러나 개념적 대상을 설정하는 한 생성하는 우주를 규정하는 서양철학적 전통(소위 형상적 전통)에서 완전히 빠져나올 수는 없다. 물론 화이트헤드는 이것을 통해 이성(理性)의 기능을 부활시키고 있다. 이것을 동아시아적 철학전통에서 보면 '기(氣)의 이(理)'라고 할 수 있을 것이다. 그러나 여기서 이(理)의 기능이 너무 과대하게 평가되면 곤란하다. 이는 자칫하면 '이(理)의 기(氣)'가 되기 쉽기 때문이다.

화이트헤드는 또 자기초월적 주체(superject subject)라는 개념을 통해 주체와 객체라는 이분법을 벗어나려고 하고 있다. 이는 술부에 '영원한 객체들'(eternal objects)을 넣는 것과 같은 이치로 주부에 자기초월적 주체를 놓는다. 그래야 '영원한 객체'가 이성이 되듯이 자기초월적 주체는 주체(달성 중에 있는 현 실태: 창조적 과정)와 자기초월체(달성된 현 실태: 창조된 산물)가 상호의존적인 관계에 있다는 것을 설명할 수 있게 된다. 그래서 주체와 객체라는 이분법을 극복하려고 하고 있다. 그럼으로써 주체와 대상은 상호작용을 하게 되는 것이다. 화이트헤드에서는 언제나 이성의 창조성이 결국 세계를 순열적으로 배열하게 하는 원동력이 된다. 비록 세계는 '현실적 존재'의 음과 양의 조합에 의해 바탕을 이루고 있지만 말이다. 화이트헤드야말로 동양의 '기(氣) = 음양'론을 바탕으로 서양의 이성(理性, 理)론을 통합한 동서철학의 통합자로서 위치를 점하게 된다.

주체와 객체라는 이분법을 벗어나려는 노력은 경험을 위한 파악(prehension)에 있어서 물리적 파악(physical prehension)과 개념적 파악(conceptual prehension)을 두어 전자는 '현실적 존재'가 포함되어 있는 파악을 하고 후자는 '현실적 존재'의 한정형식들(eternal objects)에 대한 파악을 하는 것으로 설정하는 데서도 발견할 수 있다(≪과정과 실재≫, A. N. 화이트, 오영환 옮김(1991), 민음사; ≪A Key Whitehead Process and Reality≫, (ed) Donald W. Sherburne(1966), Macmillan Publishing Co., inc.; 문창옥(1999), ≪화이트헤드의 과정철학의 이해≫, 통나무). 이는 마치 동아시아의 전통적 음양론(태극론)에서의 양극과 음극을 떠올리게 한다.

이는 문장에서 주부와 술부를 나누는 데서 비롯되는, 말이 가지는 본질적 한계에서 기인하는 오류에서 벗어나기 위해서 일(一)이면서 이(二)이고 이(二)이면서 일(一)인 그 무엇을 설정하고 있는 것이다. 화이트헤드는 또 동시에 볼륨을 가지기도 하고 볼륨을 안 가지기도 하는 생멸(生滅)의 점(點: point)을 설정하고 있다. 다시 말하면 존재로서의 점과 개념으로서의 점을 상정하여 전자는 볼륨이 있어 생멸하고 후자는 볼륨이 없어 영원한 것으로 기로(崎路)를 삼고 있다. 이는 마치 물리학자들이 원소(元素: atom)와 더 작은 미립자를 설정하는 것과 같은 것이다. 이것을 동아시아의 음양론으로 말한다면 화이트헤드는 음양이분법(陰陽二分法)을 기초로 하면서 이성의 힘으로 그것의 거대한 '결합적 거시세계'의 직선 – 순열 운동을 굽혀서 곡선 – 원으로 만들고 있지만 여전히 동양의 태극적(조합적) 우주관에는 도달하고 있지 못하다. 그래서 제자리에서 중(中)에 이르지 못하고 인간 개체의 완성론(道德論)에 이르지 못하고 있다. 그에게 있어서 세계는 영원히 이성의 창조력에 의해 나아가야 하는 순열의 세계이다.

그러나 전반적으로 볼 때 화이트헤드의 과정철학은 '유(有)의 철학'이다. 이를 이기(理氣)철학으로 말하면 기(氣)는 아무리 미세하더라도 '있는 것'(有)이라는 것과 통한다. 유(有)의 철학은 동아시아에서는 유교철학이 있는데 음양(陰陽)철학과 신유학의 이기(理氣)철학이 그것이다. 다시 말하면 화이트헤드의 철학은 음양과 이기철학을 통합해 놓은 인상이 짙다. 부연하자면 화이트헤드는 출발은 주기론적(主氣論的) 입장을 견지하다가 마지막에는 주리론적(主理論的)인 입장까지를 보여 주기와 주리를 통합하려는 인상이 짙다. 화이트헤드는 사물의 존재성을 따질 때는 주기론(主氣論)에 서다가 이성의 창조성을 따질 때는 주리론(主理論)에 선다.

화이트헤드는 참으로 율곡적이면서도 동시에 퇴계적이다. 퇴계가 기발이이승지(氣發而理乘之)하고 이발이기수지(理發而氣隨之)라고 한 것은 이성의 창조성과 이성의 다스림을 강조한 것이고 율곡이 기발이승(氣發理乘), 이통기국(理通氣局)이라고 한 것은 사물의 존재성과 실천성을 강조한 것이다. 화이트헤드는 이것을 알고 있다.

그러나 우리는 여기서 다음과 같은 것을 상기할 필요가 있다.

주기론자와 유물론자가 사물을 지배하는 것이 아니라 주리론자와 유심론자가 사물을 지배한다. 사물의 존재를 따지는 것과 사물의 지배를 따지는 것은 다르다. 주기론자와 유물론자는 사물의 존재를 따지는 데는 우월하지만 정작 사물을 지배하는 데는 열등하다. 이 것이 존재와 지배의 역설이고 사물과 말의 역설이고 기(氣)와 이(理)의 역설이다. 밖을 다스리기 위해서는 안을 먼저 다스려야 하고 안을 다스리려면 밖을 다스릴 줄 알아야 한다.

역으로 화이트헤드의 과정철학은 동아시아의 음양·이기철학의 서양적 한 변종으로 볼 수 있다. 화이트헤드는 논증할 때는, 비유하자면 이기(理氣)철학을 쓰고 이기(理氣)의 가역성과 평형성에 도달하지만 그것을 거대한 우주로 확대시킬 때는 매우 불교적인 태도를 취한다. 그러나 정작 화이트헤드가 불교적 해탈의 세계, 진여(眞如)의 세계에 도달했는지는 미지수이다. 여기에 이르면 그야말로 말은, 이성은 방편에 지나지 않는 것이기 때문이다. 원효의 일심(一心)의 세계는 말의 방편적 세계를 죄다 섭렵하고 차라리 이것으로 저것으로 무너뜨리고 저것으로 이것을 되살리는 자유자재한, 광대무변한 세계이기 때문에 철학적 증명의 세계가 아니고 오직 직관적으로 느낄 따름이다.

그러나 과정철학의 결정적 키라고 할 수 있는 '다(多)에서 일(一)'로의 진행, 즉 다중일(多中一)은 창조론과 종말론의 독단을 막을 수 있으며 우주를 '현실적 존재(actual entity)'의 바탕 위에 '영원한 객체(eternal object)'를 설정함으로써 창조적 진화를 설명하는 데는 탁월하다. 그러나 과정철학은 반대진리인 일즉일체(一卽一切), 일체즉일(一切卽一), 다중일(多中一), 다즉일(多卽一), 기대무외(其大無外), 기소무내(其小無內)에 이르지 못하고 있다. '일(一)

에서 다(多)'로, '순(純)에서 잡(雜)'으로 역의 방향을 인정할 줄 알아야 시공을 초월하여 중도(中道)와 열반에 도달하게 된다.

화이트헤드가 시공을 초월하여, 바로 제자리에서 도(道)에 도달하는 동양의 현자가 되지 못하는 것은 아마도 서양문명의 누적된 비대칭적 사고 때문으로 보인다. 화이트헤드의 과정철학은 거의 동양의 불교와 주자학의 경지를 향유하면서도 서양인의 집단적 창조성, 나아가는 힘을 우선하는 경향 때문에 개인적 완성을 쉽게 얻을 수 없었다. 혹시 그는 자기의 안에서 탄생하는 '안의 신(神)' 보다 우주 저 밖에서 다가올, '밖의 신(神)', 기독교적 신, 객관적인 신(神)이 나타나기를 기다리며 숨을 거두었는지도 모른다. 그는 철학과 종교를 하나로 자기 몸에서 하나로 통합하기 싫었을지도 모른다.

과정철학의 '다(多)에서 일(一)'로의 진행, 즉 다중일(多中一)은 역시 철학적이다. 그러나 이것이 종교적으로 승화하기 위해서는, 완성되기 위해서는 '일(一)에서 다(多)'로의 진행, 즉 일중다(一中多)의 역행의 길을 다시 가야 하는 것이다. 이 같은 역행은 실은 일기(一氣)를 인정하는 것이다. 이(理)는 원래부터 다스리고자 하는 이(理)의 속성으로 인하여 일리(一理)를 추구하는 것이지만 기(氣)는 원래 '스스로 그러한' 자연(自然)의 속성으로 인하여 일기(一氣)를 추구하지 않는다. 기(氣)는 다(多)에서 출발하는 것이다. 그러나 이것의 완성은 역설적이게도 일기(一氣)에 있는 것이다. 기(氣)는 하나의 존재, 즉 체(體)가 아니라 거대한 하나의 작용, 용(用)인 것이다. 다시 말하면 거대한 하나의 용(用)으로서 일기(一氣)인 셈이다.

어떠한 명제에서도 그 역의 방향이 성립하는 것은 실은 어떤 명제의 보이지 않는 전제이면서 조건을 넘어서는 첩경이다. 이것은 우주에서 한줄기의 파도와도 같은 명제를 무화시키면서 거대한 바다인 해인(海印)이라는 전체적인 원융에 도달하는 방법이기도 하다. 이것은 다(多)가 일(一)에서 완성되듯이(多中一) 거꾸로 일(一)이 다시 다(多)에서 완성되는(一中多) 것을 말한다. 다시 말하면 다중일(多中一)을 먼저 하였기 때문에 일중다(一中多)가 아무런 문제가 없을 뿐만 아니라 오히려 앞으로 달성되어야 할 과제가 되는 셈이다. 일중다(一中多)의 일(一)은 실은 일체(一切)인 것이다. 그래서 기(氣)가 이(理)에서 완성되듯이 이(理) 또한 기(氣)에서 완성되는 것이다. 이것은 또한 원초적 본성의 신과 결과적 본성의 신이 만나는 것이다. 물론 이러한 만남이 어느 시공간에 고착된다면 이미 죽은 것이 되고 타성태가 되어버리겠지만 이러한 만남이 역동성을 잃지 않는다면 인간은, 이 세계는, 이성(理性)은 살아 있는 몸을 부여받아 부활하는 것이다.

자연은, 거대한 기(氣)는, 일기(一氣)는 인간의 이성의 다스림이 자신을 인정하든, 인정하지 않든 언제나 생성과 소멸을 거듭하면서 자신의 자리를 지키는 데에 충실한 것이다. 이것이 바로 중용(中庸)의 성(誠)인 것이다. 인간의 몸은 이(理)와 기(氣)가 유일하게 통합되어 작용하는 장소이다. 화이트헤드는 바로 이 역행의 방향, 일중다(一中多)의 방향에 익숙하지 않았을 것이다. 이것은 서양문화(서양문명)의 철학적 지배 탓이다. 그러나 우리 동양인은 그럴 필요가 없다. 신은 안에 있을 수 있고 인내천(人乃天)인 것이다. 이것은 동양문화(동양문명)의 종교적 지배 경향 때문이다.

어떻게 서양문화의 세계에서 동양의 중도나 해탈의 세계에 쉽게 들어올 수 있었겠는가. 그러나 그는 적어도 그러한 가능성을 알고 있었고 탐색했으며 가까이 접근한 흔적을 여러 곳에서 볼 수 있다.

불교가 도달한 무(無)나 공(空)의 관점에는 미치지 못한다. 그 비슷한 세계는 도달할 수 있었어도.

불교적 관점은 미세하게 움직이는 '기운생동하는 하나(一 또는 一切)'가 아니라 기운생동을 가능하게 하는 어떤 조건으로서 무(無)를 가정하고 있다. 무(無)가 없으면, 다시 말하면 움직이는 요소(원소)가 있으면 그 요소가 없는 어떤 조건이 있어야 움직일 수 있다는 것이다. 그것을 무(無)라고 한다. 이것은 서양철학적 전통에서 '존재(存在)와 무(無)'라고 할 때의 유(有)의 결과로서의 무(無)와는 다른 매우 선험적인 것이다. 존재의 대비로서의 무(無)가 아니라 생성(生成)의 조건으로서의 무(無)인 것이다.

그런 점에서 화이트헤드는 불교에 가장 근접한 서양철학자이면서도 여전히 서양철학적 전통의 이(理)로 말미암아 무(無: 無我) 또는 공(空)에 도달하지 못하는 것이다. 물론 불교에서 무(無)와 공(空)은 필연적으로 또 다른 유(有: 大有)를 대비시킨다. 이것은 무(無)와 공(空)을 극복한 상태의 또 다른 원성실성(圓成實性)인 것이다. 이성(理性)은 결국 방편이고 프로그램에 불과하다. 대자연, 대우주는 이러한 방편을 넘어서 영원한 것이다. 이것이 바로 일심(一心)이다. 원효의 일심은 심(心)만 있다는 주장이 아니라 심물(心物)을 초월한 자리에서 이성적 진리의 반대진리, 역설의 진리에 도달하여 세계를 원융의 모습으로 보여주는 데에 성공한 진리인 것이다. 하나의 명제는 반드시 그 명제를 성립시키는 보이지 않는 조건을 깨뜨리면 그 순간부터 반대명제를 성립시킨다. 그래서 명제와 반대명제는 동시에 성립하는 것이다.

이를 토대로 볼 때 하나의 명제를 절대적으로 주장하는 것은 불완전하지만 그렇다고 하나의 명제에 반대명제를 통해서 세계를 규정하는 자체도 여전히 불완전하다. 명제의 수많은 가능성을 가정할 수 있기 때문이다. 그래서 다원다층(多元多層)의, 다차원(多次元)의 명제의 균형잡기가 필요한 것이다. 이것이 바로 원성실성(圓成實性)인 것이다. 여기에 도달하는 과정은 명제를 구축하는 재료인 '말의 모순'을 벗어나는, 말의 편계소집성(遍計所執性)을 벗어나는 과정이고 불립문자의 과정인 것이다. 인간의 마음[心]은, 그리고 마음의 작용으로서의 상(象)은 편계소집성을 없앰으로써 의타기성(依他起性)에서 해방되는 것이다.

원효가 일심(一心)으로 자신의 깨달음을 완성한 것은 바로 그가 마음[心]의 번뇌[苦]를 마음[一心]으로 넘어섰다는 것을 말한다. 화이트헤드가 만약 원효와 같이 되려면 기(氣), 즉 '현실적 존재(actual occasion)'에서 출발하여 합생(concrescence)을 거쳐 객체적 불멸성(objective immortality)에 그치는 것이 아니라 일기(一氣)에서 완성했어야 하는 것이다. 이것은 이미 철학이 아니라 종교인지도 모른다. 철학이 자신의 고유의 영역을 넘어서 종교를 침범하고만 것일 수도 있다. 이러한 경지는 결국 말로써 이루어지는 것은 아니다.

이상을 다시 종합하면 화이트헤드는 서양인으로서는 혁명적으로 존재론적인 세계를 생성론적으로 바꾼 철학자인데 이것은 결국 전통적으로 동양의 순환론적 사고, 예컨대 음양(陰陽: 太極)이라든가, 이기(理氣)라든가, 그리고 생멸론(生滅論) 등을 종합적으로 재구하여 서양적 합리주의로 해석한 것이라고 말할 수 있다. 그런데 이것은 역시 음양론으로 환원되지 않을 수 없다. 화이트헤드 철학의 출발은 무엇보다도 모든 '현실적 존재(actual occasion)'에 물리적 극(physical pole)과 정신적 극(mental pole)을 설정함으로써 그것이 아무리 생성 발전하여도 끝내 그 전제에 돌아와야 하는 일종의 순환론적인 논리전개를 벗어날 수 없다. 물론 진정한 현 실태로서의 '현실적 존재'는 정신성과 물질성이라는 이원적 도식에 선행하는 근본적인 존재이다.

이것은 이원성을 선행하는 중립적인(neutral) 성격의 것으로 동양의 음양론에서의 태극 또는 무극이라는 개념과도 같은 냄새를 보인다. 이 같은 설정 때문에 '현실적 존재'는 물리적 파악(physical prehension)과 개념적 파악(conceptual prehension) 등의 조합을 통해 합생(concrescence)을 하는 과정에서 주체적 직접성(subjective immediacy)을 상실하면 자기초월체(superject)가 되어 객체적 불멸성(objective immortality)을 획득하게 된다. 이것은 우리의 전통 이기(理氣)논쟁과 너무나 닮아 있다. 화이트헤드의 논리전개 과정은 주기론(主氣論)에서 출발하여 '이기호발(理氣互發)' 및 '이기공발(理氣共發)' 또는 '기발이승(氣發理乘) 이통기국(理通氣局)'이나 '기발이이승지(氣發而理乘之) 이발이기수지(理發而氣隨之)'를 거쳐 마치 주리론(主理論)에서 끝을 맺는 듯하다. 이를 한국철학사에 비유하면 화이트헤드는 화담(花潭) 편에서 출발하였으나 율곡(栗谷) 편에서 줄곧 있다가 마지막에 퇴계(退溪) 편으로 도착하는 행보와 같다.

이러한 과정에서 물리적 파악은 '현실적 존재'가 포함되어 있는 파악이며 개념적 파악은 '현실적 존재'를 한정하는 형식들인 '영원한 객체들(eternal objects)'에 대한 파악이다. 이것은 전통적인 이기(理氣)철학과도 맥락을 같이한다. 기(氣)는 '현실적 존재'이고 이(理)는 '현실적 존재'를 한정하는 형식들인 것이다. 여기서 주의할 것은 기(氣)는 '현실적 존재'가 포함되어 있는 파악이며 주체적 직접성을 상실하면 자기초월체(superject)로서 객체적 불멸성(objective immortality)을 획득하게 되는데 이것이 바로 이(理)인 것이다. 이를 다시 정리하면 기(氣)는 '현실적 존재'이면서 동시에 '현실적 존재'를 파악하는 반면 이(理)는 자기초월체로서 객체적 불멸성을 획득하면서도 동시에 '현실적 존재'를 한정하는 이중성을 보이고 있다.

이것은 역시 음양은 태극(하나)이면서 음양(둘)이고 음양(둘)이면서 태극(하나)이라는 순환론인 것이다. 여기서 물리적 극이 극대화된 것을 물질이라고 하고 정신적 극이 극대화된 것을 정신이라고 한다면, 인간은 정신적 극이 극대화된 경우라 할 수 있고 이(理)야말로 인간의 특성이 된다. 다시 말하면 기(氣)는 사물의 특성이고 이(理)는 인간의 특성이 된다. 물질(物質)을 인간이 보면 물리(物理)가 되고 인간은 기적(氣的) 존재이면서 기(氣)를 컨트롤하는 이(理)를 가지는 자기초월적 주체가 되고 동시에 '영원한 객체'가 되는 것이다. 이 사이에 기(氣)가 충만한 것이 된다. 이것은 순환론의 불가피한 결론인 것이다. 그래서 이(理)는 물리적 극에도 있고 정신적 극에도 있는 것이 된다.

서양의 총체적인 직선론(순환론에 대비하여)에 의하면 과학은 오류의 역사이며 역사도 오류의 역사이며 그 오류야말로 인간이 자연을 지배하는 원동력이 된 셈이다. 역시 서양은 이(理)의 역사였다. 오류가 진리이며 진리는 진여(眞如)를 지배한 것이다. 기(氣)는 물리(物理)가 되었던 것이다. 이보다 더한 역설이 인류사에서 또 있을까.

차라리 화이트헤드의 생성철학의 '현실적 존재'와 '영원한 객체'의 이원적 일원론(二元的 一元論)을 일원적 이원론(一元的 二元論)으로 해결하는 길은 일기(一氣)를 전제한 상태에서 '영원한 객체들(현실적 존재에 대한 한정형식들)'을 '프로그램(program)'으로 대체하면 될 것 같다. 인간은 프로그래머에 불과하며 거대한 기일원(氣一元)의 세계야말로 영원한 것이다. 이성은 프로그램을 만드는 힘이며 프로그램은 존재에 의해 계속 새로 생산될 것이다. 기일원의 세계는 궁극적으로 식(識)의 대상이 아니며 따라서 인간은 프로그램만 만들 따름이다. 그 프로그램이 현실적인 존재(우주)와 맞을 때도 있고 맞지 않을 때도 있을 것이다. 그렇다면 신(神)도 가장 위대한 프로그래머이다. 프로그램을 만들어 놓고 때를 기다리며 다행히 때가 맞으면 '현실적 존재'로서 신(神)이 되고 아니면 영원한 가능성으로 남는 것이다.

굳이 비교하자면 원효의 일심(一心)은 일체(一切)로서의 기(氣), 즉 '현실적 존재(actual occasion)'를 넘어서 다시 객체가 된 대우주를 말하고 퇴계의 이발(理發)은 '영원한 객체(eternal object)'를 넘어선 창조적 주체(또는 초월적인 주체)가 되는 셈이다. 퇴계의 이발(理發)은 이성의 창조성을 강조한 것이라고 볼 수 있다(이와 관련하여 고봉은 氣의 '현실적 존재성'을 끝까지 강조한 경우이다).

일심(一心)은 '현실적 존재' 및 그것이 더욱 커진 상태인 화이트 헤드의 결합체와 거시세계(nexus and the macro-comic)에 해당한다. 따라서 원효의 일심은 관계론의 실체론으로 일기(一氣)이면서 일리(一理)하고 할 수 있고 이발(理發)은 실체론의 관계론(인성론 중심)으로 일리(一理)이면서 일기(一氣)라고 할 수 있다. 또 근대 자연과학은 실체론의 관계론(존재론 중심)의 또 다른 것이다. 과정철학은 관계론의 관계론으로 일기(一氣)이다. 이에 비하면 유물론은 실체론의 실체론으로 일물(一物)이 된다. 이기(理氣)는 서로 환(環)을 이룬다. 일심이든 일리이든 일기이든 일물이든 각자의 입각점에서 사물을 본 것이라고 할 수 있다.

결론적으로 환(環)을 이루는 우주의 관점에서 보면 일심(一心)은 이(理)이고 진여(眞如)와 생멸(生滅)은 기(氣)이다. 일심(一心)은 이(理)의 전체상과 부분상을 동시에 결정한다. 진여는 기(氣)의 전체상이고 생멸은 기(氣)의 부분상이다. 결국 시대는 다르지만 원효와 퇴계는 결국 같은 것에 도달한 인간존재의 최고 성인이다. 원효는 불교철학의 전통 위에서, 퇴계는 주자철학의 전통 위에서 보편성에 도달한 한국의 두 인물인 것이다. 여기에 불교와 유교가 화해할 수 있는 길이 있다. 이것을 안다면 유교와 불교가 하나가 되는 단초를 한국에서 열어야 할 것이다. 만약 한국에서 이 길을 연다면 한국은 세계철학사에서 인류의 미래를 이끌어 가는 철학을 제공한 셈이 된다.

화이트헤드는 철학적 논리전개에서 지금까지의 금물인 순환론에 빠지고 있다. 이것은 철학자로서의 그의 치명적 단점이면서도 빛나는 장점이기도 한다. 이것은 그가 서양철학의 한계를 넘어서는 노력이라고 볼 수 있다. 칸트가 대륙의 합리론과 영국의 경험론은 통합하여 서양의 근대철학의 아버지가 되었다면 화이트헤드는 서양의 '이성주의(理性主義)' 철학과 동양의 '순환주의(循環主義)' 철학을 통합한 미래의 철학의 아버지가 될 것임에 틀림없다. 세계는 바로 순환하고 있다. 그러나 인간의 명제는 언제나 직선을 고집하고 있다. 인류의 모든 철학적 명제는 그동안 그 직선의 하나씩을 담당했던 것 같다. 그러나 순환하는 세계를 철학은 완전히 설명하지 못하고 있다. 아니, 이는 원천적으로 불가능한 것인지도 모른다. 철학은 영원한 객체로 인간의 밖에 있어서는 안 된다. 그래서 종교의 힘을 빌리지 않으면 안 된다. 종교는 또한 철학의 전 과정을 포섭하지 않으면 안 된다. 철학은 직선운동에 의지하고 종교는 순환운동에 의지한 하나의 거대한, 인류가 이룩한 문화적 형태이다.

인간은 결국 항상 전체상과 부분상을 동시에 가지고 살아가는 동물인 셈이다. 이것을 인간종이 지구상에 태어날 때부터 가진 것으로 판명되고 부분상에서 출발하여 전체상에 도달하든, 전체상에서 출발하여 부분상에 도달하든 같은 것이다. 인간은 역시 상징적(象徵的) 동물이다. 전체상도 상징이고 부분상도 상징이다. 상징이 딱딱한 것이어도 상징이고 상징이 부드러운 것이어도 상징이다. 마치 돌이나 기름이 같은 물질인 것이나 마찬가지다. 인간은 사물에 상징을 대입하며 살아가는 동물이다.

아마도 인류의 문명은 이제 전체상을 우선하는 문명과 부분상을 우선하는 문명이 있는 것으로 분류되어야 할 것이다. 전체상을 우선하는 문명을 조합형이라고 하고 부분상을 우선하는 문명을 순열형이라고 할 수 있을 것이다. 예컨대 인도와 중국은 전체상을 우선한 문명이고 서양은 부분상을 우선한 문명일 것이다. 또한 인류의 신화는 전체상을 우선한 문명(문화)이고 현대 과학문명은 부분상을 우선한 문명일 것이다. 인도와 중국은 신화적 전통에 충실한 문명이고 서양은 어느 날부터 과학적 전통으로 이탈(진화, 변형)한 문명이다.

무의식은 음양적 이분법의 무질서한 세계(다원다층의 음양세계)로 되어 있는 반면 의식은 그 이분된 세계를 통일한 하나의 질서정연한 세계로 되어 있다. 그런 점에서 보면 음양적 이분법의 무의식의 세계가 보다 더 심층적인 세계이고 통일되고 질서정연한 세계는 표층적인 세계에 불과하다. 의식의 세계는 언어의 세계이고 역사의 세계이고 이성의 세계이다. 무의식의 세계는 상징적인 세계이고 심성의 세계이고 감성의 세계이다. 서양은 전자를 우선하고 동양은 후자를 우선하는 문명이다. 서양은 이성의 세계로서 구성요소의 질서정연한 배열인 순열을 우선하지만, 동양은 감성의 세계로서 구성요소의 수많은 조합을 우선한다. 순열은 수많은 조합 중의 하나에 불과하지만 조합은 보다 많은 순열의 가능성을 남겨두고 있다. 그런 점에서 서양은 언어적·역사적·집단적 억압과 이로부터 벗어나기 위한 창조적 이성의 전진을 최대의 덕목으로 삼지만 동양은 상징적·자연적·개인적 완성과 감성적 자족을 최대의 덕목으로 삼는다.

물론 여기에도 모순은 있다. 집단적 억압에 의해서 역사적으로 자유와 평등과 발전을 추구해 온 서양은 언제나 부족함에 시달리면서 항상 이성적 전진을 해야 하고, 계급적(예: 인도)·계층적(예: 한자문화권) 위계구조에 시달린 동양은 개인적이고 감성적인 자족(해탈, 안심입명)을 달성했다. 서양은 일(一)을 향하여 달려왔지만 동양은 이미 일(一)이 달성된 일체(一切)를 일(一)로 인식했던 것이다. 서양은 밖으로 일(一)을 구했지만 동양은 안에서 일(一)을 발견했던 것이다. 이것은 다(多)나 중(衆), 그 자체를 일(一) 또는 일체(一切)로 인식했던 것이다. 이것이 중(中)인 것이다. 중(中)은 일(一)처럼 나아가지 않아도 완성되는 것이었다.

화이트헤드는 그래서 퇴계의 이발(理發)에는 미쳤지만 원효의 일심(一心)에는 미치지 못한 철학자인 것 같다. 이것은 역설적이지만 그가 철학자이지 종교가가 아니란 것을 말한다. 여기에 화이트헤드의 묘(妙)함이 있는 것이다. 화이트헤드는 기(氣)에서 출발하여 일리(一理)에 머문 감이 있다. 만약 그가 기(氣)에서 출발하여 일기(一氣)에 도달했다면 훨씬 훌륭하지 않았을까? 화이트헤드는 말하자면 서양의 퇴계였다.

◆ 조합형 문명과 순열형 문명의 만남

동서문명을 크게 보면 형이상학적 우주론에는 조합형과 순열형이 있다. 물론 여기에는 존재·인식론과 인성론이 다 포함된다. 조합형은 곡선형(순환형)이고 순열형은 직선형이다. 조합형은 관계론이고 순열형은 존재형이다. 조합형은 마음에서 출발하고 순열형은 물질에서 출발한다. 조합형의 도착지(결과)는 종교이고 순열형의 출발지(원인)는 과학이다. 동아시아는 조합형 문명이고 서양은 순열형 문명이다. 따라서 서양의 기독교는 순열형 문명에 대한 에너지원이 되었고 동아시아의 음양론은 조합형 문명의 에너지원이 되었다. 유심론과 유물론은 순열형 문명의 산물이다. 서양의 근대 자연과학은 순열형 문명의 극치이고 동양의 한의학은 조합형 문명의 극치이다.

조합형 문명과 순열형 문명이 만나서 이룬 것이 인도·중동형 문명이다. 불교의 생멸(生滅: 生死)론은 서양의 존재론(순열형)에 대한 반사로서 서양의 합리성을 가지고 서양을 비판하면서도 동양의 조합형(음양론)에 도달한 우주론인데 불교는 다시 서양적 존재론(순열형)의 거대한 세계관을 전개하고 있다. 유교는 조합형(음양론) 문명에서 순열형 문명을 인성론과 사회관계에 적용한 예이다.

조합형의 문명에서 보면 이기(理氣)도 음양(조합)의 한 종류에 불과하다. 조합형 문명은 항상 태극을 무의식적으로 가지고 있다. 그러나 순열형 문명에서 보면 음양(陰陽)도 순열(직선)의 한 종류에 불과하다. 순열형 문명은 의식적으로 완성되어도 원일 뿐이다. 순열형 문명에서 이기(理氣)가 중요한 것은 존재·인식론을 구성하기 때문이고 생멸(生滅)이 중요한 것은 생물(인간)에게 있어 가장 극적인 조합이기 때문이다.

조합형은 완성형이고 순열형은 연장형이다. 조합형의 이상적 개념은 중(中)이고 중은 일체(一切)이다. 순열형의 이상적 개념은 일(一)이다. 일체인 전체를 존재로 볼 것이냐, 일(一)인 부분을 존재로 볼 것이냐에 따라 그야말로 실체가 달라진다. 전체에서 부분으로 접근할 것이냐, 부분에서 전체로 접근할 것이냐 이것은 선택의 문제이다. 전체에서 접근하면 시공간도 생성되는 것이고 부분에서 접근하면 시공간은 좌표의 변수가 된다. 어느 것으로 보든 하나의 방식임에는 분명한데 문제는 하나의 방식은 그 방식에 구속된다는 사실이다. 그래서 이 방식으로도 접근하고 저 방식으로도 접근할 필요가 있다. 시각을 중심으로 존재를 규정하든 아니면 통각(統覺: 腹感)을 중심으로 존재(이것은 생성이지만)를 규정하든 다 유효성이 있는 것이다.

미래문명은 다시 순환하여 조합형을 중심으로 하고 순열형을 주변으로 할 것인데 이것은 '주종교(主宗敎) - 종과학(從科學)형' 문명이고 '주심(主心) - 종물(從物)형' 문명이다.

주역(周易)은 근대과학적 의미에서는 과학이 아니라 차라리 종교에 가까운 점술(占術)이며, 여기에 후대의 음양오행사상이 피드백된 유사과학이다. 종교와 과학은 항상 서로를 피드백해 주면서 보조를 맞추었다고 볼 수 있다. 말하자면 주역의 64괘는 춘하추동이나 생로병사와 같이 우주의 리듬을 나타내며 여기에 경험적으로 적응한 일종의 패턴이며, 과학이라기보다는 생물로서의 생존본능적 적응의 산물이다. 이것은 근대 물리학 중심의 과학과는 다르다. 차라리 생물학 중심의 과학이라고 할 수 있다. 이것은 존재의 법칙의 발견보다는 우주 리듬에 대한 적응을 추구한다. 근대 물리학은 어떤 실체의 운동을 기초로 하지만 생물학은 전체(시스템)의 변화를 기초로 한다. 주역은 변화의 기회를 엿보는 것이지만 과학(물리학)은 운동을 설계한다. 물리학의 시공간은 시각과 운동의 세계이지만 생물학의 시공간은 통각(統覺)과 느낌과 변화의 세계이다.

과학은 순열형 문명으로 이치(理致)를 추구한다. 종교는 조합형 문명으로 기통(氣通: 느낌)을 추구한다. 과학은 일(一)을 법(法)으로 보고 종교는 일(一)을 상(象)으로 본다. 양자는 서로를 상승시킬 수도 있고 방해할 수도 있다. 조선조의 신유학은 조합형 문명으로 이(理)를 선(善)으로 보고 순리(順理)를 성(性)이라고 하였다. 신유학은 합리성은 인성과 인간관계에 둔 반면 서양의 과학은 존재와 인성, 그리고 인간관계에 두었다.

조합형 문명은 중도(中道)가 목표이고 순열형 문명은 이(理)를 진리로 보고 원리(原理)를 목표로 한다. 조합형 문명은 본래적인 것으로 돌아가는 것[歸]을 미덕으로 여기고 순열형 문명은 진(進)을 미덕으로 여긴다.

우주론은 조합형과 순열형이 있다. 물론 여기에는 존재·인식론과 인성론이 다 포함된다. 조합형은 곡선형(순환형)이고 순열형은 직선형이다. 조합형은 관계론이고 순열형은 존재형이다. 조합형은 마음에서 출발하고 순열형은 물질에서 출발한다. 조합형의 클라이맥스는 종교이다. 순열형의 출발은 과학이다. 동아시아는 조합형 문명이고 서양은 순열형 문명이다. 따라서 서양의 기독교는 순열형 문명에 대한 에너지원이 되었고 동아시아의 음양론은 조합형 문명의 에너지원이 되었다. 유심론과 유물론은 순열형 문명의 산물이다. 서양의 근대 자연과학은 순열형 문명의 극치이고 동양의 한의학은 조합형 문명의 극치이다.

조합형 문명과 순열형 문명이 만나서 이룬 것이 인도·중동형 문명이다. 불교의 생멸(生滅: 生死)론, 진여(眞如)론은 서양의 존재론(순열형)에 대한 반사로서 서양의 합리성을 가지고 서양을 비판하면서도 동양의 조합형(음양론)에 도달한 우주론이다. 불교야말로 서양적 우주관에서 출발하였지만 동양적 우주관에서 완성된, 꽃을 피운 동서양의 중간형 문명이다. 유교는 조합형(음양론) 문명에서 순열형 문명을 인성론과 사회관계에 적용한 예이다.

조합형의 문명에서 보면 이기(理氣)도 음양(조합)의 한 종류에 불과하다. 그러나 순열형 문명에서 보면 음양(陰陽)도 순열(직선)의 한 종류에 불과하다. 순열형 문명에서 이기(理氣)가 중요한 것은 존재·인식론을 구성하기 때문이고 생멸(生滅)이 중요한 것은 생물(인간)에게 있어 가장 극적인 조합이기 때문이다.

조합형은 완성형이고 순열형은 연장형이다. 조합형의 이상적 개념은 중(中)이고 중은 일체(一切)이다. 순열형의 이상적 개념은 일(一)이다. 미래문명은 조합형을 중심으로 하고 순열형을 주변으로 할 것인데 이것은 주 종교(主 宗敎) - 종과학(從科學)형 문명이고 주심(主心) - 종물(從物)형 문명이다.

과학은 순열형 문명으로 이치(理致, 법칙, 규제)를 추구한다. 종교는 조합형 문명으로 기통(氣通, 느낌, 적응)을 추구한다. 조선조의 신유학은 조합형 문명으로 이(理)를 선(善)으로 보고 순리(順理)를 성(性)이라고 하였다. 신유학은 합리성을 인성과 인간관계에 둔 반면 서양의 과학은 존재와 인성, 그리고 인간관계에 두었다. 순열형 문명에서 종교는 절대성과 창조 - 종말론을 가지게 되고 조합형 문명에서 과학은 상대성과 순환 - 개벽론을 중시한다. 전자의 종교가 바로 기독교요 후자의 과학이 바로 한의학이다.

나의 예술인류학은 상징(symbol)의 이중적 의미발생을 중시한다. 이것은 조합형 문명을 가능하게 하는 열쇠이다. 이에 비해 언어 (language)는 '순열형 문명'을 있게 하는 결정적 요소가 된다. 순열형 문명에도 상징이 활발하고 조합형 문명에도 언어가 활발하다. 단지 상대적으로 그 특징을 말하는 데에 불과하다. 순열형 문명은 합리성을 기본으로 하는 과학(학문)을 그 대표적인 문화로 가지고 있고 조합형 문명은 이중적 의미를 기본으로 하는 종교를 대표적인 문화로 가지고 있다. 그러나 전적으로 어느 하나만으로 구성된 문명은 없다. 어느 문명에서도 이 둘은 서로 상보적인 역할을 하고 있다. 만약 이 둘이 역동적으로 통합하면(역동적 장의 개폐이론에서 개의 상태) 그 문명은 바이탤리티를 얻는 것과 함께 예술성에 도달하여 문명의 성대함을 이룬다. 만약 그 역동성을 상실하게 되면(역동적 장의 개폐이론에서 폐의 상태) 통합은 오히려 전체주의적인 것으로 역행하여 문명의 종말을 맞게 된다.

결국 문명에서 역동성이 가장 중요한 것이 된다. 역동성을 상실하면 전체주의가 되고 우상이 되고 역동성을 확보하면 자유주의가 되고 인간완성이 되고 해탈이 되는 것이다. 조합형 문명은 중도(中道)가 목표이고 순열형 문명은 진리(眞理)를 목표로 한다. 중간형 문명은 진여(眞如)가 목표이다. 조합형 문명은 본래적인 것으로 돌아가는 것(歸)을 미덕으로 여기고 순열형 문명은 진(進)을 미덕으로 여긴다. 진여(眞如)는 이것을 아우른다. 중도와 진리와 진여는 결국 하나이다.

3. 인류학 방법으로서의 '고백(Confess)'

사회과학(인문과학도 일부 포함되지만)은 '과학적'이나 '객관적'이라는 이름을 획득하기 위해 많은 애를 써왔음을 사회과학사는 잘 말해 준다. 이 같은 업적 가운데 가장 눈부신 것은 실증주의(positivism)와 유물론(materialism)일 것이다. 그러나 그 같은 과학성, 객관성의 기초가 되는 벽돌이라 할 수 있는 사회적 사실(fact)은 수많은 토론이나 논쟁에도 불구하고 그것의 이중적 성격 때문에 사회과학을 결국 유명론(唯名論)과 실재론(實在論), 나아가 해석학과 계량사회학 등으로 양분시키고 있다. 사회과학에서 간주간성(inter-subjectivity)은 예술과 같이 표현함으로써 존재한다고까지 설명할 수는 없지만 적어도 존재(being)나 사실(fact)에 대한 주관성을 인정하는 것을 뜻한다.

단지 사회가 '관계의 망'이니까 관계되는 당사자의 주관성을1 동시에 인정하거나 당사자가 서로 소통해서 상호 이해하는 공통의 인식(공감대라 할 수도 있다)을 기초로 한다. 결국 사회적 사실은 물리적 사실과 달리 직접적으로 존재하는 것이 아니라 관계당사자의 소통(공감)을 통해 존재하는 것이 된다. 그러나 물리적 사실로 양자물리학에 이르러 보는 이(관찰자)의 입장이 강화되는 추세이고 보면 단순히 존재나 사실이라는 것이 모든 차원에서 불변적으로 존재하는 것이 아니라 차원에 따라 달라질 수 있음을 알 수 있다.

즉 어떤 한 차원(한 시각)의 사실이 틀린 것이 아니라 단지 그 차원에서 인정될 수 있을 뿐 다른 차원에서는 달라질 수도 있다는 것을 뜻한다. 다른 사회과학과 달리 미개·원주민사회를 많이 조사하는 인류학은 더욱 '무엇이 사실이냐'라는 근원적인 문제에 봉착하고 있다. 그래서 인류학은 현지조사(field work)나 현지 원주민 언어(folk language) 습득, 나아가 민족분류학(folk – taxonomy) 등을 기본적인 것으로 요구한다.

또 신민족지(new ethnography) 기술법은 에틱(etic), 에믹(emic)을 고안해 냈다. 에틱은 조사자(방관자)의 입장, 에믹은 피조사자, 즉 원주민의 입장에서 사실을 기록하고 해석하는 것을 말한다. 물론 후자 에믹의 입장이 발전된 형태의 사실수집·기록방법임은 물론이다. 그러나 관찰자가 끝까지 에믹의 입장을 지킨다는 것이 현실적으로 불가능하며 특히 감정이나 정서의 이해에 이르러서는 매우 무의식적이거나 체질적인 것까지 포함되어 더욱 불가능하게 만든다. 또 관찰자가 철저한 에믹의 입장에서야 할 현실적 이유 또는 효능의 결여도 거론되고 있다.

결국 에틱 – 에믹의 상호가역반응(소통적 이해)이 최선인 것으로 의견이 좁혀지고 있는 셈이다. 왜냐하면 조사 자체가 단순히 존재나 사실의 구명이기보다는 서로의 소통이 목적이기 때문이다. 만약에 소통이 목적이라면 조사자의 조사를 통해서 ― 불확실한 말과 통계조작 등의 오류를 감수하면서 ― 사실(fact)을 구명할 것이 아니라 사회구성원 또는 문화담당자 스스로의 자기고백(confess)을 통하는 것도 매우 효과적인 것이 될 가능성이 높다.

물론 이 같은 고백은 강요된 것이 아니어야 하며 고백자의 양심선언이 보장되어야 한다. 이러한 점에서 인류학의 한 조사방법으로서 자기고백이 검토될 가치가 있을 것이다. 이러한 고백적 방법에는 장단점이 있다. 이것은 또 매우 예술적 표현에 가깝다. 무엇보다도 자기를 드러내는(남을 조사하는 것에 반대되는) 방법의 개발이라는 새로운 문제에 부딪치기 때문이다.

남을 알기 어렵듯이 자기를 아는 것도 또한 어렵기 때문이다. 그러나 자기표현에 성공해야 하는 어려움에도 불구하고 고백적 방법의 장점은 무엇보다도 전인적(全人的), 전 생활적(全生活的)이라는 문화총체(cultural whole)에 접근하기 쉽다는 점과 감정의 기술·묘사에 탁월하다는 점이다. 그리고 그러한 고백 속에는 사회구성원(고백자)이 의식하지 못한 논리체계, 감정체계가 숨어 있을 수 있을 것이다.

고백적 방법의 가장 기대되는 것은 종래의 사회조사방법이 조사자의 시각을 유도하거나 강요하고 끝내 선입관 적인 그들의 틀에 사실을 대입하는 병폐를 막을 수 있다는 것이다. 흔히 초기의 인류학자들은 민족 우월 의식이나 서구중심주의, 자민족 중심주의, 그리고 종교적 독선에 빠진 경우가 많았다는 사실은 이를 증명한다.

이와 반대로 고백적 방법의 가장 큰 단점은 과연 그 같은 기록이 과학적 방법으로서 가치가 있느냐 하는 의문과 궤를 같이한다. 기껏해야 심리인류학의 자료로서, 심리적 접근방법의 자료로서의 역할에 불과하지 않느냐 하는 점이다. 마치 문헌자료가 현지조사에 참고자료가 되듯이.

그러나 고백적 방법은 인류학이 타 민족·타 문화(other culture) 연구에서 자민족 연구로 한 가지(branch)를 설정하고 있는 오늘날 심각하게 고려해 볼 만한 이유가 있다. 도대체 자기문화를 연구하기 위해 짐짓 타 문화연구를 위한 방법론으로 우회를 한다는 것은 어떻게 보면 매우 비효과적이다.

또 자기문화를 연구하면서 객관자인 양 가치중립적인 것인 양 거만을 떨고 심지어 참가자(participant)가 되는 것이 과학성을 훼손하는 양 현실을 거부하는 것은 인류학이 학문을 위한 학문이냐, 사람을 위한 학문이냐에 근원적인 의문을 제기하게 만든다.

그들은 항상 현실에서 멀찍이 서 있기 마련이다. 과학적이라는 것이, 가치중립적이라는 것이 현실에서 멀리 떨어져 있으라는 말은 아니다. 오히려 현실에 바짝 붙어서 현실을 잘 이해하고 인간을 보다 인간적으로 살 수 있게끔 도와주기 위해서 가치중립적으로 현실을 파헤치고 처방을 내리라는 것일 것이다. 즉 과정적 가치중립이지 결과적 또는 윤리적 가치중립은 아닐 것이다.

또한 고백적 방법은 타 민족 조사자가 도저히 흉내 낼 수 없는 진지함과 열성으로 예민하고 내밀한 문화현상(부분)에까지 심층적으로 파고 들어갈 수 있다는 점을 간과할 수 없다. 그리고 자칫하면 타 민족 조사자가 자료의 또 다른 목적을 위해 사실을 의식적·무의식적으로 왜곡할 수도 있다는 점을 피할 수 있는 장점이 있다. 물론 고백의 경우에 의식적·무의식적 자기미화의 위험이 있는 것도 사실이다.

고백적 방법은 결국 문예사회학이나 문예적 사회학이 될 가능성이 높은데, 적어도 에믹의 방법보다는 좀 더 주관적인 것에서는 효과적일 것이라는 것은 쉽게 예상할 수 있다. 다시 말하면 에믹보다는 고백적 방법이 보다 즉자적(卽自的)이며 어차피 타자적(他者的) 방법으로서 에틱이 있다면 중간의 어정쩡한 에믹의 대자적(對自的)인 방법이 신통치 못할 것이란 입장이다.

적어도 즉자적 방법으로서의 고백적 방법이 새로 주목될 가치가 있으며 오히려 고백적 방법이 있음으로써 에틱 – 에믹도 상호 보완될 수 있을 것이다. 더욱이 타 민족 연구가 많은 벽에 부딪히고 서구가 독점하다시피 하던 인류학자들이, 지금까지 주로 피조사자가 된 제3세계에서도 점차 증가하고 있는 시점에서 이제 '고백(confess)'은 자민족연구 인류학자에게 매우 효과적인 수단이 될 것임에 틀림없다.

그들은 어쩌면 이미 조사할 필요도 없다. 그의 머리와 온몸에 체질화·습관화된 것들에 대한 개방과 양심선언만이 과제로 남게 될지도 모른다. '슬픈 열대'나 '산체스네 아이들'보다 훨씬 풍부하고 진지한 작품을 기대할 수 있을 것이다.

이제 한 나라, 한 문화에 대한 연구는 'etic – emic – confess'의 세 가지 방법에 의한 연구 성과를 통합적으로 바라보는 것이 필요한 시대에 접어들고 있다. 사회과학이 사물(thing)에 대한 연구가 아니라 어차피 집합표상(collective representation)이나 사회적 사실(social fact), 즉 상징(symbol)에 대한 연구라면 그것은 한 가지 언어, 한 가지 방법에 의한 독점적 연구가 아니라 여러 가지 언어, 여러 가지 방법에 의해 연구되어야 할 것이다. 그래야만 그 연구 결과는 대표성을 얻을 것이다

◈ 예술인류학과 고백적 방법

이 같은 고백적 방법은 나의 예술인류학과 어떤 관련을 맺을까. 앞에서 고백적 방법이 문예사회학적인 생산물을 만들어 낸다는 것을 지적한 바 있다. 그것은 심리적 표현에 학문적 유효성을 강조한 것이다. 사실 예술인류학은 문화·사회현상을 심리적 연속체 — 예컨대 심정문화론(心情文化論) — 로 파악하는 것을 골자로 하고 있기 때문에 '고백'이야말로 심정을 디테일하게 묘사·기록하는 데 적절한 방법이다.

흔히 고백이라고 하면 매우 주관적인 것이라는 선입관을 갖기 쉬운데 실은 그 속에 고백자의 인지 – 감정체계나 사회적 타성태(惰性態)로서의 각종 구조물들이 숨어 있다. 이것에 대해서는 정신분석학자들이 탁월한 업적을 세운 바 있다. 특히 고백자가 사회문화적인 적절한 분석개념과 틀을 가진 경우 고백(기록)은 더욱 과학성 — 사실이나 진실에 더욱 가까이 다가간다는 의미에서 — 을 높이게 된다. 위에서 언급한 심리적 표현물로서의 고백에는 사회문화적 내용물이 담겨 있다.

문화학자들, 특히 레슬리 화이트와 같은 문화결정주의자들은 문화를 상징물(symbolate)로 규정하고 비신체적인 맥락(extra somatic context)임을 주장한다. 그럼으로써 신체적인(somatic) 심리학과 구별을 꾀한다. 물론 상징의 독자성(독립성)을 주장하기 위해서는 그 같은 학설이 유의미하다. 그러나 그 같은 이분법(dichotomy)은 상징과 감정의 연결부분(경계 영역)에 대해 해명할 힘이 없다.

따라서 감정(정서)이 긴밀하게 작용하는 사회·문화 영역이나 매우 개인적인 영역(문화의), 나아가서 감정(feeling)이 크게 작용하는 문화적 특성을 가진 문화의 연구에는 상징과 감정을 연속적(연동적)으로 파악하는 설명 틀이 필요하다. 이 같은 연속체(심리적)의 양극에는 매우 신체적인 것으로 본능이 있고 비신체적인 것으로 상징(양심 또는 종교체계)이 있다. 이것을 도식화해서 심정문화(心情文化)체계라 할 수 있을 것이다. 본능은 상징의 굳어진 형태이고, 상징은 본능의 가장 자유분방한 형태이다.

이 같은 주장의 배경에는 개인과 우주적 질서를 조건적인 것에서부터 계열적으로, 즉 '우주/지질/생태/심리/사회/문화/상징'으로 파악, 앞의 것이 뒤의 것을 규제하는 조건(condition)이 아니라 담는 그릇과 같은 바탕(매트릭스 matrix)으로 존재한다는 사상이 깔려 있다.

위의 각 단계마다 그 분야 전공자들은 나름대로의 결정론을 갖고 있다. 예컨대 생태는 심리의 바탕이 되지만 심리를 결정짓는 것은 아니다. 나아가 그 같은 생태에 이미 심리적인 것이 스며 있다는 주장도 깔려 있다. 다시 말하면 각 단계가 원인과 결과의 관계가 아니라 상호가역적인 관계에 있다는 주장이다.

이와 같이 각 단계가 시퀀스를 이루는 것은 극단적으로 '우주⇌상징'의 가역반응을 상정할 수 있고 따라서 가장 광범위한 실체라 할 수 있는 우주도 한낱 상징에 불과할 수 있으며 상징도 우주적 표현, 그리고 우주, 그 자체임을 말해 준다. 비록 그것이 비가시적인 것일지라도 따라서 상징의 가장 창조적인 부분은 흔히 매우 혼란스러워 보이는 것도 일종의 '무질서(속)의 질서', '역설의 질서'라고 일컬을 수 있을 것이다.

인간은 자연적 소여를 바탕으로 살고 있지만 그 문화적 속성은 자연을 배반함으로써 자연에 또 다른 균형감각을 요구한다. 인간은 자연을 재건축(reconstruct)하고자 하고 그것도 변화무쌍한 건축적 질서(이것은 중력을 무시한 무질서의, 역설의 건축일 수 있다.)를 요구하며 살고 있다.

나의 예술인류학은 우주의 구성을 '사물⇌언어⇌상징⇌기(氣)'의 요소로 보고 이것을 서로 가역적으로 봄으로써 광의의 커뮤니케이션 시스템으로 문화·사회현상을 보고자 하는 것이다. 특히 위의 네 축은 서로가 서로를 나타내는(represent) 것으로 봄으로써 상징(symbol)을 중심으로 사물(事物)을 설명하고자 한다. 그 구체적인 모델 '상징 - 의례(symbol - ritual)'이다.

이러한 예술인류학의 입장에서 볼 때는 '고백'이라는 방법은 상징(symbol)을 여러 형태로 내보이는 한편 그것이 매우 의례적 (ritual, carnival) 양상을 띠게 한다. 또 의례를 상징(언어)으로, 보다 분석적으로 볼 수 있게 하는 기회를 준다. 그것은 매우 변화무쌍한 건축에서의 곡예(曲藝)처럼 보일 것이지만 그러한 문화의 부면(部面)을 조명하는 데는 유용한 수단이 될 것이다.

예술인류학의 모델에서 언어-사물-상징이 모두 기(氣)의 표현물이라고 할 경우 그것은 시적(詩的) 판타지, 역설이라고 말할 수 있다. 극단적인 것의 공존, 세트화(음양)로 비쳐질 것이다. 그것은 또한 역동적인 모습으로 나타날 것이다. 그런 의미에서 비(非)유클리드의 위상적(位相的) 공간학이다.

◈ 문화의 총체성과 고백적 방법

끝으로 고백적 방법은 민족지기술(ethnography) 이상으로 문화의 총체성을 그대로 옮겨놓을 수 있다는 점에서 눈여겨볼 만하다. 문화는 원래 문화복합물(culture-complex)로서 이성과 감정의 복합물이다. 또 그 결과로 이데올로기와 과학체계, 물질문화 등을 갖고 있다. 고백적 방법은 무엇보다도 이 같은 복합적인 것을 자연스럽게 밝혀준다는 장점이 있다. 고백이라는 것은 다른 사회과학, 심리과학적 연구와는 달리 그 학문적 방법이나 수단이 경성적(硬性的)이라기보다는 연성적(軟性的)이다. 말하자면 전반적인 감정이나 정서라는 조명(분위기) 속에서 상징적으로 표출된다.

상징이야말로 총체성을 비추는 그릇이다. 물리적·언어적인 세계에서는 내용과 형태가 서로 다른 것도 상징의 세계에선 모든 것이 하나가 되거나 하나로 통한다. 끝으로 고백이야말로 나의 예술 인류학이 살아 있는 족보학(고고학) 또는 해부학적 분석이 아니라 생리학이 될 수 있도록 하는 방법이다. 훌륭한 해부학자는 우리 몸의 일부 뼈나 기관을 보고서도 생리학을 알아낸다. 그것으로부터 생명현상을 유추해 낼 수 있는 것이다.

고백을 통해 알려진 온갖 정보들이, 때로는 무의식적인 것까지, 때로는 예감적인 것까지도 판단에 도움을 주는 재료가 된다. 나아가서 고백자 자신이 자신에 대한 정보를 처리하는 방법, 이데올로기, 세계관(종교관)도 밝혀낼 수 있을 것이다. 고백이 무엇보다도 중요한 것은 자신을 외부세계에 개방하려는 마음가짐이다. 개방한다는 것은, 행위자체가 이미 진실(사실)을 규명하고 있는 것이기 때문이다. 총체적인 인간과 인간문화에 대해 고백적 방법은 매우 유용한 것이다. 그것은 대상을 살아 움직이게 하면서 성취하는 해부학이다. 또 고인이 된 고백자를 부활시키는 방법이 기도하다. 고백적 방법은 인류학의 질적 연구방법(qualitative method)의 하나로 발전시켜 볼 가치가 있다.

4. 미술과 일상의 만남으로서의 퍼포먼스

◆ 퍼포먼스의 다의미

연행, 퍼포먼스(performance)라고 하는 말은 현재 매우 다양한 의미로 사용된다. 첫째는 음악·무용·연극 등 공연예술을 말한다.

둘째는 소위 행위미술, 행위예술로 불리는 독립적인 예술장르로서의 그것이다. 셋째, 연극적 요소가 짙은 정치행위를 나타내기도 하고, 넷째, 대수롭지 않은 일상행동 모두를 퍼포먼스라 부르기도 한다.

내가 여기서 논하고자 하는 것은 둘째, 행위미술, 행위예술로서의 퍼포먼스와 일상행동으로서의 퍼포먼스이다. 좀 더 정확히 이야기하자면 두 종류의 퍼포먼스에 대한 비교분석이다. 미술행위 또는 종합예술로서의 퍼포먼스와 일상행동으로서의 퍼포먼스는 무엇이 다르고 무엇이 같은가. 퍼포먼스 작가와 퍼포먼스 인류학자는 서로 어떤 위치에 있는가.

전자가 의도한 의미(개념 또는 사상)를 행위로써 나타낸다면, 특히 기존의 여러 조형예술의 형상성 치중과는 달리 행위의 현상에 만족하면서 —. 후자는 행위 속에 숨은 의미 — 문화적 의미를 찾는다. 결국 전자가 의미에서 행위로 진행한다면(의미→행위) 후자는 행위에서 의미를 찾는(행위→의미) 정반대 방향을 나타낸다. 그러나 둘 다 의미를 표시하거나 찾는다는 점에서 의미의 소통(communication)을 목표로 하고 있다는 점이 공통점이다.

미술(예술)로서의 퍼포먼스와 일상으로서의 퍼포먼스 —. 양자는 여러 가지 기준에 의해 대비될 수 있다. 예컨대 예술/일상, 의도적/무의도적…… 등. 양자는 과연 그렇게 대비만 되고 만나는 접점이 없을까. 어쩌면 같은 것인데 가시적으로 볼 수 있는 형태 때문에 다르게 보는 것은 아닐까.

예컨대 일상을 미술(예술)적 안목에서 볼 수 없을까. 또 미술행위도 인간이 행동할 수 있는 많은 가능성 중 하나이며 압축된 행위라고 할 수 있을 것이다. 오늘날 미술은 캔버스에서 나와 조각이나 행위가 되려고 하고 있다. 이를 달리 말하면 자연이나 공간이 캔버스화하고 있다고 말할 수 있을 것이다. 미술의 매체도 점차 인공적인 것을 떠나려 하고 있다. 이는 새로운 미적(美的) 행위의 발견 또는 발명이라고 말할 수 있다. 어쩌면 행위보다는 무위(無爲)를 지향하고 있는지도 모른다. 고대예술이 벽화에서 뛰쳐나왔듯이 패널에서 뛰쳐나오고 있고 그것에서 조각으로, 또 조각은 건축과 결합하면서 적어도 건축(집) 자체가 되거나 집 밖으로 나왔다. 이제 자연이라는 무위적 공간만이 위대한 미술가 앞에 있다.

이것은 미술이 생활(生活 – 살아서 움직이는 것)이 되고 있음을 말하는 것인지도 모른다. 미술의 생활로의 확대이다. 반대로 일상(日常)은 어떤가. 흔히 우리는 일상을 메마른 것, '그저 그렇고 그런 것'쯤으로 생각하기 쉽다. 그러나 그 일상적이고 하찮은 것이 얼마나 살아 움직이는 것의 진솔한 일면인가. 일상, 그것은 가장 진실일 수 있고 아름다움일 수 있다.

'미술의 생활로의 확대'와 '생활 속의 아름다움의 발견'은 사실 음양적 만남을 보여주고 있다. 미술에서 이분법(dualism)이나 애널러지(analogy), 대칭(또는 비대칭) 등이 주요 내용을 이루지만 생활도(인간의) 이들을 통해 이루어진다. 단지 미술은 시각적 조형언어이지만 생활은 개념언어를 통해 행동(행위)으로 결과 지어진다. 생활은 행동언어라 할 수 있다. 따라서 미술이 행위미술이 될 때 일상과 매우 근접하게 된다. 도대체 자연스럽지 않는 일상이 어디 있는가. 또 최고의 행위미술은 자연스러움과 무위(無爲)이다.

◈ 미술행위와 일상의 만남

퍼포먼스 작가는 예컨대 이분법적 무수한 선택과정을 거쳐 행위의 맥락(context)을 정하고 행위를 펼친다. 관중이 그 같은 행위의 의미해독을 그대로 다하기는 그리 쉽지 않지만 적어도 어느 정도 공감대를 마련할 수 있을 것이다. 또 반드시 관중이 작가의 의도를 그대로 알아야 할 필요도 없는 것이다. 관중, 즉 보는 자의 자유, 관광적(觀光的) 참여가 행위의 의미를 더 자유분방하고 풍부하게 할 수도 있다.

반대로 퍼포먼스 인류학자는 한 문화권의 구성원의 행동 속에 숨은 의미와 맥락의 해독자이다. 그 같은 의미의 결정성을 보증해 줌은 물론 사회·문화적, 즉 집단적 결정구조의 존재성에 있다. 개인적 창작행위인 퍼포먼스가 지극히 의식적이면서 개인적임에 따른 자유분방한 것인 데 반해, 인류학자의 퍼포먼스 분석은 무미건조한 편이다. 그러나 문화적 특성이 매우 드라마틱하고 연극적인 경우는 간단히 그렇게 치부할 수만은 없다.

더욱이 일상의 퍼포먼스 분석이 정치행위나 페스티벌과 같은 제의(祭儀)에 해당될 때는 그것이 갖는 원시성(primitivity) 때문에 미술행위로서의 퍼포먼스와 접근하게 된다. 그러한 점에서 오늘의 미술행위로서의 퍼포먼스는 현대의 제의라고 말할 수 있다. 또 인간의 일상행위 속에도 어딘가에 미술행위로서의 퍼포먼스 요소가 숨어 있음을 생각게 한다.

자연과학주의는 언어(관념적 결정론)와 시각(경험주의)에 의한 합작품인데 그것은 인간의 삶을 물리적으로 환원시킨 점이 많다. 인간의 삶은 물리현상 또는 화학현상으로 모두 해명될 수 없다. 즉 우리 몸에 무기물이 있고 화학반응이 있으며 물리적 중력(重力)에서 우리가 예외적 존재가 될 수 없지만 그 이상의 생명의 근본과 관련되는 것이 있는 것도 간과해서는 안 된다.

모든 퍼포먼스는 이 생명현상과 긴밀한 관계 위에 성립한다. 그것이 미술행위이든 일상의 것이든ー. 생명현상, 그것은 무엇이며 또한 그것은 그 자체가 미학적 운동이란 말인가? 또 그것 자체는 의미의 소통(교환)이란 말인가? 자연과학자는 이 같은 소통을 물리적인 것으로 본다. 그러나 문화학자는 그것을 의미로 본다. 의미는 인간두뇌의 상징작용의 결과인데 상징체계에 의해 물질현상을 구명하는 것이 과학이라면 그것에 구애되지 않고 상징체계의 자유를 만끽하는 것이 예술이며 언어체계도 닫힌 상징체계의 하나이다.

미술행위로서의 퍼포먼스는 매우 자유로운 상징인 데 반해 한 문화의 퍼포먼스는 언어체계와 판이 닫힌 체계이기 때문에 과학적 상징과 예술적 상징의 중간이 된다. 미술행위로서의 퍼포먼스와 일상으로서의 퍼포먼스는 '의미'를 통해 서로 만난다.

◆ 퍼포먼스의 역사

미술행위, 즉 행위미술로서의 퍼포먼스는 1960년대 말부터 나타나기 시작했는데 예술가들이 자신의 신체를 표현매체로 사용하는 것이다. 이것은 완결된 작업으로서의 생산적 예술을 거부하고 결과가 아닌 과정으로서의 표현을 주장하고 있다. 퍼포먼스는 신체, 공간, 시간이 예술가의 내부감정과 맞아떨어져 표현되는 매우 상황적 예술이다.

현대미술의 미래파운동과 다다이즘, 액션페이팅, 팝아트, 누보리얼리즘, 정크(폐품)아트 등에 이어 행위미술로서의 해프닝이 등장한다. 행위미술의 장르는 해프닝, 이벤트, 플럭서스(fluxus), 보디페인팅, 퍼포먼스 등으로 나뉜다. 해프닝은 50년대 말 팝아트의 전개과정에서 탄생했는데 예술가가 일상적 삶의 요소를 가지고 전혀다른 의미, 즉 시적인 의미를 창조하는 것이다. 해프닝은 즉흥성과우연성이 많이 지배한다. 이벤트는 우연성을 많이 배제한 의도된것으로 절제된 행위 속에서 논리성을 추구한다. 플럭서스는 에스프리 존재현상으로 기상천외한 아이디어가 혼합된 채 하나의 세계로문명 비판적인 이념의 공통성을 갖는다. 퍼포먼스는 시각예술의 창조적 프로세스와 풍자성, 음향적 요소를 결합하여 미술, 음악, 무용, 연극 등의 구분을 없애버리려는 데서 출발하고 있다.

오늘날 행위미술은 우발성에서 논리적 일관성을 추구하는 방향으로 나아가고 있다. 한편 인류학에서 퍼포먼스 연구는 그 역사가매우 오래이다. 그것은 인류의 고대 원시(primitive)문화가 종합 예술적 성격과 함께 제정일치(祭政一致)적 성격을 띠었기 때문이다.그것이 페스티벌이나 올림픽 등 현대사회에 대한 연구로 계승된것은 최근의 일이다.

이것이 특정한 페스티벌이나 올림픽을 떠나 일상생활 연구로 확대된 것은 특히 상징인류학에서 비롯된다. 다시 말하면 인간의(한문화 속의) 행위 속에 숨은 의미를 다차원에서 해독함으로써 이해의 폭을 넓히는 데 기여하기 시작했다. 특히 인도네시아의 발리섬과 같은 극장식 문화사회에서는 퍼포먼스적 접근이 매우 유용한것이었다.

이제 개념에서 이미지, 행위에 이르기까지 모든 것이 '퍼포먼스'

라는 개념 아래 통일이 되고 있다. 또 일상과 예술이 이 개념을 통해 서로 교차하고 있다. 그럼으로써 의미의 벽이 깨어지고 보다 나은 소통이 이루어질 영토가 마련된 셈이다. 남은 문제는 삶과 소통의 궁극적 핵심인 기(氣)의 문제일 것이다. 우주는 기(氣)의 표현으로서의 예술이다. 이것은 물질의 운동일 수 있다. 또한 언어와 상징의 재구성일 수 있다.

퍼포먼스적 관점에서 보면 우주는 존재도 아니고 구성도 아니고 오로지 소통일 따름이다. 그것은 때로는 운동(dynamics)으로, 때로는 의미(meaning)로 보인다. 신화(神話)는 살아 있지 않으면 기록되지 않는다. 역사는 기록되지 않으면 죽은 것이다.

퍼포먼스는 때로는 운동으로 살아 있어야 하고 새로운 의미로 분석되어야 한다. 퍼포먼스의 제의성(祭儀性) — 이것은 상징⇄기(氣)이다. — 과 언어성(言語性) — 이것은 언어⇄사물이다. — 을 말한다. 불확실하면서도 확실해야 하고 확실하면서도 불확실해야 하는 그 무엇이다.

5. 커뮤니케이션의 입장에서 본 주술과 무교

흔히 현대인은 인류가 원시시대에서 지금에 이르는 동안 매우 발전(문화)했다는 생각을 갖곤 한다. 이것은 과학의 이름으로 체계적으로 증명되기도 한다. 그러나 발전이라는 것은 보기에 따라 평가가 얼마든지 다를 수 있다. 예컨대 일류의 조상이 1천만 년 전의 라마피테쿠스라는 학자도 있고, 2백 50만 년 전의 오스트랄로

피테쿠스라는 학설도 있다. 또 현생인류의 직접적인 조상은 네안데르탈인(호모 사피엔스 네안데르탈렌시스)이라고 하기도 하고, 크로마뇽인(호모 사피엔스 사피엔스)이라고도 한다. 분류학상의 위치(상)론에 따라 정도의 차이로 규정지어진다. 위치나 정도는 일종의 구조(structure)로 이것을 동적으로 보면 진화 아니면 퇴화가 되고 굳이 진화양상을 띠는 것을 추구하면 진화주의자가 된다.

그러나 적어도 크로마뇽인 이후에는 인간이 진화했다는 큰 증거는 없다. ─ 생태학적인 사소한 적응(adaptation)의 문제는 제외하고 ─. 원시인과 현대인은 두개골의 용량이나 직립보행성(bipedalism)에 있어 별 변화가 없다. 기껏해야 종(species) 내부의 변이(variation)에 불과하다. 그렇다면 적어도 원시인과 현대인의 사고나 행위의 공통점을 찾을 수 있음은 당연하다. 인간은 본질적으로 자연의 일부로 살아가면서 이체동형(異體同形, homomorphism)의 존재이다. 이것이 처음에 나타난 것이 주술(magic)이라는 것이다. 자연과 일치하려는 노력 혹은 적응의 결과로서 동종주술(homeopathic magic) 혹은 모방주술과 감염주술(contagious magic) 혹은 접촉주술이 나왔다. 이것이 발전하여 자기최면(自己催眠)·자기도취(自己陶醉), 자기합리화(自己合理化)·합리성(合理性)도 나왔다.

이들은 또 서로 상호가역반응을 한다. 이것은 또한 좌뇌와 우뇌의 특징이기도 하다. 인간은 항상 둘의 합작이다. 이것은 이성과 감정이기도 하다. 이성과 감정은 본래 분리되어 있는 것이 아니다. 그런데 분리되어 발전되어 왔다. 이성은 존재론적이고 감정은 생성론적이다. 존재론은 비대칭적 사고이고, 생성론은 대칭적 사고이다. 인간은 이 둘을 함께 사용한 존재이다. 현대인은 너무 존재론적(ontological) 시각에서 사물을 보는 데 익숙해 있다. 그래서 '사물이 어떻게 존재하느냐'에는 상당한 지식을 축적하고 존재와 존재 사이에 내재한 법칙성을 많이 발굴했다. 그러나 불행하게도 존재와 존재의 관계에 대해서는 파악의 최대치가 함수관계에 머물고 있다. '존재와 운동'이 인식의 한계이다. 존재에 대한 인식의 발달은 사물에 대한 대칭되는 개념에서 출발하는데 개념의 조합에 의한 법칙의 발견이 최종목표가 된다. 이러한 법칙이 실천되는 것은 사물이다. 사물은 이성이 아닌, 감성(감정)의 차원에서, 다시 말하면 지각과정에서 파악한다면 이것은 존재적인 시각이 아니고 생성적이거나 과정적인 시각이 되며 법칙의 발견(발명)보다는 느낌의 교환·교류가 중요하게 대두된다.

〈표 5〉 인간의 뇌와 비유

좌뇌 (합리성)	존재론 (Being)	비대칭적 사고	환유 (科學)
우뇌 (자기최면)	생성론 (Becoming)	대칭적 사고	은유 (詩, 藝術, 宗敎)

과학을 하는 입장에서 사물을 보는 것이 아니라 느낌의 입장에서 사물을 보면 오늘의 과학·예술·종교는 원시·미개인들의 주술(magic)에 비교될 수 있다. 주술연구의 대가인 J. G 프레이저는 그의 주저인 ≪황금가지≫에서 주술을 유사법칙(law of similarity)과 접촉(law of contact)·감염법칙(law of contagion)으로 나누었다. 전자는 또 동종주술(homeopathic magic) 혹은 모방주술(imitative magic)이라고 부르기도 한다. 동종주술은 '유사(類似)가 유사를 낳는다.' 혹은 '결과는 그것의 원인을 닮는다.'에 기초하고 있으며 감염주술은 '한번 서로 접촉한 것은 실제로 그 접촉이 떨어진 후에

도 여전히 계속 서로 작용한다.'에 근거하고 있다.

주술사는 유사법칙과 접촉법칙이 보편적으로 적용되고 인간행동에 제한하지 않는다고 암암리에 긍정한다. 실지로 많은 주술은 양자의 법칙이 동시에 적용되는 경우가 많다. 주술은 자연법칙 체계, 즉 우주현상의 차례를 결정하는 법칙의 서술로 보았을 때 '이론적'(理論的) 주술이라고 불러도 좋고, 또 인간이 자기들의 종족 보존을 수행하기 위해서 지키는 일련의 계율로 보아서 '실천적'(實踐的) 주술이라고 불러도 좋을 것이다.

프레이저는 동종주술은 유사(類似)에, 감염주술은 연속에 인한 관념연합에 근거하고 있다고 말하고 따라서 동종주술은 서로가 닮은 사물이 동일하다는 가정의 오류를, 감염주술은 서로 한때 접촉했던 사물이 언제나 접촉하고 있다는 오류를 범하고 있다고 말한다. 그는 또 동종주술은 홀로 실천되는데 감염주술은 대체로 동종원리(모방원리)의 응용을 포함하고 있다고 주장한다. 그는 나아가서 동종주술과 감염주술은 공감주술(共感呪術)이라는 유(類) 개념으로 묶고 있다. 왜냐하면 그것은 사물이 어떤 신비스러운 공감(共感), 즉 일종의 에테르(ether)와 같은 것의 매개를 통해서 이것에서 다른 것에로 옮겨지는 충동에 의해서 작용한다고 가정하기 때문이다.

프레이저는 매우 중요한 지적을 하고 있다. 단 한 가지만 빼고는-. 그는 진리를 발견하는 현대 과학자의 입장에서 동종주술이 서로 닮은 사물이 동일하다는 것과 감염주술이 한때 접촉한 사물이 언제나 접촉하고 있다는 것을 오류라고 했다.

그러나 '닮음'과 '접촉'에 기초한 사물에 대한 이해는 왜 오류일까? 나는 단호히 그것은 오류가 아니고 인간의 사물이해의 두 다리와 같은 것이라고 생각한다. '닮음'과 '접촉'에 대한 의지 없이는 인간은 어떠한 활동도 하지 못한다는 주장과 함께 그것은 적어도 우주의 본질은 아닐지 몰라도 인간의 특질임에는 틀림없다고 주장하고 싶은 것이다. 인간의 삶은 '닮음'과 '접촉'의 왕복운동에 불과하다면 지나친 비약일까. 단도직입적으로 말해서 인간문화의 대종을 이루는 예술이 '닮음'에 대한 인식 없이 어떻게 출발할 수 있고 학문이 '닮음'과 '접촉'이 없이 어떻게 이루어질 수 있단 말인가. 또 나아가 '사물은 부단히 접촉하고 있다.'는 가정 없이 어떻게 법칙이 있을 수 있단 말인가. 종교는 더더욱 '닮음'과 '접촉'의 부단한 가역반응이 없으면 존재할 수 없는 것이 된다.

원시의 주술을 오늘의 과학적 입장에서 논할 수 있다면 오늘의 문화를 주술적 입장에서 논할 수도 있을 것이다.

예술이 감염주술에서 존재를 확인하고, 동종주술에서 출발하여 감염주술에서 완성된다면 [(감염)→동종→감염]과학은 동종주술에서 개념을 재빨리 얻어내고 감염주술에서 출발하여 다시 동종주술을 행하는 [(동종)→감염→동종]것이라고 볼 수는 없을까. 마찬가지로 종교는 동종주술과 감염주술의 부단한 가역반응(동종⇌감염)으로 볼 수 없을까?

〈표 6〉 주술과 학문・예술・종교의 상관관계

주술(呪術) ＝주문(呪文)＋기술(技術) ＝종교＋과학＝문화 *異體同形(homomorphism)	동종주술 (homeopathic magic) 유사법칙 (law of similarity)	metaphor (paradigmatic：범형적)	similarity	예술 종교 (자기최면・자기도취)	⇕
	감염주술 (contagious magic) 접촉법칙 (law of contact)	metonymy (syntagmatic：순차적)	contact	과학 (자기합리화・합리성)	

프레이저가 오류라고 지적한 것을 나는 그것을 인간의 보편적 지각원리로 보고자 하며 오늘의 인간문명도 원시의 주술적 원리의 합작품에 지나지 않는다고 말하고 싶다. 언어학자들은 의식계의 환유(metonymy)와 은유(metaphor)가 언어구조에서는 신태그마 축과 패러다임 축이 되고 무의식계에서는 치환과 압축이 된다는 것을 간파하였다. 여기서 치환이라는 개념은 매우 중요한데 그렇다면 예술인류학에서 말하는 장(場)도 다른 것으로 치환할 수 있다는 뜻으로 연장될 수 있다면 바로 현실계와 상상계도 치환할 수 있다는 것이 되고 이는 의식과 무의식도 치환할 수 있다는 것이 된다. 예컨대 어떤 사람이나 어떤 문화가 현실계와 상상계를 완전히 혹은 경우에 따라 바꿀 수도 있다는 뜻이 된다. 그럴 경우 미친 사람과 원시문명에 대한 매우 유동적인 해석이 가능하게 된다. 언어의 주술력이 자유자재의 경지가 되어 마치 수직, 수평으로 자유자재로 변신할 수 있게 된다.

인간 혹은 인간 문화연구에 있어서 정신적으로 정상인 자와 이상한 자, 문명적으로 원시사회와 문명사회가 실은 무의식에 있어서는 똑같다는 가정을 할 수 있다. 참으로 이는 공평한 것이다. 서로 다른 사람과 서로 다른 문명에 대해 그 뿌리가 같다는 사실은 인정하는 것은 진리의 발견에서 참으로 큰 진전이다. 심층에서는 같은데 표층에서 다르게 나타날 뿐이라고 한다면, 이것은 언어학에서 기표(記標)에서 다르게 나타나지만 기의(記意)에서는 같다는 것이 된다. 의미세계는 무한대가 된다. 이는 무의식은 곧 무한대가 된다는 것과 같다. 구조인류학에서 레비스트로스가 지적했듯이 무의식은 대칭적 사고가 이루어지는 철학의 세계이며 무의식을 가지고 있다는 것은 인간 뇌의 약점이 아니라 강력한 강점이 된다. 다시 말하면 우리가 흔히 원시적 사고라고 하는 것은 글자 그대로 그 질에 있어서 수준이 떨어지는 원시적인 것이 아니라 본원적인 것임을 깨닫게 한다.

현대인에게도 엄연히 그러한 대칭적 사고는 유효하고 있으며 도리어 인간 정신의 중요한 특징이 된다. 대체로 인간이 모체에서 뇌의 용량을 적게 하여 출산에서 산모와 유아의 위험을 적게 하기 위한 적응의 결과인지 모르겠으나 유인원에 비해서 임신 기간이 짧아지고, 뇌가 덜 발달된 상태로 모체에서 분리되는 것의 부산물인 무의식의 발달은 양육 기간을 길게 하는 약점도 되지만 그것 자체가 인간의 생활을 보다 다양하게 하는 강점이 되고 있다. 무의식에서 대칭적 사고의 발달의 기회를 갖는 것은 인간으로 하여금 종교적 인간, 호모릴리글로수스(Homo religlosus) 혹은 예술적 인간, 호모아르테스(Homo artex), 마술적 인간, 호모 마지쿠스(Homo magicus)가 되게 하는 데에 결정적 요인이 된다. 심지어 인간이 정치적 인간, 호모 폴리티쿠스(Homo politicus)가 되는 데에도 마찬가지로 중요하다.

무의식의 구조는 무엇보다도 신화의 형성에 결정적 역할을 한다. 제정일치시대의 제사장, 왕들은 흔히 자신의 권력의 원천을 하늘에 빗대었으며 오늘날 제정분리시대, 아니 최첨단의 민주주의시대에서도 이러한 비유는 유효하다. 특히 원시종교를 새롭게 일신한 성인들은 현실계에서 살면서도 실은 상상계에, 무의식계에서 사는 것처럼 자신을 유지하고 성화(聖化)시킴으로써 훌륭한 고등종교를 만들어 냈다. 이것도 실은 기적이 아니라 무의식의 발로이며 인간의 우주와의 관계에 있어서 전체성의 회복에 결정적 기여를 하고 있다. 무의식의 치환과 압축 기술은 의식의 합리화의 기술에 못지않게, 아니 더 중요하고 근본적인 것이 된다. 앞에서 말했듯이 환유가 감염주술, 은유가 동종주술에 해당된다면 원시인과 현대인이 뇌의 구조에서는 전혀 다를 바가 없는 것이 된다.

프레이저는 중요한 지적을 했다. 그 중에서도 동종주술은 독립적일 수 있는데 감염주술은 동종주술의 응용을 포함하고 있어 동종주술에 의존적이라는 사실을 지적한 점이다. 동종주술이 오늘날 패러다임 축이 되고 감염주술이 신태그마 축이 된다. 신태그마는 수평적으로 시간의 제약이 따르고 패러다임은 수직적으로 공간의 범형을 만들어 낸다. 그래서 동종주술이 시간을 초월하는 모델이 된다. 이것은 학문보다 예술이 우선이며 미학이 철학에 우선하는 것을 말한다(물론 동종주술도 감염주술, 특히 접촉성의 믿음 위에 출발하고 있음을 간과하고 있지만 이것은 거의 무의식적이라는 점에서 일단 현상학적으로 판단정지의 대상이 되어도 좋다). 학문의 개념(concept)도 일종의 비유(metaphor)에서 출발한 것이니까. 물론 예술은 철학(과학) 이상으로 부단한 접촉감염의 대상을 통해 실천하지 않으면 안 된다. 마치 학문이 동종주술에서 개념을 생산하지 않으면 안 되듯이 ─. 학문과 예술에서 동종주술과 감염주술은 상호보완적이다.

주술을 종합적으로 보면 바로 종교적이며 종교 그 자체라고 말할 수 있다. 종교의 영원한 과제는 탄생과 회귀(죽음)에 대한 물음과 대답이다. 이것은 존재와 지각을 넘어선 세계이다. 주술(magic)이 바탕이 된 종교 가운데 대표적인 것이 무교(shamanism)이다.

종교는 우주 내에 보이지 않는 매개체를 가정하고 인간이 죽으면 태어났던 곳으로 영혼 회귀한다는 대전제를 하는 것이 보통이다. 회귀처가 때로는 과거보다 더 좋은 곳이 되기도 하고 나쁜 곳이 되기도 하지만. 그러한 점에서 무교는 모든 종교의 원형적인 성격이 강하다. 주술은 보이지 않는 매개체를 설정하고 있다. 주술은 그러한 점에서 존재(being)보다는 어떻게 느껴지는가라는 소통(communication)에 중점을 두고 있다. 프레이저는 그 소통체를 에테르(ether)라고 명명했는데 그가 주술을 공감주술(共感呪術)이라고 한 것은 감성을 기초로 한 커뮤니케이션시스템에 맞아떨어지고 있다.

결국 동종이든 감염이든 공감이 최종목적이기 때문이다. 이는 '느끼지 못하면 존재하지 않는다.'라는 명제를 성립시키며 '말이 있으면 존재가 있다.'라는 명제에 반명제가 된다.

서양인들이 에테르(ether)라고 한 매개체를 동양인들은 기(氣)라고 한다. 에테르에는 다분히 물질적인 어감이 있지만 기(氣)는 물질과 정신의 중간체적 성격을 갖는다. 기(氣)는 자연의 본질이다. 자연에는 사물도 있고 형상도 있지만 그 이면에는 형태화되기 이전의 힘·기운(氣運)이 있다. 다시 말하면 기(氣)는 사물로도 나타날 수 있고 상징으로 나타날 수도 있다. 또 언어로 나타날 수도 있다.

종교의 중심주제는 신(神)이다. 신(神)을 연구하는 학문으로 신학(神學)이 있지만 신이 무엇인가에는 이론(異論)이 많다. 신은 우주의 본질적인 힘이다(또는 본질적인 힘으로 규정해 놓았다.). 또 우주 그 자체이다. 신은 기(氣)의 강한 응집체이다. 그것이 언어로, 상징으로, 사물로(물리적으로) 나타나는 것은 차원을 달리한다.

무당(shaman)은 빙신(憑神) 상태에서 엑스타시(ecstasy)에 이르러 최고의 신명(神明)에 도달한다. 무당은 엑스타시의 기술자이다. 신(神)에 접한다는 것은 우주의 힘(본질)을 나누어 갖는 것이다. 흔히 신(神)을 말할 때는 절대적인 것을 상정하기 쉬운데 실은 말을 하는 것도 신을 주고받는 것이고, 그림을 그리는 것도 신을 주고받는 것이고, 사회생활 모두가 신을 주고받는 행위이다. 말하자면 이 세상 모든 존재를 포함한 행위가 신(神)의 표현이다. 다시 말하면 우리는 신(神)을 통해서 서로를 공유하고 하나가 되고 소통(communication)을 하게 된다. 또는 부분과 전체가 하나가 됨을 느낀다. 여기서 흔히 원시·미개사회에 있었던 희생(犧牲)이나 '왕의 살해(殺害)' 의식이 생겨났다. 이러한 의식은 언어와 상징·사물과 기(氣) — 신(神) — 의 교류(교감)이면서 혼돈이기도 하다. 말하자면 역으로 혼돈을 희생이나 살해로써 치유한다고도 볼 수 있다. 그런 후면 새로운 질서가 잡힌다.

이것은 오늘의 인간이 언어(상징)를 희생하거나 살해하는 정도로 원시·미개인들은 동물이나 사람(사물과 氣)을 그 대상으로 했으며 기(氣)가 — 어떤 종류의 것이든 — 집결해 있었음은 부인할 수 없다. 그것은 일종의 집단적 분위기이며 때로는 광기(狂氣)이기도 하지만 때로는 너무도 당연한 일상사나 계절적인 일이기도 하다.

◈ 상징·생태·천(天)·왕(王)

아즈텍족(族)들은 신의 몸으로서의 **빵**을 성찬으로 먹는 관습을 가졌다. 이것은 그리스도교의 성체와 다를 바 없다. 사람들은 때때로 '머리로 먹거나 입으로 생각'하는데 이것은 동종주술과 감염주술의 교차와 같다. 이것은 흔히 의례(ritual)를 유발한다. 왜냐하면 머릿속의 생각(언어나 상징)을 '실천'하거나 '사물'을 실질적으로 접촉함으로써 생각(언어나 상징)에 지속적인 힘을 주기 때문이다.

미개인들은 일반적으로 동물 또는 인간의 살을 먹음으로써 동물이나 인간의 육체적 성질은 말할 것도 없고, 그 동물이나 인간의 특성이 되어 있는 도덕적 자질이나 지적 자질까지도 획득할 수 있다고 믿고 있다. 이러한 의식은 때때로 생산주기, 즉 농업과 목축의 계절적 주기와 일치한다. 재앙이 보이지 않는 것이냐 혹은 구체적인 물질적 형태로 구체화되느냐 하는 것은 단지 어떤 민족을 해치고 있는 모든 재앙을 완전히 소탕하려는 의식의 주요한 목적이라는 점에서 전적으로 동일하다.

어떤 농경사회의 수확이나 파종기에 악마를 추방하는 의식이 거행되기도 한다. 또 악마를 추방하기 위해서 방종의 기간이 있기도 하다. 이러한 의식(ritual)은 때때로 매우 연극적이어서 실지로 그러한 일이 일어나기도 하고 오히려 그러한 일을 예방하기도 한다. 즉 이러한 의식의 특징은 이중성에 있다. 의식의 내용이 현실이 되어도 괜찮고 현실이 되지 않아도 아무런 문제가 없다. 이 의식은 생산(풍년)과 사회 질서유지에 또는 비생산(흉년)의 책임과 새로운 사회질서 모색이라는 이중의 몸짓을 하게 된다.

따라서 언제라도 의식은 계속될 준비가 되어 있는 것이다. 프레이저는 주술의 경제적 기능에 대해 언급하고 있다. 결국 문화의 양대 기능이자 요건인 상징(symbol)과 적응(adaptation)을 주술도 훌륭히 지니고 있음을 볼 수 있다. 비록 과학(학문) 예술·종교도 독자적으로 서로 다른 세계, 서로 다른 원리에 의해 운영되는 것 같지만 실은 동종주술과 감염주술의 새로운 변형임에 주의할 필요가 있다.

원시·미개인들과 현대인이 다른 것은 사람이 다른 것이 아니라 삶의 운용 축과 방법이 달랐던 것이다. 원시·미개인들은 대체로 우주의 생성변화에 순응하면서 계절적 주기성에 의존하며 집단적 생존을 꾀했다. 또 신체적 느낌과 우주적 소통에 주안점을 두어 '소통하는 것이 진리다.'라는 입장에서 특정개인의 희생을 강요했다.

그 희생은 동물과 사람을 대상으로 하기도 하고 왕(王)의 살해, 악마 쫓기 등으로 이루어졌는데, 이러한 문화양태는 오늘의 종교에 많이 전해지고 있다. 특히 왕의 살해나 악마 쫓기 등은 매우 사회학적인 측면이 강한 것이다.

반면에 현대인들은 대체로 과학·기술로 자연의 개발을 통해 인과관계를 따지면서 개인적 자유를 확대하는 삶의 양태를 보인다. 또 객관적 진리(사실)와 존재의 규정에 주안점을 두어 '진리는 소통되어야 한다.'는 입장에서 수많은 환경문제를 낳았다. 원시·미개인들은 '소통과 전체(집단)' 현대인은 '존재와 부분(개인)'에서 삶의 실마리를 풀어왔다(표 7).

〈표 7〉 원시·미개시대와 문명시대

원시·미개사대	문명시대
주술(呪術) = 예술(藝術) 주문(종교) + 기술(과학) 신화 무질서(Chaos) 무의식(신체) 천(天) 신(神) 무(無) 기(氣) 무(巫) 선(仙)	학문, 예술, 종교 진(眞), 선(善), 미(美) 역사 질서(Cosmos) 의식(머리) 왕(王) 민(民) 도(道) 물(物) 법(法) 연(然)
상징 - 의례(예술인류학)	
콘텍스트(context) 인류학(anthropology)	

전자의 '소통'은 신(天)과 인간(人) 또는 인간과 인간(地·社會) 사이에 이루어지며 후자의 '존재'는 물리적 우주(天)와 인간(人)

또는 인간과 인간(地·社會) 사이에 이루어진다. 그러나 양자는 결국 인간집단(부족·국가)의 사회적 왕(天)을 등장시킴으로써 종(種)을 보존했다. 즉 인간은 결국 천(天)과 지(地)를 설정(인식)하여 자신의 입지를 만들고 균형(심리적·사회적·생태적)을 유지하며 스스로 신(神)이 되려 하고 있다. 우주의 기(氣)는 인간에게 모이고 있기 때문이다. 천상의 상징과 지상의 음식을 통해 지금도 종을 늘리고 있다.

그러나 주술이 누렸던 환경의 적응과 보존기능이 새롭게 평가되어야 할 것이다. 그것은 문화를 통합적 관점에서 봄으로써 가능할 것이다. 또 소통적 관점에서 인간과 문화를 보아야 주술에 대한 정당한 평가를 할 수 있다. 주술의 현대적 해석을 통해 볼 때 예술인류학은 콘텍스트 인류학(context anthropology)이 된다.

6. 미셸푸코의 '언설 – 실제'와 예술인류학의 '상징 – 의례'[31]

미셸푸코는 서구 마르크스주의자 가운데 가장 영향력 있는 학자로 부상된 학자이다. 그는 실존적 마르크스주의자인 사르트르 이후 프랑스가 낳은 대석학으로 언설(discourse)을 권력의 형태로 이해하는 '언설의 계보학(genealogy)'을 통해 이성이 지배하는 배타적인 체계만이 아니라 이성이 행태를 구성하는 기제(mechanism)를 밝힌 것으로 유명하다. 다시 말하면 그의 '언설 – 실제' 모델은 권력이

---

31) 이 글은 Mark Poster(1984)가 지은 ≪Foucault, Marxism and History≫(Cambridge: Polity Press), 노광제 옮김(1989), ≪푸코와 마르크스주의≫(서울: 민맥출판사)를 요약하면서 필자의 예술인류학 모델과 비교한 것이다.

구체적으로 어떠한 것을 통해 유지되는가를 역사 속에서 찾고 해명한다. 그의 '감옥'과 '성'에 대한 70년대의 저술이 그 증거이다.

모든 연설은 권력의 형태이고 역사의 근본적인 주제는 권력이라고 그는 파악한다. 그는 이런 점에서 매우 니체의 후예답다. 그는 '역사 내 이성(理性)'에 대해서는 마르크스나 하버마스와 달리 이성의 표현과 지배양식 간의 연계는 '언설 – 실제'를 탐구하는 조건으로 유효할 뿐 이성(理性)을 역사에서 강요하지는 않는다. 언설과 실제는 처음부터 서로의 존재를 함축하기 때문에 언설과 실제 간의 상호침투는 끝없이 진행된다는 것이 그의 입장이다.

즉 역사의 지표로서 언설을 문제 삼으며 역사의 실제와 언설 사이에는 약간의 분절성을 인정한다. 푸코는 마르크스가 노동개념을 기초로 역사 속에서 이성을 찾고 역사를 인식의 조건으로 만든 점, 사르트르가 주관적 이성의 도입으로 주장한 총체성을 거부한다. 그는 이성을 옹호하되 역사 속의 인과성이나 총체성은 부정한다. 따라서 푸코는 역사 속에서 해체주의를 표방하면서 그 주제를 권력에 집중시킨다.

푸코는 전체적으로 볼 때 생산양식에서 정보양식으로의 전환을 조명하고 있으며 역사 속에서 여러 가지 권력의 변형을 경험적으로 보여준다. 그러나 그를 종합적으로 정리하면 서구의 언어주의·역사주의에 매우 충실한 편이다. 또 그가 권력을 집중적으로 연구한 것은, 또 그 같은 주제를 '감옥'이나 '성(性)'을 통해서 구명한 것은 역사 속에서 그것이 대표성을 갖거나 대표적 언설이기 때문이다.

그러나 그러한 권력은 시대마다 같은 양식이나 표현형을 갖는 것은 아니다. 그러한 점에서 그의 연구는 매우 계보학적인 양상을 보인다. 계보학이란 인과성이라기보다는 선택성이나 우연성을 강하게 드러내며 '반드시 그렇게 되어야 하는 것'은 아니지만 '그렇게 되었을 가능성은 충분히 이해시키는 것'으로 매우 결과론적인 입장을 보인다. 푸코는 또 권력에 관심을 갖는 경향 때문에 관심 영역이 정치에 집중된다. 즉 지배－피지배관계에 집중된다. 그의 연구는 쉽게 말해서 역사적 사건(context) 속에서 권력의 언어(text)들을 찾고 그 메커니즘을 밝히는 데 주력한다(표 8 참조).

이에 비해 나의 '상징－의례' 모델은 언어·역사보다는 상징·신화의 발견에 주력한다. 상징은 언어이면서도 매우 수렴성을 갖는다. 다시 말하면 다의미성을 갖는 것이다. 이 때문에 상징은 흔히 신화적 형태로 잘 표현된다.

후기산업사회·자본주의사회에서는 언어가 매우 확산되고 파편화되기 때문에 기호적 특성을 가지는 것이 사실이지만 그러한 속에서도 전통적으로 힘을 갖는 언어(text) ― 상징, 신화― 가 있기 마련이다.

〈표 8〉 미셸 푸코와 예술인류학의 비교

미셸 푸코의 언설－실제	박정진의 예술인류학
언설－실제	상징－의례
언어·역사	상징·신화
권력(감옥 외)	문화적 힘(형태, 감정)
역사적 계보학	역사적 원형(역사적 유전학)
정치적 체계(지배－피지배)	문화적 체계(신화적 원형)
의식(역사적 사건)	무의식·의식(신체의 지각)
정보(언어)	氣運生動(상징·氣)
사회(society)	자연(nature)
구조 혹은 탈구조	다원다층의 음양학
Text	Context

푸코는 역사 속에서 권력을 찾는다면 나는 역사나 현장의 사건 (context)을 통해서 문화적 원형을 찾는다. 또 푸코가 연구의 재료를 감옥이나 성(性)에서 찾는다면 나는 문화의 제 형태 ― 문학, 예술, 일상의 행위들 ― 에서 힘을 간직한 문화상징들을 찾아낸다.

권력은 역사의 대표적 상징일 수 있다는 점에서 푸코의 '언설 - 실제'는 나의 '상징 - 의례'에 포함될 수 있으며 문화적 상징들도 어차피 또 다른 언어(확대된 언어)들이기 때문에 나의 '상징 - 의례'도 푸코의 '언설 - 실제'에 포함될 수 있을 것이다. 말하자면 두 모델은 서로 맞물리고 있는 셈이다. 푸코가 감옥과 성(性)을 주요 재료로 삼고 내가 예술작품이나 일상의 행태에서 소재를 찾는 것도 푸코가 확실한 언어를, 내가 다의미적 언어를 찾는 데 따른 불가피한 것이다.

푸코는 역사의 객관적 이성을 인정하지 않기 때문에 그의 연구는 매우 계보학적 양상을 보인다. 이에 비해 나는 문화에서 이성보다는 감성(감정)을 우선하기 때문에 이성은 감성을 형태 지우거나 소통(communication)의 한 형식에 불과하다고 생각한다. 그러나 한 문화의 패턴도 어떤 역사적 일관성 같은 것을 갖고 있기 때문에 원형을 발견할 수 있다. 따라서 역사적으로 원형과 변형의 관계로 전개된다.

푸코의 계보학이 권력의 원형과 변형의 발견이라면 나의 역사적 원형은 문화의 상징의 계보학을 찾는 작업이라 할 수 있을 것이다. 말하자면 양자가 역사의 개인과 집단의 상충문제를 계보학적으로 해결하고 있다고 볼 수 있다. 계보학은 개인을 전체(system) 속에서, 전체를 개인(individual) 속에 찾는 절충적(통합적) 방법이다. 푸코와 나는 체계를 찾는 공통점을 갖고 있다. 그러나 푸코는 정치의 지배 – 피지배체계를 찾는 반면 나는 문화전반에서 신화적 원형을 찾는다.

물론 지배 – 피지배체계가 문화의 신화적 원형에 주요한 항목이지만 신화적 원형엔 문화 전반에 해당하는 또는 다른 주제들이 많다. 이러한 점에서 '언설 – 실제'는 '상징 – 의례'의 필요조건이지만 충분조건은 못 된다. 그 다음 두 모델의 비교에서 주요한 사항은 푸코가 의식적으로 확인이 가능한 역사적 사건에서 지각되는 것을 다루는 반면 나는 의식적인 부분뿐 아니라 무의식적인 것까지도 포함한다는 점이다. 다시 말하면 지각(sense – perception)의 배경이 다르다는 점인데 푸코가 계보학을 추구하지만 통시적, 즉 기술된 역사를 선호하는 반면 나는 공시적, 즉 현장조사(체험)나 종합적인 감각으로서의 느낌(feeling)을 중시한다고 볼 수 있다. 역사적 사건이 간접적으로 지각된 것이라는 점에서 양자는 역시 위의 필요 – 충분조건이 그대로 적용된다.

이 밖에도 푸코가 정보, 사회, 후기 구조주의적 특성과 텍스트(text) 위주의 연구를 하는 반면 나는 기운(氣運), 자연, 음양사상과 콘텍스트(context) 위주의 연구 경향을 보이는 점이 비교된다. 먼저 푸코의 정보(언어)는 사실 기운(氣運)의 결정화된 형태이다. 나의 '상징 – 의례' 모델은 구체적으로 '역동적 장(場)의 개폐(DSCO)' 모델, 그리고 '언어⇄사물⇄상징⇄기(氣)'라는 모델로 나타나는데 여기서 기(氣)는 언어, 사물, 상징과 가역반응관계에 있고 이것이 평형을 이룰 때 '언어＝사물＝상징＝기(氣)'가 될 수도 있다.

또 푸코의 '사회'도 사회가 자연에서 새롭게 구성한 것이기 때문에(사회구성체) 또는 자연에 대한 사회구성적 적응이기 때문에 자연을 기(氣)의 결정 – 사물이나 증후 – 상징 또는 대뇌적 상징 – 언어로 보는 나의 입장에서는 사회도 하나의 집단적 언어(집합표상)에 불과하다. 다시 말하면 나는 인간사회를 자연의 일부에 포함하면서 자연을 향해 보다 열린 구조(자세)를 갖는다고 볼 수 있다. 푸코의 후기구조주의는 그의 해체주의적 역사해석학에서 잘 드러나는데 나의 음양사상은 다원다층의 음양학이기 때문에 각 단계마다 해체적 특성을 보인다. 즉 푸코의 계보학은 역사의 다원다층학이며 '지배 – 피지배'의 음양학이다.

이상을 종합하면 '언설 – 실제'는 텍스트, '상징 – 의례'는 콘텍스트 중심의, 서양과 동양의 문화 전통을 보여주면서 서로를 물고 있다고 볼 수 있다. 즉 전자가 텍스트에서 콘텍스트적인 것을 찾는다면 후자는 콘텍스트에서 텍스트를 찾고 있다. 전자의 텍스트가 역사적 이성이라면 후자의 텍스트는 역사의 원형이다. 전자의 콘텍스트가 역사적 사건이라면 후자의 콘텍스트는 역사적 변형이다. 결국 텍스트는 이성이거나 원형이다. 콘텍스트는 사건이거나 변형이다.

푸코가 계보학을 통해서 역사적 권력에 접근한다면 나는 역사적 소통을 통해 신화적 원형의 계보학을 찾는 것이라 할 수 있다. 전자가 권력의 언어에 초점을 맞춘다면 후자는 역사의 소통(communication) 나아가서 인간과 자연의 소통을 목표하고 있다.

7. 상징, 그리고 신화 · 제도 · 기술 · 경험

나는 예술인류학이 이성(理性)보다는 상상력(想像力)을 바탕으로 하며 사물에 대한 인식을 주체(主體)와 객체(客體)의 이분법으로 보기보다는, 동적(動的) 또는 통일적(統一的)으로 파악하고 있음을 앞에서 여러 차례 주장한 바 있다.

또 이러한 철학적 배경을 토대로 '사물⇄언어⇄상징⇄기(氣)'의 순환체제(가역반응체계)를 거시모델로 제시하는 한편 이것을 더 단순화하여 '역동적 장(場)의 개폐이론(DSCO)', 즉 사물을 하나의 콘텍스트(context)로 보는 모델을 제시했다. 사물의 존재와 그것에 대한 인식이 하나의 콘텍스트에서 또 다른 콘텍스트로 넘어가는 데 불과하다는 주장이었다.

이것은 기존의 인류학적 전통과 연결되어 '상징 - 의례(symbol - ritual)' 모델로 발전하였다. 이 모델은 학문적으로는 인류학적 배경을 가지면서도 서구학문의 영원한 틀인 '이론 - 실천', '언설 - 실제' 등과 대립하는 동시에 그것을 '상징 - 의례'의 한 유형으로 포용함으로써 전(全) 학문적 패러다임으로의 야망을 보였다.

DSCO가 다소 추상적이었다면 '상징 - 의례'는 보다 구체적인 것이었다.

따라서 나에게는 상징(symbol)이라는 용어는 매우 독특한 개념이 된 셈이다. 상징이 다의미, 다차원(multi - dimension) 역설(paradox), 그리고 순환성에 대해서는 지금까지 여러 차례 언급했다.

여기서는 상징이 어떻게 인류의 대표적인 문화항목인 신화(myth) · 제도(institution) · 기술(technology), 나아가서 경험(experiment) 전반과 관계되는지를 알아봄으로써 그 현실성을 강화하고자 한다.[32]

---

32) 이 글은 三木淸(1937)이 지은 ≪構想力의 論理≫(三木淸全集 第八卷, 岩波書店刊), 한단석 옮김(1989), ≪構想力의 論理≫(日本思想叢書2, 서울: 광일문화사)를 요약하면서 필자의 예술인류학 모델과 비교한 것이다.

◆ 신화(myth)

흔히 상상력의 논리나 감정의 논리는 예술의 영역에만 속하는 것으로 단정한다. 그러나 예술인류학은 예술뿐만 아니라 인식을 포함한 인간의 일체의 행위를 예술의 근저에서 이해하고 표현적인 미(美)의 영역에서 상상력을 해방하여 인간의 행위일반 — 진(眞)·선(善)·미(美) — 에 확대하고자 한다. 다시 말하면 인간의 행위일체를 예술적, 창조적으로 보고자 한다.

이런 점에서 신화의 형태는 매우 흥미롭다. 왜냐하면 신화는 역사적 창조의 논리 중 대표적인 것이기 때문이다. 이는 어느 개인이나 집단이 창조적인 역사를 구가하고 있는지를 알려면 신화를 척도로 삼을 수밖에 없다는 것에 다름 아니다. 신화는 지적인 설명도 예술적인 형상만도 아니다. 미개인의 신앙과 도덕적 지혜의 실천적 헌장이다.

미개인의 마음은 대상을 단지 표상하는 것이 아니라 신체적이고 신비적인 의미와 함께 대상과 교통(交通)하며 대상과 일체가 되고 대상과 함께 산다. 예컨대 토템집단과 토템 사이에는 참다운 공생(共生 symbiose)이 있다. 이 경우 집합표상은 극히 감정적인 심적 상태이며 여기에선 표상은 운동(행동)과 분화되지 않고 사회가 요구하는 공동(共同 communion)을 가져온다. 또 여기에선 객관적인 요소보다 신비적인 요소가 훨씬 중요하며 자연사(自然史)도 신성사(神聖史)에 속하는 것이 된다.

맡은 제도 — 종교, 도덕, 정치 — 도 이와 같은 집합표상을 기초로 하며 또한 그 표현이다. 인간의 심적 활동은 '합리적임과 동시에 비합리적이다.' 이것은 비단 미개사회뿐 아니라, 근대 서구사회에도 마찬가지였다. 자유와 평등은 18세기의 서구사회의 신화였다. 신화가 있고 그것에 대한 합리적 설명과 요구를 하기 시작했다. 신화의 공리는 '원자론적 공리'가 아닌 '전체성의 공리'이다.

신화가 상징의 대표적인 예가 되는 점은 그것이 형(型)을 갖고 개별성과 일반성을 동시에 갖고 있기 때문이다. 형(型)은 로고스적인 것과 파토스적인 것의 통일이다. 상상력에 의해 정신과 신체가 연관되며 상상력이 만들어 내는 것은 개념이 아니라 형(形)이며 '형의 다양성'이 상상력의 논리적 근저가 된다. 역사적인 힘으로서의 신화는 전체로서 취하여야 하며 여러 요소를 분해하면 현실적인 의미를 파악할 수 없다. 그래서 신화와 유토피아는 다르다. 신화는 사물의 서술이 아니고 의지의 표현인 반면 유토피아는 지적 산물이다. 신화는 생산적 상상력, 유토피아는 재생적 상상력이라고 할 수 있는 것이다.

역사적 세계에서 신화는 유토피아에 앞서고 유토피아는 과학에 앞서며 상상력은 이성(理性)보다 근원적이다. 실천가의 상상력에 의해 이론은 하나의 형(形)으로 전환하기 때문에 형(形)은 이론과 실천의 동적 작용의 결과이며 그것은 때로는 하나의 상징(symbol), 때로는 하나의 의례(ritual)로 나타난다. 신화가 하나의 상징(symbol)이면서 의례(ritual)를 수반하는 것은 이 때문이다.

마르크스에게 있어 자본주의 사회의 파국이라는 관념은 계급투쟁과 사회혁명을 구상화하기 위해 하나의 신화로서 제시된 것이었다. 신화는 인류의 존재방식 중 하나였다. 그것은 하나의 생산이었으며 또한 재생산이었다. 신화가 재생산될 때 그것은 순환성의 고리 속에서 '원형'과 '변형'을 갖기 마련이다. 따라서 역사적으로 존재한다는 것은 신화가 형성되는 것이며 물(物)이 지상(地上)에서 천상계로 오르듯 사실이 형상으로 오르는 것이다.

이 형상은 순수한 이데아가 아니고 '신체를 가진 이데아'이다. 형상이 이데아(idea)의 상징이라기보다는 이데아가 이미지의 상징인 셈이다. '신화는 항상 역사를 창세기로 만든다. 또 역사는 항상 신화를 창조한다.' 신화는 단순한 관념이나 이론적, 예술적 생산물이 아니다. 신화의 사회성은 이미 그것을 제도로 만들고 있다.

◈ 제도(制度)

문명의 운동은 상징과 기호의 지배를 행한 운동이었다. 이 같은 상징과 기호는 신화뿐 아니라 제도, 그 자체이다. 신화는 일정한 제도의 유지와 보존을 위해 만들어졌다. 또 일정한 신화가 없어진 후에도 제도는 존재하는 경우가 많다. 이런 점에서 제도는 신화이다.

제도는 바로 습관이나 관습을 말한다. 습관은 생명과 의식의 원형식(原形式)이다. 습관은 '제2의 자연'이며 '자연의 법칙은 습관'이다. 습관의 사회적 형태가 관습이다. 인류의 여러 제도는 인간의 사상이 몇 년이고 특정한 것으로 행해지는 경우 인간의 사상이 자연히 몸에 배어 일정한 형식 — 지속적인 감정, 신앙, 관습 및 상징 — 으로 결정(結晶)하는 조직의 결과이다. 제도는 다만 개념적인 존재가 아니고 눈에 보이는 물질 속에 형체화된, 감각적인 존재이다.

이러한 제도를 통해 인류는 과거와 이야기를 나누고 또한 미래를 내다보게 된다. 한편 제도(습관)는 개인과 환경 사이의 균형을 의미하며 환경에 대한 능동적 성질을 갖고 있다. 이러한 점에서 환경의 작용은 이 환경에 자발적으로 자기를 적응하도록 하는 존재의 반작용을 불러일으키는 종류에 불과하다. 습관(제도)은 따라서 환경에 대한 적응임과 동시에 자기 자신에 대한 적응이다. 인간은 환경에 적응하면서 동시에 자기 자신에 적응하고 그때 그의 행동이 능동성과 자율성이 유지된다. 습관적으로 됨으로써 하나의 형이 생긴다는 것도 이 관계에서 가능하게 된다.

개체는 다만 환경에 적응할 뿐 아니라 동시에 자기 자신을 모방함으로써 개체일 수 있다. 한편 습관은 환경적인 힘과 인간적인 힘의 작업적 적응이라는 점에서 매우 기술적이다. 기술은 주관적인 것과 객관적인 것의 통일로써, 즉 객관적인 것은 주관화하며 주관적인 것은 객관화한다. 이런 점에서 제도(습관)도 기술이다(제도⇌기술).

인간의 신체와 정신은 내적 기술에 의하여 연관되어 있고, 이 기술은 상상력을 기초로 하고 있다. 이런 점에서 기술은 신화적·마술적으로 보이기도 한다. 자연에 대한 기술의 발달은 인간이 자연에서 직접적으로 영향받는 것을 줄여간다. 제도는 환경에 대한 기술적인 적응방식이다.

◈ 기술(技術)

기술이라는 말은 가장 넓은 의미로 쓰일 경우 일정한 목적에 도달하기 위한 수속, 수단, 수단의 결합이나 체계를 의미한다. 기술은 또한 생산과의 불가분의 관계에 있다. 자연도 기술적이라고 할 때 생산적으로 여겨진다. 이처럼 기술에는 생산을 위한 수단의 개념과 함께 도구의 개념도 포함되어 있다. 어떤 점에서는 신체 그 자체도 도구이며 자연도 인간에게 신체의 의미를 가지며 따라서 도구라고 생각된다. 그러나 기술도 제도적 의미를 갖는다. 유사 이전의 일정한 시대를 석기시대, 청동기시대, 철기시대로 부르거나 역사적 사회를 봉건제, 자본제로 시대 구분하는 것도 기술인 제도적으로 되기 때문에 가능하다. 더욱이 기술은 신화로 존재한다. 주술이나 마술이 그것이다. 신화의 근저에 기술적 요구가 있는 것처럼, 기술의 근저에 신화가 있는 것이다.

주술은 과학이 실험적이고 자유를 숭상하며 합리적인 데 반해 고정적이고 보수적이며 제도적이라는 점에서 다르다. 또한 주술은 종교가 신화와 교리를 발전시켜 형이상학적인 데 반해 주술적 신화는 항상 태아로 머물러 형이하학적인 점에서 다르다. 과학과 기술의 시원은 부분적으로 주술가에서 비롯됐다. 그러나 주술 그 자체는 결코 과학과 동일하지 않으며 차라리 기술과 친연성을 갖고 있다. 주술에서 개인의식은 집합의식 속에 흡수되어 있다. 과학이 성립하기 위해서는 개인의식의 독립이 필요했다.

그러나 상상력에 의해 경험의 예로써 생긴 이미지 때문에 주술은 과학으로 접근할 수 있으며 거기에서 생소한 경험주의로부터 상상력의 비약, 나아가서 이데아가 태어날 수 있다. 인간과 동물을 구별하는 최초의 차이는 상상력이며 인간은 현재의 감각세계와 과거의 감각인상의 생생한 형상군에 의해 자신의 넓은 세계를 영위할 수 있다. 그런 점에서 이데아를 전혀 갖지 않는 것보다도 틀린 이데아를 가지는 것이 우월하다는 마르크스 웨버의 말은 옳다. "도구의 제작보다 신의 창조가 사상의 발전에 결정적인 사건이었다. 신화가 지성의 참다운 개막과 과학의 도래를 가능하게 하였다."고

에셸티어는 말했다. 과학을 지닌 것은 주술뿐만 아니라 오히려 기술이 과학과 본질적으로 결부되어 있다.

지성인(homo sapiens)은 공작인(homo faber)에서 직접 나온 것은 아니다. 주술이 과학이 되려면 경험에 구속되지 않으면 안 되는 것처럼(기술⇄경험) 기술이 과학이 되려면 상상력에 의해서 경험의 속박으로부터 자유롭지 않으면 안 된다. 그러나 발명된 도구가 무의식적으로 사용된다는 것은 기술의 경험주의에 의거한다기보다는 오히려 기술의 제도적 성질에 의거하고 있다. 기술은 습관적으로 됨으로써 기술의 의미를 가지며 습관적으로 됨으로써 도구는 신체의 일부가 되며 그 노동은 자연적으로 될 수 있는 것이다. 기술의 진보가 비연속적인 점도 습관적, 제도적 성질에 의한 것이다. 기술에서 인간적인 것은 물체적인 것이 되고 물체는 인간적인 것이 된다.

신체기관의 활동이 직접적이라면 도구에 의한 활동은 매개된 것이다. 도구는 주관적이면서 객관적이며 도구가 만들어지기 위해서는 주관적이면서도 객관적인 상상력이 없어서는 안 된다. 이런 점에서 기술도 하나의 형(形)이다. 자연도 형을 만드는 점에서 기술적이다. 자연의 역사는 형의 변환(transformation)의 역사이다. 이상에서 자연사와 인간사는 형의 변환(transformation)의 개념에서 통일될 수 있다.

기술은 원래 형과 형의 변화와 관계하고 있다. 종래의 수학적 자연과학의 편중은 과학의 이념이 기술에서 분리되고 일반적으로 실천적이고 역사적인 견해가 결여되는 데 근거한 것이다. 원래 기술은 자연법칙의 인식이며 따라서 수학적 자연과학을 기초로 하고 있다. 과학의 추상적인 일반법칙을 구체적인 형으로 전화(轉化)하여 외부에서 물(物)을 만드는 것이 기술이다. 그렇다면 형(形)은 경험과 어떤 관련을 맺는가.

◈ 경험(經驗)

독일의 철학자 칸트는 관념론과 경험론을 통합, 철학의 통일을 이룬 것으로 유명하다. 경험은 이중의 의미를 갖고 있다. 우선 객관적으로 주어지는 것이며 또한 경험의 주체와 관계 지워져 있다. 따라서 그것은 주관적이며 객관적이다. 경험의 이러한 측면은 '감관 속에 있지 않은 어떤 것도 오성(吾性) 속에 있을 수 없다.'라는 원리로 집약된다.

그러나 감각과 오성의 종합은 상상력에 의해 이루어진다. 흄은 "기억, 감각 및 오성, 그 모든 것은 상상력 혹은 우리의 관념의 생기(生氣)를 기초로 하고 있다."고 했다. 칸트는 경험의 개념을 새로 가공했다. 그는 형성력(形成力)에서 주(主) - 객(客)의 통일을 이루었는데 바로 상상력이 주요인이었다. 상상력은 이행적임과 동시에 이행하는 것을 하나의 현재에서 파악하는 것으로 시간적임과 동시에 영원을 상징한다. 상상력을 보증하는 것은 습관이며 습관은 조형력(造形力)을 만든다.

칸트는 경험의 종합을 위해 선험(先驗)의 논리를 제시했는데 선험논리는 대상의 논리이면서 상상력과 관계된다. 칸트는 '직관'의 종합 '상상력'의 종합, '개념'의 종합을 다루면서 오성과 감성 사이의 친화력에서 그 원인을 찾는다. 그는 이것을 상상력의 '희롱(spiel)'이라고 했다. 상상력은 원래 천재적인 것이며 다만 소수의 천재에만 속하는 것이 아니라 원래 인간에 있어서 천재적인 능력인 것이다. 특히 상상력이 개념과 일치할 때 천재가 탄생한다고 한다.

칸트는 개념에 형상을 부여하는 상상력의 일반적 표상을 '도식성'이라고 명명하면서 바로 판단력의 원천임을 강조한다. 그래서 그의 순수이성비판은 판단력비판으로 옮아가게 되는데 그는 판단력을 '상상력을 오성에 적합시키는 능력'이라고 말했다.

그의 '도식성'은 인간의 인식활동이 매우 미학적(美學的) 활동임을 강조하게 된다. '개념 밑에 경험적 직관을 포섭하는 능력', '보편적인 것 밑에 특수적인 것을 포섭하는 능력'이 판단력이었다. 칸트에게 미적 판단이 가진 필연성은 개념적이고 일반적인 필연성이 아니고 '범례적' 필연성이며 따라서 다분히 원형태 또는 원형(urtypus)이었다. 그런 점에서 하나의 규칙이기보다는 도식(schema)이라고 말할 수 있는 성질의 것이었다. 칸트는 자연의 형식적이고 논리적인 합목적성을 자연의 기술이라고 불렀다. 자연의 기술로 보인 자연은 '예술로서의 자연'이다. 예술은 기술의 일종이며 자연의 기술과 예술과의 사이에는 어떤 유비(analogy)가 인정된다. 유비는 다(多) 속에서 일(一)을 구하는데 다(多)임으로 일(一)인 특성을 갖고 있다.

자연의 다양한 형을 다양성에서 통일해 가는 '형의 유비(analogie der formen)', 이것이 자연기술의 형태학이다. 이러한 '형의 유비'는 그들 형이 모든 차이에도 불구하고 공통의 원형을 찾는다. 형의 유비는 자연기술에만 속하는 것이 아니라 역사의 논리에도 적합하다. 자연도 기술적인 것으로 볼 때 역사적이기 때문이다. 칸트는 인과론(기계론)과 목적론을 결합하는 것으로 공통된 원리를 상정하였다. 그것은 '자연의 초감성적 실체'(das übersinnliche substrat der natur)'이다.

이것은 칸트의 '직관적 오성'이라는 말에 잘 나타난다. 직관적 오성에 관한 종합적 보편 혹은 구체적 보편의 개념은 전체와 부분의 구조에서 체계의 이념과 합치하며 따라서 유기체의 구조와 합치된다. 직관적 오성의 논리는 유기체의 논리와 마찬가지로 목적론이지만 '인과론과 목적론의 통일'이었다. 칸트는 "문화는 자연의 최후의 목적이다."고 인정, 자연에 문화적 합목적성을 인정하였다. 문화적 합목적성은 역사적 합목적성이며 '인간성의 발달'에 있어서도 합목적성이다.

역사적 범주는 역사적인 형(形)에 지나지 않으며 질료와 형상, 객관과 주관, 기계론과 목적론, 다(多)와 일(一)의 종합이다. 이러한 종합의 형(形), 그 자체는 논리에 의해서가 아니라 직관에 의해서 파악될 수 있으며 논리적 분석도 직관과 상상력의 비약이 없이는 불가능하다.

단지 논리로 형이 파악되는 것처럼 생각되는 것은 이미 이룩된 형 '과거의 형'을 생각하기 때문이다. 이룩되어 가고 있는 '현재 진행의 형', '미래의 형'에 대해서는 그것이 불가능하다. 더욱이 '과거의 형'에 대해서도 '형에서 형으로의 비약적 전화(轉化)'를 있게 하는 상상력의 매개 없이는 사유될 수 없을 것이다. 이상의 논의에서 결론적으로 다음과 같은 도식을 얻을 수 있을 것이다.

◆ '신화(언어)⟷제도(사회)⟷기술(환경)⟷경험(인간)'

즉 이들은 서로 가역반응의 관계에 있으며 상상력을 기초로 형(形, 型)을 만드는 인간의 활동임을 알 수 있다. 한 예로 신화는 하나의 제도이며 기술이며 경험이며 형(形)을 만드는 역사에 다름 아니다. 또 그것은 범례적 성격 탓으로 원형을 찾는(만드는) 행위로써 끝없이 변형(transformation)을 만드는(찾는) 것이다.

거기에서 다(多)와 일(一)의 종합(통합)이 이루어진다. 따라서 인간의 문화를 총체적으로 바라보기 위해서는 '원형(原形)의 발견'에 기댈 수밖에 없을 것이다. 이것은 또 예술이라는 이름의 통일이다. 인간은 그 형(形, 型, image)을 통해서 과거 및 미래와 통한다. 또 다른 문화의 사람과 대화한다. 그것은 시간과 공간의 종합적 소통 (communication)이다.

제3장

'한'사상과 예술인류학

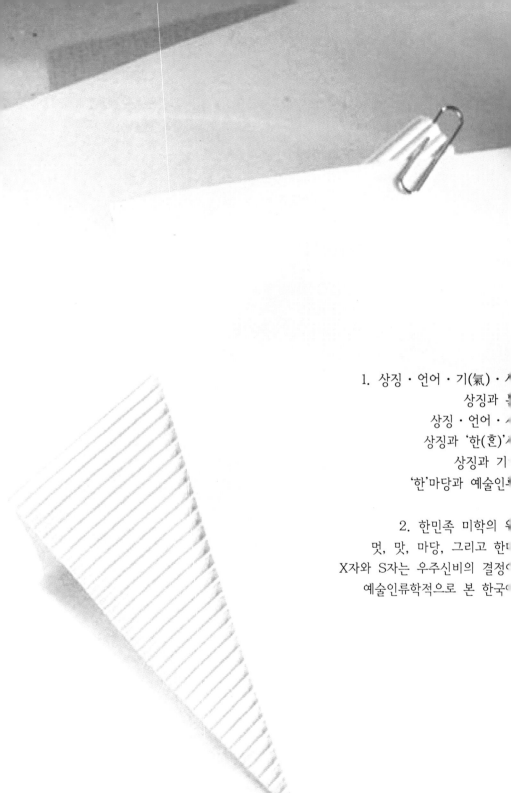

1. 상징 · 언어 · 기(氣) · 사물

◈ 상징과 문화

　문화에 대한 개념정의는 여러 가지가 있다. 그러나 가장 최근의 정의는 인간의 개체적 능력인 상징이 집단적(사회적)인 타성태(일종의 관습)로 공유되어 사회적 언어가 된 것이다. 그 사회적 언어의 종류는 다양하다. 관념, 행위양식, 인지(認知)구조, 정치 · 사회적 제도, 과학 · 기술체계…… 등등.

　또 이 같은 문화는 매우 신체 외적인(extra－somatic) 맥락의 것이지만 신체적인 또는 심리적인 것과 무관한 것은 아니다. 심리적이라는 말은 물론 신체적인(somatic) 것이지만 또한 정신적인(mental) 것과 상부구조에선 확연히 분리되지 않는다. 그래서 정신－심리복합(psycho－mental complex)이라는 영역이 있긴 하지만 문화의 추상적인 부분, 상부구조에 체질(體質)이 직접적인 영향을 미치지는 않지만 상부구조의 원형질(matrix)이 되는 것은 확실하다. 말하자면 문화의 내용이나 구조(유형) 자체는 체질이나 환경으로 설명할 수 없지만 그것의 형성에는 영향을 미친다고 볼 수 있다.

　이것은 문화와 환경(신체)을 별개로 취급하는 극단적인 문화결정론자와는 다르다. 문화와 환경 사이는 단절된 것이 아니고 단지 양자 사이의 메커니즘을 우리가 모를 따름이다. 그렇다고 문화를 환경 또는 생태에 종속시키는 환경－생태론자(환경결정론자)는 더더욱 문화를 단순화시키고 만다. 지금까지 문화의 개념규정의 약점은 극단적인 이분법과 그것의 통합의 실패에 따른 것인데 이것은 인간의 정신 ― 이것은 상징작용이라 할 수 있다. ― 과 신체·환경 사지의 메커니즘을 하나의 연속체(continuum)로 보지 않으려는 것에서 기인한다.

다시 말하면 문화는 정신과 물질의 계속적인 교체(마치 전기적 전도처럼)의 결과라는 사실에 대한 무지에서 비롯된다. 예컨대 건축이라는 문화형태는 인간의 사고와 환경의 만남의 소산이다. 이것은 매우 물질적인 것(물질문화)이지만 이미 하나의 훌륭한 언어인 것이다.

건축은 물질이면서 언어인 것이다. 또 그것은 인간과 환경 사이의 일종의 체계(system)인 것이다. 그것은 불가분의 것이다. 문화가 하나의 복합체(complex)이지만 복합체의 구조와 기능(structure and function)을 형태적으로 보여주는 것이 체계(system)이다. 그러한 점에서 문화를 문화복합(culture complex)에서 문화체계(culture system)로 보는 체계적 이론, 체계적 연구가 필요한 것이다.

문화가 인간의 상징능력과 환경과의 대화라고 가정할 때, 또 양자 사이의 메커니즘을 체계적으로 연구한다고 할 때 문화는 물질이라고 보기보다는 언어–상징체계로 보는 전략이 필요하다. 왜냐하면 문화를 연구하는 수단은 언어이고, 물질은 대상으로서의 성격이 강하기 때문이다. 그렇다면 언어와 상징은 무엇인가. 상징에 대한 논의를 먼저 시작하자.

◈ 상징·언어·사물

상징은 문학이나 철학, 그리고 인류학의 주요 연구 주제이다. 문학에서의 상징은 크린스 브루크스의 정의가 대표적인 것으로 받아들여진다. 즉 '상징은 원 관념이 생략된 은유'이다.[33]

이 말을 다시 풀어보면 은유는 그 과정이 아무리 복잡하더라도 일단 유추가 끝나면 심상(心象)의 테두리(틀)가 떠오르지만 상징의 경우는 그것이 명쾌하게 드러나지 않는다는 특성을 갖고 있다. 상징은 확장된 은유이며 그것의 반복형태이다. 이것은 시니피앙(signifiant)과 시니피에(signifie)의 반복과 같으며 또한 동종주술(homogeneous magic)과 감염주술(contagious magic)의 반복과 같다. 이것은 상징이 언어의 기호작용과 다름을 나타낸다. 왜냐하면 상징은 이중의(또는 그 이상의) 의미, 이중의 기호작용이 있기 때문이다.

철학에서의 상징은 캇실러에 의해 절정에 달했다. 그는 철학 자체가 '상징형식'의 하나이며 동물은 수용계통과 운동계통 등 해부학적 구조에 의해 살지만 인간은 '상징체계'라는 제3의 연결물에 의해 산다고 주장했다. 여기서의 상징체계는 단어, 신화, 예술, 역사, 과학 등이 포함된다. 이들 상징체계 중 가장 중요한 것이 언어체계이다. 그에 따르면 인간이 쓰는 언어는 크게 두 가지로 나뉜다.[34]

물질적 존재로서의 기호와 기능적 가치로서의 상징이다. 캇실러는 추상적 사고, 곧 상징적 상상력을 반성적 사고와 동격으로 다루었다. 즉 '인간이 부동(浮動)하는 감각적 현상의 흐름의 어설픈 전체 속에서 어떤 고정적 요소를 떼어내어 그것에 주의를 집중하기 위해서 그들을 추출해 내는 능력'이라고 말했다.

사실 따지고 보면 인간의 사물인식의 척도가 되는 시간과 공간

---

33) 김용직(편)(1988), '상징이란 어떤 것인가.' ≪상징≫, pp.19~50, 문학과 지성사.

34) 김용직(편)(1988), '인간과 상징', ≪상징≫, pp.53~78, 문학과 지성사; E. Cassirer, ≪An Essay on Man≫, 제1부의 2, 3장 번역한 것임.

도 상징형식의 하나에 불과하다. 흔히 점이나 선, 평면 등이 현실적으로 존재하는 것 같지만 실은 물질적, 심리적 세계도 반영하지 않는 허구상인 것이다. 캇실러는 이를 '공간지각' 또는 '상징적 공간'이라고 했다. 공간은 근본적으로 추상의 공간이 되고 상징의 양상을 띠는 것이다. 이것은 '유기체적 특성'을 가진다. 이러한 상징의 특성 때문에 상징은 직관과 결합되어 언어적이든 비언어적이든 간에 다음과 같이 특징지어진다.

'이미지들과 관념들이 보다 좁고, 보다 직관적인 관계들로부터 끌어내어져 그 만연성과 이념성 때문에 직접 표현될 수 없는 보다 보편적이고 관념적인 관계들에 대한 표현들로서 사용되는 것은 모든 상징들의 특징이다.' 심리학에선 상징화 기능을 '열등한' 기능들의 대리물로, 특히 원시적인 것 '위대한 자연의 신비'에로의 역행으로 여긴다. 그러나 상징체계는 본능적이고 무의식적이고, 비이성적인 성격과 함께 의식적이고 반성적이고 이성적인 성격을 포함한다.

이상의 여러 분야에서의 상징논의를 종합하면 상징의 일반원칙을 끌어낼 수 있다.[35)]

'모든 상징은 무엇인가를 대변한다.'(제1원칙)

'모든 상징은 이중적 지시의미를 갖는다.'(제2원칙)

'모든 상징은 진실과 허구 두 가지 다를 포함한다.'(제3원칙)

'모든 상징은 이중적 적합성을 갖고 있다.'(제4원칙)

이상은 미학적·종교적·과학적인 분야에 적용되는 일반원칙들이다.

---

35) 김용직(편)(1988), '상징체계의 일반이론', 《상징》, pp.79~137, 문학과 지성사; Wilbur Marshall Urban, 《Language and Reality》, 제9장을 번역한 것임.

상징의 해석에는 '축자적인 것'(the literal)과 '확장으로서의 해석'(상징적 의미) 등 두 가지가 있다. 상징의 기본적 두 유형, 즉 '관습적 상징＝대체적 기호', '직관적 상징＝표현적 기호' 중 전자는 수학적·논리학적 상징의 해석으로 볼 수 있고, 항상 언어적이고 정의의 성격을 갖는 반면 후자는 직관적 상징으로 언어적인 동시에 비언어적이다.

더욱이 상징의 '행동적 확장'은 언어적 확장과 대조된다. 예컨대 동전은 교환의 상징이고 깃발은 애국심의 상징이며 십자가 혹은 다른 징표는 종교의 상징이다. 이런 종류의 상징들은 행동과 밀접하게 관련되어 있고 넓은 의미에서 행동의 기호로서 작용함으로 효능적 상징이라고 불리기도 한다. 달리 말하자면 '행동적'이라는 것이다.

이런 상징은 정말 행동을 위한 기호로 작용할 수 있고 근원적인 정서적·의지적 유형의 의사소통에 유효할 수 있다. 나의 예술인류학이 정서의 의사소통(communication)과 교감(sympathy)에 역점을 두어 '상징＝의례'(symbol＝ritual)로 모델을 잡는 한편(보다 확대된 일반이론으로는 '역동적 場'의 개폐이론, 즉 DSCO이지만) 종교적 해석이 과학(학문)적, 예술적 해석을 통합하는, 상위의 해석학으로 택한 것도 종래와는 역(易)의 방향이며 위의 근원적 의사소통을 우선하기 때문이다. 그러나 표현되지 않은 지시의미는 언어의 확장과 해석이 일어나기 전까지는 표현되지 않은 채로 남아 있으며 이 사실을 이해할 수 있는 의사소통이 궁극적으로는 언어학적 용어를 통해서만 가능하다.

이것은 언어와 상징의 가역반응(언어⇌상징)을 의미한다.

위의 '축자적 해석'은 언어우선주의에 의해 자연주의(자연과학주의) 또는 물리학적 맥락의 우선권에 해당하며 매우 분석적인 입장을 취해 허구를 분해시키고 환원주의 · 퇴행주의로 궁극적으로 상징들을 해소시키게 된다(이것은 나의 예술인류학 모델 중 '언어＝사물' 또는 '언어⇌사물'에 해당한다).

반대로 '확장으로서의 해석'은 상징우선주의에 의거하여 종국에는 초월주의를 보이게 된다. 초월주의는 항상 상징을 상징에 의해 의미된 대상의 측면에서 해석한다. 다시 말하면 대상(사물)은 바로 상징인 것이다(이것은 나의 예술인류학 모델 중 '상징＝사물', '상징＝사물'에 해당한다).

이것은 상징 사용자가 비록 불완전할지언정 그가 무엇을 의미하는가를 안다고 가정한다. 다시 말하면 이러한 가정은 상징적 의식의 기본전제에 다름 아니다. 초월주의 이론은 상징을 공식화한 것이다. 과정철학자, 과정신학자로 잘 알려진 화이트헤드는 양립 불가능한 두 경향들, 즉 자연주의적 경향과 초월주의적(또는 관념주의적) 경향을 융합시키려고 했다. 나아가서 이들의 관계를 '생성적'으로 보려 했다. 상징은 한마디로 이중적 의미, 양가성, 다차원성 등을 의미한다.

◈ 상징과 '한(혼)'사상

상징의 다차원성과 한(혼, 韓)사상의 불확실성은 매우 공통적 기반을 갖고 있다. 문제는 상징의 의미 중 가장 확장된 의미가 한(韓)사상이 아닌가 하는 점이다. 물론 가장 축소된 의미마저 한사상은 갖고 있다.

한사상의 '한'은 한국, 한겨레, 한글, 한식, 하나님, 한얼의 의미와 함께 한자로는 '韓, 漢, 汗, 干, 旱, 寒, 咸, 桓, 丸' 등으로 쓰인다. 다시 말하면 국가, 민족, 사상, 생활전반에 관한 우리의 정체성(identity)을 규정할 때 쓰이는 말이다. '한'의 사전적 의미는 '一(one)', '多(many)', '同(same)', '中(middle)', '不定(about)' 등 다섯가지 뜻으로 요약된다.36)

이러한 '한'의 개념은 종래 서구중심의 철학사상이 제1원인(the first cause)이나 충족 이유(sufficient cause)를 설정, 거기서 다른 존재들을 유추하는 시원적 방법론에 의존한 데 반해 비시원적으로 사고하고 사물을 생각하는 특징을 갖고 있다.

'한'사상은 다양한 의미를 포용하고 있기 때문에 그것 자체가 상징이다.

그것은 '축어적 해석'(一)이면서 '확장으로서의 해석'(多), 그리고 그 사이의 '불확실성(不定)'과 '중간(中 middle)', '같음(同 same)' 등을 함께 포함하고 있다. 이것은 상징의 다차원성과 다름이 없다.

'한'은 특히 고정된 상징(이것은 언어이다.)보다 상징작용, 즉 역동적 상징이다. 서양철학이 시원적 사고 특성을 가졌다고 하는 것은 어떤 관념이나 개념에 결정성을 부여하는 것을 의미하는데 이것은 다름 아닌 서양문화의 '언어-사물'중심의 사고 틀과 맥을 같이한다.

이에 비해 결정성을 부정하는 '한'은 동양문화의 '상징(氣)' 중심의 사고 틀과 상통한다. 상징이야말로 지시적 의미전달 기능을 하면서도 개인(詩人)과 집단(민족)이 특별히 부여하는 의미를 싣고, 시각적으로 독립성을 보이는 사물과 언어가 하나가 되게 하는 주술적 기능을 한다. '한'은 우리 민족의 집단상징의 원형이다.

---

36) 김상일(1986), ≪한사상≫, pp.8~9, 온누리.

◈ 상징과 기(氣)

　기(氣)는 동양적 우주관의 본질이다. 기(氣)는 또한 정신과 물질의 이분법을 용납하지 않는다. 정신과 물질이 모두 기(氣)로부터 연원하는 것이다. 다시 말하면 기(氣)는 사물(氣←사물) 또는 상징(氣←상징) 등의 이중적 관계를 갖고 있다. 흔히 기(氣)를 유물론적으로 해석하는 것은 그것 자체가 서구적 결정론(관념적·물질적인)의 소산이다.

　우리는 해명하지 못한 우주의 메커니즘(신비)을 물질적인 것으로 환원시키기보다는 상징적인 것으로 가정해 놓고 이 같은 가정의 조건으로서 또 하나의 본질로서 기(氣)를 가정하여 현상학적인 탐구를 하지 않으면 안 된다. '한'사상이 일(一)과 다(多)를 동시에 포용하는 것은 결정성을 끊임없이 부정하여 부수어 버리는 존재(또는 비존재)를 가정하지 않으면 안 된다. 이것은 일종의 구축(construction)과 해체(de－construction)의 반복이며 특히 해체 쪽에 비중을 더 두는 것이 된다. 물론 이 같은 해체는 생성적(becoming) 세계관을 전제한다.

　설사 어떤 결정성(그것이 언어이든, 사물이든)을 분석할 경우에라도 상징은 기(氣)의 도움을 받아야 한다. 왜냐하면 기(氣)가 물질적·정신적 에너지이기 때문이다. '한'은 기(氣)와 어떤 관계에 있을까. '한'은 사실체와 상징체의 개념을 동시에 포함하는 '존재－생성'철학의 개념이다. 이것은 이(理)가 기일분수(氣一分殊)로 기(氣)가 이(理)를 포함하고 나아가 무(無)와 궁극적으로 통하는 것과 같다.

　'한'이 개체(부분)와 전체를 망라한 개념이라면 결국 보이는 세계와 보이지 않는 세계를 망라한 개념이다. 기(氣)도 마찬가지다. 상징은 기(氣)로부터 나오며 기(氣)의 표현이다. '한'이 상징이라면 '한'도 역시 기(氣)의 산물이다.

◈ '한마당'과 '통일장' = '역동적 장', 그리고 예술인류학

'한'사상은 사실 '한마당' 등으로 '마당'사상을 포함하고 있다. 그러나 굳이 '한'사상이 아니라 '한마당'사상이라고 한 것은 '마당' 이라는 공간적 개념의 도입과 함께 '한'의 관념성이나 추상성을 행 위성이나 구체성으로 확대하려는 의도 때문이다. '한'이 내용이라 면 '마당'은 그것을 담는 그릇이다. 즉 '한'이 구체화되는 장소이다.

나는 '한마당' 개념을 '역동적 장(場)의 개폐이론(DSCO)'으로 구 체화한 적이 있는데 이것은 마당을 고정적이고 계량화된 장소로서 가 아니라 가변적이고 비계량적인 상징적 공간으로서 일종의 상황 적 공간(contextual space)으로 본 것이었다. 말하자면 '한'이 시간적 개념으로서 텍스트(text)적 성격을 가졌다면 '마당'은 공간적 개념 으로 콘텍스트(context)적 성격을 가졌다. 그러나 '한'도 비시원적 개념이고 '마당'도 물리적 공간이라기보다는 '공(空)'에 가까운 개 념이기 때문에 서양 철학적 의미의 시간과 공간이 아니다.

'한마당' 철학을 기조로 한 인류학이 나의 예술인류학인데 이것 은 말하자면 '텍스트사회학'에 대한 '콘텍스트 인류학'이 되는 셈 이다. 이것은 현대 물리학의 '장(場)이론'과도 맞아떨어진다. '역동 적 장의 개폐이론 = 역동장(Dynamic Field)이론'은 물리학의 통일장 이론과 맥락을 같이하는 인문사회학적 통일장이론이면서 나아가서 한민족의 통일이론이다. 그런 점에서 현대판 원효의 화쟁론이라고 할 수 있다. 역동장으로 바라보면 세계는 하나의 예술이며 하나의 거대한 판타지이다.

예술인류학은 사실(fact)과 실체(reality)를 일종의 '상징'(symbol)으로 보며 한 사회를 상징이 난무하는 드라마 사회로 본다. 모든 사회현상은 본질의 표현으로서 일종의 증후(symptom)이며 또한 가변적이다. 사물이나 경직된 언어가 아니며 해부학적 구조라기보다는 생리학적인 작용이며 변하고 있는 '상징의 한 형식들'이다. '과정의 한 형식들'이다.

2. 한민족 미학의 원형

◈ 멋, 맛, 마당, 그리고 한마당

문화를 구체적으로 보면 물질문화로서 의(衣), 식(食), 주(住), 그리고 여러 정신적 활동을 하는 것으로 말과 글, 언어(言語)와 각종 예술장르를 들 수 있다. 이때 언어라는 것은 물론 문화적·사회적 또는 이데올로기적인 것을 포함한 보다 광의의 것이다. 예술은 인간의 모든 조형적 활동을 들 수 있다. 이들에 대응하는 순수 우리말의 미학적 개념은 무엇인가. 이것은 크게 어렵지 않다. 의＝멋, 식＝맛, 주＝마당, 말＝'한', 그리고 그것의 종합으로서의 '굿＝한마당'을 들 수 있다.

우리는 흔히 좋은 옷을 잘 차려입은 상대를 볼 경우 '멋있다'라고 말한다. 멋이라는 용어는 우리 문화복합의 종합적인 미학이기도 하다. 또 음식을 먹었을 때는 '맛있다'라도 말한다. 그런데 자세히 보면 멋, 맛, 마당(맏)은 한글발음도 엇비슷하다. 멋, 맛, 마당이라는 비슷한 한글발음의 원천에는 무언가 우리민족의 미학의 원형 같은 것이 서려 있는 것 같다. 도대체 이들 단어는 어떤 세계관을 내포하고 있는 것일까.

한글은 흔히 영어와 마찬가지로 표음문자이다. 그런데 표음문자의 알파벳＝자모(字母)가 단순히 발음만 있는 것이 아니고 실은 자모에 나름대로 의미를 가지고 있는 것임은 널리 알려져 있다. 영어의 알파벳만 하더라도 여러 의미가 있다. 프랑스의 문호 빅토르 위고는 ≪여행수첩≫에서 이렇게 말했다. 그것을 요약하면 대체로 다음과 같다.

"예컨대 Y는 두 갈래로 갈라진 것을 상징한다. 나무도 그렇고, 길도 그렇고, 강도 그렇다. 백합의 양팔도 그렇고. 유리잔과 손잡이도 그렇다. 하늘을 향해 기도하는 사람의 모습도 그렇다. A는 지붕, 아치이다. B는 D에 D를 겹쳐놓은 곱사등이다(필자는 B는 젖가슴이고 엉덩이라는 것을 추가하고 싶다). C는 초승달이다. D는 등이다. E는 기초요, 기둥이요, 건축물이다. F는 교수대이다. G는 호른이다. H는 두 개의 탑이 있는 건물의 정면이다. I는 투척기이다. J는 쟁기이고 뿔이다. K는 입사각과 반사각이다. L은 다리와 발이다. M은 산이고 병사들의 텐트이다. N은 빗장이 사선으로 쳐진 문이다. O는 태양이다. P는 짐을 등에 지고 있는 짐꾼이다. Q는 엉덩이와 꼬리이다. R은 휴식, 짐꾼이 지팡이에 의지하고 있는 쉬고 있는 모습이다. S는 뱀이다. T는 망치이다. U는 항아리이다. V는 꽃병이다. X는 칼이 엇갈려 싸움을 하고 있는 형국이다.

그런데 우리는 누가 이길지 알지 못한다. 신비주의자들은 그것을 운명의 기호라고 생각한다. 대수학자들은 미지의 표시로 사용했다. Z는 번개이다."(≪문자의 역사-筆(시공 디스커버리총서)≫, pp.195~196, 시공사)

◈ X자와 S자는 우주신비의 결정이다

여기에 덧붙인다면 결국 X자는 우주의 신비의 절정이다. X자는 모르는 것의 대명사이면서, 근원적인 것의 대명사이다. 일종의 아포리아(aporia)를 나타내는 문자이다. X자는 또 십자가(✝, 그리스도, X-mass)의 표시이면서 X 같은 놈, X 같은 년 등 욕설의 대명사이다. X는 서로 엇갈리는 것의 대명사이면서 두 세계가 만나는 것의 대명사이다. Y는 X에서 결국 하나를 택하여 가는 것임을 뜻한다. X는 S에 못지않은 신비스런 알파벳이다. 혹자는 X를 두 개의 S의 합침(X=S+S=S+Z)이라고 말하기도 한다. 한자문화권에서는 마치 태극＝음양과 같은 알파벳이라고 할까.

영어의 A, B, C/X, Y, Z, 그리고 한글의 ㄱ, ㄴ, ㄷ/ㅋ, ㅌ, ㅍ(ㅎ)은 의미심장하다. 알파벳의 처음과 끝의 3자이다. 필자의 생각으로는 어딘가 천지창조와 남녀의 탄생, 음양의 탄생, 우주의 비밀 같은 것을 상징하고 있는 것 같다. 그리고 대립된 세계의 중화나 균형 같은 것을 내포하고 있는 것 같다. 결국 이들 알파벳은 가장 많이 쓰일 가능성이 높다. 무엇보다도 시작과 끝의 3자모라는 점에서 그렇다.

물론 사람에 따라서 여러 다른 의미를 주장할 수도 있다. 어쨌든 표음문자의 알파벳이라고 하지만 눈에 보이는 어떤 형상을 단순화하여 기호화했을 것임을 유추할 수 있다. 한글은 발음기관을 본떠 만든 자모이다. 초성(자음)은 발음의 위치에 따라 구분된 5음(ㄱ, ㄴ, ㅁ, ㅅ, ㅇ)에서 각각 기본이 된 글자 하나씩을 정하여 그 발음기관의 모양을 상징하는 자형을 먼저 만들었다. 여기에 획을 추가하였다. 한글의 자음의 기본음은 원방각(○□△)이고, 모음은 천지인(ㆍㅡㅣ)이다. 이들 기본음의 조합이 바로 한글 자모이다.

그런데 최근 한글발음의 의미를 우주론적 — 불교적 우주론 혹은 천부경적 우주론 — 의미로 파악한 구선(九禪) 스님은 그의 ≪觀, 한글 자음 원리≫(2008년, 연화)에서 다음과 같이 말한다. 그것을 요약하면 이렇다.

"ㄱ, ㄴ, ㄹ, ㅁ, ㅂ, ㅅ, ㅇ, ㅈ을 천부(天符)팔음이라고 한다. ㄱ은 본성의 밝은 성품을 나타낸다, ㄱ은 수직선(ㅣ)에 중심을 두니 양이다. '공간'은 둘 다 ㄱ으로 시작한다. ㄴ은 수평선(ㅡ)에 중심을 두니 음이다. ㄴ은 음양이기(二氣)를 나타낸다. ㄹ은 음양이기의 순환을 나타낸다. 이로써 사대(四大)인 지(地), 수(水), 화(火), 풍(風)이 생긴다. ㅁ은 음양이기의 중첩으로 물질계(허달계)가 씨앗을 맺음을 나타낸다(ㅁ은 땅을 형상화한다). ㄷ은 본질과 현상이 동떨어지지 않음을 나타낸다(천부경에서 무궤화삼(無櫃化三: 뚜껑이 열린 상자)과 같은 뜻이다). 한글에서 ㄷ, ㅁ, ㅂ은 그릇을 나타낸다. ㄷ은 열린 그릇, ㅁ은 닫힌 그릇, ㅂ은 그릇에 물이 담긴 모양이다. ㅍ은 물질입자가 운동을 하니 파동이 된다. 천부팔음에서 ㄷ이 들어가지 않는 것은 ㄷ이 천부 팔음과 나머지를 연결하기 때문이다. ㅍ에서 파동(波動)과 '팔'(八)이 나온다(ㅍ은 ㅁ에서 사방에 가지가 돋아난 것이다). '팔다리'도 여기에 해당한다. ㅂ은 물질계에서 한 물질이 생겨남을 나타낸다. ㅅ(△)은 물질입자가 빛이 되고 의지와 의식이 생김을 나타낸다. △은 바로 인간은 나타내기도 한다."

예컨대 '사람'은 ㅅ＝서로 의지해서, ㅏ＝확장을 도모하고, 라＝더욱 확장을 계속하더라도, ㅁ＝한계가 있음을 나타낸다. 내가 문명의 키워드로 상정하고 있는 성(sex), 성(surname), 성(saint)의 발음이 'ㅅ'과 's'로 시작하는 것도 흥미 있는 사실이다. 또 '시작', '시초', '처음', '씨앗', '색(色)', '시간'이라는 단어도 ㅅ(ㅈ, ㅊ)으로 시작하고 있음에 주목된다. △은 생태계의 먹이삼각형이나 계급구조 등을 상징하기도 한다. △은 산(山)의 모습과 같이 가장 안정한 구조이기도 하다.

구선 스님은 또 말한다. "ㅇ은 물질계가 확장되고 정신계(실달)가 체를 갖춤을 나타낸다. ㅅ, ㅇ 다음에 ㅈ이 오는 것은 의미심장하다. ㅈ은 생명이 새로운 변형과 확장을 이루는 것을 나타낸다. ㅈ은 ㅈ＝ㅅ＋ㅡ으로 다시 평등을 회복하려는 움직임이 있다. ㅈ은 ㅊ이 되고 ㅊ은 지(地), 지구, 자지(㞗), 보지(𡚇) 등 땅의 것에서 하늘로 향하는 초월을 나타낸다. ㅊ은 물질입자가 생명의 틀을 뚫고 벗어남을 나타낸다. 초월하다, 초자연, 추월, 처음 등의 발음에서 느낄 수 있다. ㅊ은 다음에 ㅋ(ㄱ), ㅌ(ㄷ), ㅎ(ㅇ)으로 닿소리는 끝난다. 이들은 어딘가 닿소리를 다시 시작하는 기분이다. ㅋ은 다차원의 공간(공간의 수직적 분할)을 의미한다. ㅌ은 공간의 수평적 연결을 의미한다. ㅎ은 무심과 무념과 밝은 성품으로 진여를 이룸을 의미한다."

나의 생각에 '한'사상도 ㅎ과 관련이 있을 것 같다. ㅎ은 ㅇ의 초월적 완성이다.

〈표 9〉 한글자모의 의미

한글자모 닿소리＝ㄱ, ㄴ, ㄷ, ㄹ, ㅁ, ㅂ, ㅅ, ㅇ, ㅈ, ㅊ, ㅋ, ㅌ, ㅍ, ㅎ(**14자**＝**기본음**: ○ □ △＝**하늘 땅 인간**)

ㄱ＝생명의 본성에서 밝은 성품이 일어나서 확장되는 것을 말한다. 생명의 드러남, 집약성, 방향성을 가지고 있다. 본성의 밝은 성품을 나타낸다. ㄱ은 수직선(ㅣ)에 중심을 두니 양이다. '공간'은 둘 다 ㄱ으로 시작한다.

ㄴ＝밝은 성품과 밝은 성품이 서로 부딪혀서 음양이기(二氣)를 나타낸다. 추구, 욕심, 승화를 의미한다. 자기중심적 소리이다. ㄴ은 수평선(一)에 중심을 두니 음이다. '시간'은 ㄴ으로 끝마친다.

ㄷ＝생명에 어떤 작용이 있더라도 그 작용은 본성과 동떨어지지 않는다. 작용은 본성과 항상 연결되어 있고, 고정된 틀이 없다. 천부경에서 무궤화삼(無櫃化三: 뚜껑이 열린 상자)과 같은 뜻이다. 한글에서 ㄷ, ㅁ, ㅂ은 그릇을 나타낸다. ㄷ은 열린 그릇.

ㄹ＝음양이기와 밝은 성품이 생명의 틀 안에서 서로 순환하는 상태이다. ㄹ은 바로 삼태극의 순환을 나타낸다. 이로써 사대(四大)인 지(地), 수(水), 화(火), 풍(風)이 생긴다.

ㅁ＝극대상황이다. 생명의 틀 안에서 음기의 양이 증가하면서 밝은 성품과 양기 사이의 통로가 막히고 음기와 양기가 첩첩이 쌓여져서 중첩된 상태이다. 음양이기의 중첩으로 물질계(허달계)가 씨앗을 맺음을 나타낸다. ㅁ은 땅을 형상화한다. 몸, 마음(맘), 뭄이 대표적이다. 닫힌 그릇.

ㅂ＝노골화 현상이다. ㅁ의 상태에서 밝은 성품이 지속적으로 생성되면서 음기를 양기의 틀 쪽으로 밀어붙이게 된다. 이때 음양이기가 부딪히면서 물질입자가 생성된다. 그릇에 물이 담긴 모양이다.

ㅍ＝물질입자가 운동을 하니 파동이 된다. 천부팔음에서 ㄷ이 들어가지 않는 것은 ㄷ이 천부 팔음과 나머지를 연결하기 때문이다. ㅍ에서 파동(波動)과 '팔'(八)이 나온다(ㅍ은 ㅁ에서 사방에서 가지가 돋아난 것이다). '팔다리'도 여기에 해당한다. ㅂ은 물질계에서 한 물질이 생겨남을 나타낸다.

ㅅ(△)＝생명의 중심부로 향하게 된 물질입자가 안정된 파장에 적응하고자 분열하게 된 것이다. ㄴ이 기운의 나누어짐인 데 반해 ㅅ은 물질의 분열이다. 물질입자가 빛이 되고 의지와 의식이 생김을 나타낸다. △은 바로 인간은 나타내기도 한다. 또 '시작', '시초', '처음', '씨앗', '색(色)', '시간'이라는 단어도 ㅅ(ㅈ, ㅊ)으로 시작하고 있음에 주목된다. △은 생태계의 먹이삼각형이나 계급구조 등을 상징하기도 한다. △은 산(山)의 모습과 같이 가장 안정한 구조이기도 하다.

ㅇ＝혼돈에 들었던 생명이 다시 적정을 회복한 것이다. 허달계가 확장되고 실달계가 체를 갖춘 것이다. ㅅ과 ㅍ의 과정(물질입자의 분열과 운동)에서 혼돈에 빠진 생명이 그 상태를 벗어나서 다시 적정성을 회복한 것이다.

ㅈ＝허정(虛靜)을 회복한 생명이 여섯 의식으로 불린다. 이로써 실달계가 상(相)을 갖춘다. 생명이 다시 적정을 회복한 이후에 여섯 개의 유상의식을 갖춘 것이다. 생명이 새로운 변형과 확장을 이루는 것을 나타낸다. ㅈ은 ㅈ＝ㅅ＋ㅡ으로 다시 평등을 회복하려는 움직임이 있다.

ㅊ(ㅈ)＝물질입자가 생명의 틀을 뚫고 벗어나서 물질공간을 의미한다. 초월하다. 초자연, 추월 등의 의미가 있다.

ㅋ(ㄱ)＝물질공간과 생명공간이 차원을 달리한다. ㅋ은 공간의 수직적 분할(다차원의 공간)을 의미
한다.
ㅌ(ㄷ)＝작은 것이 쌓여서 큰 것을 이루고 큰 것이 나뉘어저 작은 것이 된다. 펼쳐지면 천지만물이
요. 거두어지면 한 생명이다. ㅌ은 공간의 수평적 연결을 의미한다.
ㅍ(ㅂ)＝생명의 틀 안에서 물질입자가 운동하는 것이다. 이로써 생명이 여섯 가지 의식을 갖추었다.
ㅍ은 ㅁ(몸)에서 4개의 가지가 돋아난 것이다. 생명이 스스로가 가지고 있는 관념이 틀(ㅁ)에서
벗어나기 위해 노력하는 것이다. ㅍ도 확장하는 데는 한계가 있다.
ㅎ＝(ㅇ)＝무심과 무념과 밝은 성품으로 진여(眞如)를 이룸을 의미한다. 생명이 심식의(心識意)에서
벗어나서 진여를 증득해야 초월적 확장을 이룬다. '한'사상도 ㅎ과 관련이 있을 것 같다. ㅎ은
ㅇ의 초월적 완성이다.

한글자모 홀소리＝ㅏ, ㅑ, ㅓ, ㅕ, ㅗ, ㅛ, ㅜ, ㅠ, ㅡ, ㅣ
(10자＝기본음: ㆍ ㅡ ㅣ＝하늘 땅 인간)

ㅏ＝밖으로 확장된다.
ㅓ＝안으로 수렴된다.
ㅗ＝위로 올라간다.
ㅜ＝아래로 내려간다.
ㅡ＝수평으로 계속된다.
ㅣ＝수직으로 세워진다.
ㆍ＝하늘을 나타낸다.

*영어의 S, Z, 한자의 彡, 乙, 한글의 ㄹ은 비슷하다.
영어의 E자와 한글의 ㅌ자의 모양이 비슷하다.

구선 스님의 관점에서 보면 멋과 맛과 마당에 대해 다음과 같이 말할 수 있을 것이다.

멋은 멋＝ㅁ＋ㅓ＋ㅅ이다.

ㅁ＝땅을 형상화한 것, 생명성을 고정시킨 것이다. 머리, 관념, 고정된 틀, 한계, 갇혀 있는 것, 몸과 머리를 연결사는 통로이다. 몸, 맘, 몸(몸과 마음)은 대표적인 것이다.

ㅓ＝안으로 수렴되는 것. 정신.

ㅅ＝기운의 나누어짐, 입자의 분열, 그러면서도 서로 의지하고 있음, 물질의 분열.

멋＝몸과 마음이 안으로 향하여 새롭게 형상화된 것이다.

맛＝ㅁ＋ㅏ＋ㅅ은 멋의 반대로(ㅓ→ㅏ) 바뀜으로 인해서 '밖으로 확장'되는 것, 물질이다. 그래서 물질, 음식 등에 해당한다.

맏(마당)은 맏＝ㅁ＋ㅏ＋ㄷ이다.

ㄷ은 사방에서 한쪽이 터진 형상이다. 이는 막힌 듯하면서도 열려 있고, 열린 듯하면서도 막혀 있는 것이다. ㄷ은 무엇인가를 연결하는 것이다. 맏(마당)은 열려진 것 같으면서도 닫힌 공간 역동적(力動的) 장(場)과 같은 것이다.

말＝ㅁ＋ㅏ＋ㄹ

ㄹ＝ㄱ＋ㄴ, 밝은 성품인 양(ㄱ)과 음(ㄴ)이 합쳐져 역동적으로 움직이는 것이다.

말＝어떤 틀을 가진 것이 밖으로 나타나면서도 음양이 역동적으로 변하는 것.

한국인의 말 가운데 가장 대표적인 것으로 '한'을 들 수 있다. '한'의 의미에 대해서는 앞에서 언급하였다. 따라서 한마당＝한＋마당은 한국문화의 종합적인 것이 된다. 이것을 굿이라고 한다. 한국인은 굿판을 좋아한다. 굿은 축제의 다른 말이다. 굿의 의미를 보자.

굿＝ㄱ＋ㅜ＋ㅅ

굿＝밝음 성품(생명)＋아래로 전해져＋인간

= 밝음 성품, 생명, 좋은 일이 아래로 내려져 인간에게 두루 축복을 준다.

한의 의미를 보자.

한 = ㅎ + ㅏ + ㄴ

한 = 밝은 성품이 초월적 + 밖으로 나가 + 승화

한 = 밝은 성품이 초월성을 달성하여 밖으로 확장되어 끝내 시간적으로도 승화된다.

굿 = 한마당 = 한(시간) + 마당(공간)

굿 = 우주의 음양이기가 하나가 되어 시공간적으로 승화되는 것을 말한다.

한국인은 흔히 '마당'이라고 할 때 접두어로 '한(韓)'을 붙인다. 즉 '한마당'이 된다. '한'은 '一(one)' 또는 '多(many)', '中(middle)', '同(same)', '不定(about)' 등의 의미가 있다. 이것은 다시 말하면 '셀 수 있는(countable)' 것과 '셀 수 없는(uncountable)' 것을 모두 포용하는 것을 의미한다.

모든 것을 포용하는 '도가니'로서의 '한'은 어디서 오는 것일까? 아마도 사계가 뚜렷한 기후와 산을 중심으로 한 촌락형성이 '평지(平地)에서 대상(對像)'을 추구하고 바다로 진출한 서양(서구)과 다른, '한문화'를 형성케 했을 것이다.

인간이 목소리를 글(문자)로 정착시키는 방법은 크게 두 가지가 있음은 주지의 사실이다. 표음문자(表音文字)와 표의문자(表意文字)가 그것이다. 우리 한글은 표음문자이다. 그런데 표음문자 문화권 언어의 특성 가운데 한 가지 공통점으로 아버지, 어머니를 나타내는 발음이 유사하다는 점이다. 예컨대 한글이 '엄마', '아빠', 영어는 '마마', '파파'이다. 인간이 입을 다물고 있다가 그냥 입만 열면 자연스럽게 튀어나오는 말이 위의 말이다. 이것은 자모(字母)가 달라도 어쩔 수 없이 같을 수밖에 없다.

왜냐하면 인간의 목과 발성구조가 크게 차이가 없기 때문이다. 인간이 태어나서 갓난아기 때 가장 필요한 말이 '엄마', '아빠'이고 보면 그러한 말 형성은 매우 자연스런 것이라 할 수 있다. 심지어 갓난아기의 음식을 '맘마'라고 하는 것도 '먹어야 산다.'는 본능적인 것에 대한 원초적 말의 부응이라 할 수 있다. 한글의 '밥'이나 영어의 '푸드(food)'도 같은 현상이다.

'ㅁ', 'ㅂ', 'ㅍ'은 입술소리로 혀 놀림이 거의 없이 입술만 열면 생성되는 소리다. 사회적 동물로 살아가야만 되는 인간과 목과 발성구조 사이의 절묘한 연결(connection)이다. 이것은 매우 결정적인 것이기도 하다. 자음의 입술소리(脣音)인 'ㅂ, ㅍ, ㅁ' 모음의 혀의 후반부 소리인 ㅏ, ㅓ, ㅗ 등이 합쳐서 내는 소리는 인간이 낼 수 있는 가장 편한 소리이고 그런 점에서 매우 자연적이다(자연주의적이라고 할 수 있다). 한국인은 순수하면서 자연적 심성과 원시성을 내포하고 있다.

'옷/멋', '밥/맛', '집/마당', '글/말'에서 전자가 문화의 실체라면 후자는 그 실체에 숨은 미학이다. 종교에서 '불(佛)/무(巫)', 또 음양오행의 '물(水), 불(火)/물(物)'도 발음이라는 측면에서 고찰할 수 있을 것이다.

한국인은 이 같은 생활문화의 항목을 축제를 통해서 묶어왔다. 축제는 바로 '마당'으로 표현되고 그것을 담는 그릇으로서의 의미와 함께 공간(空間) 개념의 의미로 발전한다. 이러한 축제를 영위하는 공간개념은 서구의 '스페이스(space)'와 달리 하나의 콘텍스트(context)로서의 공간개념이 된다. 즉 상황적 공간(contextual space)이 된다.

평지는 그것을 가르는 기준과 대상을 확실히 해야만 하는 시각의 빛을 중시하고, 그리고 새로운 평지로서의 바다를 추구하게 된다. 이에 비해 산지(山地)는 그 속에 모든 것이 구비되어 있고 사계도 갖추어져 있어 시각보다는 청각의 화음, 그리고 산을 중심한 자족적인 삶을 구가하게 된다. 이것이 바로 풍토학(風土學)이다.

◈ 예술인류학적으로 본 한국예술

나의 예술인류학 모델은 '언어(理)⇄사물⇄상징⇄기(氣)'이다. 이것을 음악, 연극, 미술, 무용에 대입하면 음악(기호＝상징), 연극(말＝언어), 미술(대상＝사물), 무용(몸＝氣)이 된다. 예술인류학 이론에 따르면 각 예술 장르는 서로 가역적으로 통하는 것이다. 예컨대 음악도 연극이나 미술, 무용과 긴밀한 상호관계에 있고 실질적으로 음악적 표현이나 그 내용에 있어서도 내밀한 관계에 있다. 다른 장르도 마찬가지다.

특히 시·서·화(詩·書·畫)의 전통으로 볼 때 이것은 음악－미술의 연속체(continuum)상에 있다. 즉 시는 매우 음악에 가깝다. 또 서는 그 중간이다. 음악은 연극과 무용 사이에 있다. 즉 연극의 '말＝언어'(이것은 일상적이고 보다 묘사적이다.)와 무용의 '몸＝기(氣)'(이것은 보다 생명감과 리듬감이 있다.)보다 '기호＝상징'(이것은 보다 추상적이며 상징적이다.)으로 변한 것이다.

　연극은 음악과 미술의 사이에 있다. 음악의 '기호=상징'과 미술의 '대상=사물'(이것은 보다 물질적이며 형태적이다.)이 '말=언어'로, 즉 이것은 상징과 사물에 적당히 일상화된 것이다. 미술은 연극과 무용 사이에 있다. 즉 형상도 연극과 무용 사이에 있다. 즉 형상도 언어라는 점에서 연극적이고 그러한 형상에 기운(氣運)이 들어 있다는 점에서 무용적이다.

　이와 똑같은 논리로 무용은 음악과 미술 사이에 있다. 몸짓이 하나의 형상이고 그것은 음악적 리듬감이 있다는 점을 들 수 있다. 음악·연극·미술이 이루는 삼각 영역은 '언어적 영역'인 데 반해 음악·무용·미술의 삼각 영역은 매우 '비언어적'(몸=氣)이다. 이것은 두말할 것 없이 전자는 연극에 후자는 무용에 환원되기 때문이다.

　연극·미술·무용의 삼각 영역은 매우 사물적이고 음악·연극·무용의 삼각 영역은 매우 상징적이다. 그런데 재미있는 것은 연극과 무용의 상호관계이다. 연극이 말을 줄이게 되고 무용이 말을 도입하면서 가까워지기도 한다는 점이다. 즉 말과 몸(언어와 비언어)의 상호보완성과 마찬가지로 주목할 만한 가치가 있다.

　연극은 우리말로 굿·놀이, 미술은 그림, 음악은 소리·노래, 무용은 춤으로 불린다. 굿·놀이, 그림, 소리, 노래·춤은 인간의 가장 원초적인 동작(그리다=긋다, 놀다, 추다)의 단어들이다.

　굿은 평면이 아닌 공간의 그림 그리기=긋기=굿이며 소리는 음악의 가장 평범한, 자연스러운 표현이다. 춤은 '추다.'라는 수직적인 동작(율동적으로 뛰는 동작)의 명사형이다. 즉 평면, 입체, 율동의 그림과 놀이, 그리고 가장 원초적인 목소리의 율동인 소리 등

각 예술장르에 붙인 이름도 너무나 기본적인 동작에서 나온 것이다. 여기서도 한국문화의 원초성을 느낄 수 있다. 평면, 입체, 율동이 한곳에 있으며 이것은 가장 입체적인 굿에서 한꺼번에 모아진다. 한곳에 통합된 '한마당의 굿', 이것이 한민족 미학의 종합이며 원형이다.

〈표 10 〉 한마당, 한민족 미학의 원형

시간	한(韓……) - 풍토학(風土學) =태극(太極)=氣運生動			
공간	굿=마당=축제			
생활문화	멋	맛	맏(마당)	말
	옷 (衣)	밥. 맛 (食)	집. 마당 (住)	글. 말 (言)
	솜(손) 씨(짓다. 그리다)			
예술장르 (예술인류학적 모델)				

*연극=굿. 놀이. 미술=그림
음악=소리. 노래. 무용=춤

*모든 예술은 상호침투적이다. 또 존재보다는 소통을 우선한다(존재〈소통).

제4장

선화(仙畵), 마음그림에 대한 예술인류학적 해석과 전망

1. '다원다층의 음양학'(DSCO)의 실례로서의 선화(仙畵)

지금까지 예술인류학의 필요성에 대해 충분하지는 않지만 나름대로 최선을 다해서 설명하였다. 그것을 간단하게 반추하면, 동양에서 면면히 내려오는 음양사상의 다면적, 입체적 성격을 표현하기위해 '다원다층의 음양학'이라고 앞에서 명명했다. 이 다원다층의음양학은 뒷장에서 '역동적(力動的, 易動的, 逆動的) 장(場)의 개폐(開閉)이론'(DSCO: Dynamic Space Close and Open: Dynamic Space Context and Out of context) = 역동장(力動場)으로 발전한다. 뒷장에서 키워드(key word)로 기(氣), 특히 기파(氣波)라는 용어를개발하고 이를 '이(理)의 우주'와 대조하면서 전개하였다.

기파(氣波)라는 용어는 다시 말하면 기(氣)를 중심으로 바라보는주기론적(主氣論的) 우주체계의 소산이다. 동시에 예술인류학이라는 건축물을 올리기 위한 벽돌과 같은 용어였다. 기파는 라이프니츠의 '단자론(monadism)'과 비교된다. 단자(monad)가 '사방에 창문이 없는, 꽉 막힌 입자'라면 기파는 반대로 '사방에 창문이 난, 바람구멍이 난 파동'을 의미하는 것이었다. 물론 라이프니츠의 단자는 뉴턴 역학의 입자와는 다르다. 그러나 그 입자 물리학의 전통위에서 새롭게 물질과 정신의 이분법을 극복하기 위해 창안해 낸제3의 개념이었다. 그런데 당시 필자는 입자물리학의 전통 위에서모색하고 있는 라이프니츠와는 달리 기(氣)의 전통 위에 있는 한국인으로서 기파라는 개념을 탄생시켰던 것이다. 그래서 이(理)를 기(氣)의 캡슐이라고 비유하기도 했다.

기파(氣波)라는 용어는 다시 말하면 우주를 기(氣)를 중심으로 바라보는 주기론적(主氣論的) 우주체계의 소산이면서 동시에 벽돌과 같은 용어였다. 기파를 설명하면서 라이프니츠의 '단자론(monadism)'을 원용하였던 기억이 있다. 단자(monad)는 말하자면 '사방이 창문이 없이 꽉 막힌 입자'라면 기파는 반대로 '사방이 창문이 있는, 바람구멍이 난 파동'을 의미하는 것이었다. 물론 라이프니츠의 단자는 뉴턴 역학의 입자와는 다르다. 그러나 그 입자물리학의 전통 위에서 새롭게 물질과 정신의 이분법을 극복하기 위해 창안해 낸 제3의 개념이었다. 그런데 당시 필자는 입자물리학의 전통 위에서 모색하고 있는 라이프니츠와는 달리 기(氣的) 전통 위에 있는 한국인으로서 기파라는 개념을 탄생시켰던 것이다. 그래서 이(理)를 '기(氣)의 캡슐'이라고 비유하기도 했다.

이기(理氣)의 문제를 개폐(開閉)의 문제로 본 것은 나름대로 이기의 이중성을 하나로 혹은 하나의 양면성으로 보고자 한 의도였다. 개폐하는 것은 실은 문(門)이다. 문은 벽이 아니다. 그러나 문은 닫히더라도 열리는 것을 전제한 것이다. 그래서 물질과 빛의 입자론과 파동론을 동시에 포용하는, 물질의 이중적 측면을 포용하는 개념정립과 방안의 하나로 문의 개념을 떠올렸던 것이다. 문(門)은 본래 다분히 이중적이고 역치성(閾値性, threshold)의 것이다.

물질의 입자(粒子), 즉 원자는 원자핵과 전자로 구성되어 있음이 드러났다. 말하자면 전자기적(電磁氣的) 혹은 전자기적(電子氣的) 상태이다. 그런데 생물, 즉 유기체의 경우도 비온(Bion)이라는 수포, 오르곤 에너지로 충전된 수포(水泡)로 전기로 구성되어 있다. 열을 가하거나 물에 불리는 것을 통해 비유기적 물질로부터 생겨난다. 비온은 박테리아처럼 번식한다. 비온은 또한 흙에서 자생적으로 생기거나 혹은 암에서처럼 분해된 유기물질에서 생겨난다. 긴장 - 충전 정식이 얼마나 중요한 것인지를 확인할 수 있다. 오르곤 에너지는 또한 토양에서, 대기에서, 그리고 식물과 동물 유기체에서 가시적으로, 열을 통해, 그리고 검전기를 통해 증명할 수 있다. 일부 물리학자들이 지상자기 때문이라고 하는 하늘의 깜박거림, 그리고 맑고 건조한 날 밤 별들의 반짝거림은 대기 오르곤의 직접적 표현이다. 이것도 일종의 전기이다. 위에서 이(理)를 기(氣)의 캡슐이라고 한 것은 전기적인 혹은 전자기적인 것을 감싸는 포장 같은 것을 말한다.[37]

　기를 담고 있는 어떤 포장, 그릇의 개념은 물리학, 생물학, 언어학에 이르기까지 발전하고 있다. 문제의 핵심은 기(氣)이다. 한국인에게는 항상 기(氣)라는 개념이 중요하다. 그래서 기의 파동을 의미하는 기파(氣波)라는 용어를 생산하는 것은 결코 뜻밖의 일이 아니다. 아마도 필자는 어려서부터 성장하기까지 기운동생(氣運生動) 혹은 기분(氣分) 혹은 기(氣)라는 용어가 들어가는 수많은 속담과 격언, 경구들을 접했을 것이다. 이기논쟁(理氣論爭)은 조선조의 성리학자들에게는 낯선 것이 아니다. 조선조의 성리학의 이(理)는 특히 '도덕적 이(理)'에 비중을 둔 것이지만 충분히 과학적 이성으로 확대될 수 있는 것이고 이러한 이(理)의 전통 전체에 대립하는 개념으로서의 기(氣)를 떠올렸을 법하다. 다시 말하면 다른 문화의 법칙이나 원리도 모두 이(理)의 산물이라면 이에 대립하는 기(氣)의 개념이 당연하였다. 기(氣)라는 개념을 사용하면 세계 여러 문화의 '이적(理的) 다양성' 혹은 '이적(理的) 변이들'에 대해서 쉽게 다가갈 수 있으리란 생각이 들었다.

---

37) Wilhelm Reich(1927), ≪오르가즘의 기능≫, 윤수종 옮김(2005), pp.432~433쪽, 서울: 그린비.

물론 인류학자는 세계의 여러 다른 문화(other culture)에 접근할 때 사용하는 '참여관찰(participate observation)' 혹은 '문화담당자(현지인)의 시각'(emic approach), 그리고 여러 질적 방법론(qualitative method)을 가지고 있다. 그러나 필자는 이에 앞서 무언가 서로 기통(氣通)을 해야 한다는 생각을 가지게 되었다. 기통이란 이해를 위한 조사나 연구를 위한 이론이나 도구를 사용하기 이전에 '나의 몸'이 '느끼는'(feel) 것에 충실할 필요가 있다는 데에 생각이 미쳤다. 기통이란 문화적 장벽, 언어적 장벽을 넘어가는, 인간 몸이 가지고 있는 원천적 수단과 같았다. 물론 기통이라는 것은 같은 문화, 같은 가족, 같은 집단의 구성원 간에는 쉽게 이루어고 다른 문화권의 구성원에게는 그만 못하겠지만 그래도 기통이라는 우리네 삶의 방법을 동원하면 하는 바람이 있었던 것 같다. 기통이라는 것은 의외로 다른 문화권에도 통하는 보다 보편적 소통도구인지도 모른다는 막연한 기대가 있었던 것도 사실이다.

　문화를 두고 이(理)냐, 기(氣)냐라는 논쟁도 있었다. 관념론자들에게는 문화는 으레 이(理)이다. 그러나 실천론자들에게는 문화는 당연히 기(氣)이다. 여기에 이기일원론과 이기이원론이 가세하면 논쟁은 끝이 없을 것이 자명하다. 아무리 논쟁이 치열하고 장대하다고 해도 결국 이즉기(理卽氣), 기즉리(氣卽理)에 도달하지 않으면 안 된다. 만약 여기에 도달하지 않으면 결국 문화는 온전한 하나가 되지 못하고 둘로 쪼개지기 때문이다. 만약 이기(理氣)를 둘로 쪼갠다면 이는 솔로몬의 재판에서 한 아들을 두고 두 어머니가 서로 자기의 아들이라고 주장하는 가운데 몸뚱어리를 둘로 가르자는 데에 동의한 가짜 어머니의 우를 범하게 된다. 자신의 소유(존재)임을 주장하기 위해 아들의 몸뚱어리를 둘로 가르자는 것과 진배없다. 극과 극은 통한다는 옛말이 있다. 이는 결국 세계는 하나라는 얘기이고 둘로 나누는 것은 세계를 어떤 맥락(脈絡, 境遇, 場)에서 이해하기 위한 방편 혹은 수단임을 전제하는 것이다.

기(氣)라는 개념은 물론 필자가 처음 쓴 개념은 아니다. 단지 전통적인 기의 개념을 새롭게 인류학적으로 혹은 인류학적 지평에서 변형시킨 것이다. 기파(氣波)라는 개념은 입자물리학에서 입자(粒子)에 대응되는 상대성 원리의 파동의 개념을 기와 연결한 신개념이다. 이는 아인슈타인이 개척한 상대성 원리의 지평과 맞닿기 위해서 개발한 개념이었다. 선화의 주제에서 태극이 가장 선명한 것은 바로 태극이야말로 파동의 '전형적인(typical) 디자인'이기 때문이다. 태극의 프랙탈(fractal) 구조는 멀리는 주역(周易)에 이르며 지금도 현재 진행형으로 살아 있는 운동의 모형이다. 태극은 선화의 자연발생적인 스스로의 모형이고 목적이다.

예술인류학은 처음부터 각 문화권의 디자인에 주목하고 디자인의 차이가 문화의 차이임을 강조한다. 그러면서 곡선 위주의 태극무늬와 소용돌이무늬, 이에 대응되는 직선 위주의 만다라를 대비하였다. 만다라도 곡선 혹은 원을 쓰지 않는 것은 아니다. 태극보다는 직선의 사고를 보여준다는 점이 다르다. 물론 이 둘은 원천적으로 같은 것, 예컨대 우주의 일원상을 표현하고 있다. 그러나 만다라는 태극에 비해 매우 정태적이고 대칭적이다. 태극은 만다라에 비해 매우 동태적이고 비대칭적이다. 선화는 태극과 만다라를 합친그림의 양상을 보여주고 있다. 이는 마치 입자론과 에너지론을 동시에 수용하는 것과 같다. 이는 원방각(圓方角)을 동시에 혼용하는 것이다. 내면의 소리를 따라가는 선화그리기의 궤적은 결국 가장 자연스러운, 인류역사상 가장 마음 내키는 대로 그리는 그림 그리기일 것이다. 마치 낙서에 가까운 것이다. 물론 선화는 낙서와 차별되는 것이 적지 않다. 선화는 우선 그리기 전에 우주에 대한 인식의 기본적인 훈련을 거치는 점이 그 대표적인 것일 것이다.

마음을 통해서 우주의 중심, 즉 우주심에 들어가는 훈련은 일종의 종교적 체험에 가까운 것이다. 종교는 흔히 사후에 천국(기독교의 경우) 혹은 극락(불교의 경우)으로 간다고 한다. 여기서 '간다'는 동사는 매우 공간적 이동을 나타내는 용어이다. 인간의 감각적 소여나 운동의 일반론으로 볼 때, 어디서 어디로 간다는 것은 불가피한 용어이다. 그러나 천국이나 극락이 물리적 세계의 어느 곳에 있는 것은 아닐 것이다. 이것은 분명 물리적 세계가 아니라 상상의 세계, 상상계이다. 인간이 상상의 존재일진댄 상상계도 엄연히 현실(reality, actual reality, virtual reality)임을 부정할 수는 없다. 그러나 현실계의 현실, 일상의 현실은 아닌 것이다. 천국과 극락은 실은 매우 초월적인 곳이고 초월하지 않으면 다다를 수 없는 곳이다. 그래서 제대로 신앙을 하는 사람이나 제대로 깨달은 사람들은 바로 현실, 일상이 현실에서 초월적인 것, 동시성의 것을 발견한다. 이들에게는 일상, 즉 천국, 평상심이 바로 도(道)가 되는 것이다(平常心是道).

말하자면 이들 깨달은 자에게는 마치 입자와 파동이 같이 있듯이, 이승과 저승이, 이곳과 저곳이, 과거와 미래가, 절대와 상대가 같이 있는 것이다. 이들 주장의 특성은 어느 하나를 주장하지 않는다는 점에 있다. 거리와 시차를 느끼지 못하는 것이다. 이원적으로 대립된 세계는 실은 하나의 세계인 것이다. 이는 마치 탁구 시합에서 공격이 수비가 되고 수비가 공격이 되는 이치와 같다. 말로는 공격이라고 하고 말로는 수비라고 하지만 잘 생각해 보면 공격과 수비는 같은 것이다.

선화그리기의 순서는 우주심에 도달하여 파동을 그리는 것이다. 이는 물리적 공간이라는 제약에서 오는 온갖 종류의 억압— 중력과 인력도 포함— 에서 벗어나서 끊임없이 생성소멸하는 우주, 은하, 별의 세계를 유영하고 상상하면서 마음 가는 대로 주어진 주제에 따라, 때로는 스스로 주제를 설정하여 선을 긋는 것이다. 핵심은 입자와 억압, 다시 말하면 존재에서 오는 종래의 억압을 풀기 위해 역으로 파동에 충실하게 따라가는 셈이다. 이것은 분명 색다른 경험이다. 우주가 입자가 아니라 파동이라는 것을 심리적으로, 심미적으로 파악하고 체험하는 순간이다. 이제 파동에서 입자로 거꾸로 세계를 바라보기 시작하는 힘을 얻게 되는 셈이다. 이것은 분명 억눌린, 억압된, 제약된 에너지를 푸는 것이면서 동시에 새로운 에너지를 얻는 것이 될 것이다. 삶의 공간에서 오는 온갖 종류의 억압을 그동안 수비만 하다가 이제 입장을 바꾸어 파상적인 공격으로 전환하는 것이다. 이를 '입자(존재)의 억압'에 대한 '파동(비존재)의 역공'이라고 명명할 수 있을 것이다. 선화를 그림으로서 참가자들은 진정 그동안 맛보지 못했던 '자유인'이 되는 것이다. 선화의 자유는 특정 맥락에서 벗어나는 자유가 아니라 억압 자체에 대한 자유이기 때문에 그 효과는 경이롭기까지 하다. 이 미술 문외한의 드로잉은 남녀노소, 상하귀천에 상관없이 누구나 할 수 있는 것이다.

선화(仙畵)는 '마음의 소리그리기' 혹은 '자연의 소리그리기'라고 할 수 있다. 이때의 마음이나 자연은 'nature'라는 것이다. 마음과 자연은 전자는 안에 있는 것이고, 후자는 밖에 있는 것이지만 결국 안팎이 같다는 입장에서 같은 말이라고 할 수 있다. 심즉물(心

卽物), 물즉심(物卽心)이니까 말이다. 결국 '우주의 본성(nature) 그리기', '마음 그리기', '마음그림'인 셈이다. 이것은 과학이면서 종교이다. 말하자면 종합적인 새로운 유형의 생활예술이다. 이때 소리를 신이라고 할 수도 있고 우주의 파동이라고도 할 수 있다. 기(氣) 연구자에 따르면 중력 혹은 인력 혹은 자력 등 신비스런 힘에 대한 여러 지칭이 있다.

선화의 창시자인 강영기(姜泳基) 소장(한국선화연구소)은 선화에 대해 다음과 같이 말한다.

선화(仙畵)는 본성을 찾아가는 좋은 방법이다.
1. 선화는 무엇을 대상으로 그리는가? 보이지 않는 세계를 그리는 것이다.
2. 보이지 않는 세계는 무엇을 두고 말하는가? 마음, 상상, 공상의 세계를 뜻한다.
3. 마음과 상상력과 공상력을 어떻게 그릴 수 있는가? 내면을 그리려면 상상과 공상 그리고 각 사물의 파동 속에 내재된 진동을 그려야 한다. 그 그리는 방법을 가르치는 것이 선화이다. 한마디로 인력을 이용하여 파동 속의 은밀한 진동을 그리는 것이다.
4. 인력을 이용하여 그림을 그린다는 말은 처음 들으면 이해가 가지 않는다. 그래서 선화공부가 필요한 것이다. 선화를 공부하고 나면 일체의 슬픔의 주제들과 행복의 주제들을 다 그려 낼 수 있고 그 그린 슬픔의 사연들마저 새로운 에너지로 재활용하는 기술도 터득하게 된다. 우리들의 일상생활에 늘 따라 다닌 그 수많은 슬픔의 주제들을 긍정적인 힘으로 다시

사용할 수 있다면 이것은 새로운 사조의 물결이 아닌가. 슬픔의 주제들을 안고 그것을 다시 재활용한다는 말을 이해하기가 그렇게 어렵지 않게 된다.

5. 선화로 그리는 대상물은 구체적으로 무엇인가

대자연의 속에서 보이지도, 만질 수도 없는 실존들, 예를 들어: 하품소리, 싸우는 소리, 억지 부리는 소리, 한숨소리, 선생님의 고함소리, 우월감과 열등감, 부러운 것, 부끄러움, 속상함, 아쉬움, 그리움, 사랑, 바람소리, 시냇물 소리, 새싹이 움트는 소리, 새소리, 나무들의 대화, 바위, 공기, 꽃 피는 소리, 봄·여름·가을·겨울, 자연과 대화하기, 공전과 자전 그리기, 시간과 공간 그리기, 공룡들의 세계, 시간여행, 동화의 세계, 그리스 로마 신화세계, 역사 속 위인·영웅들과의 만남, 지하세계 탐험, 잃어버린 세계 아틀란티스를 찾아서, 인체 탐험 여행, 별나라 여행, 1,000년 전 별빛 그리기, 수억 년 전 별들의 속삼임 그리기, 우주의 친구들과 만나기, 빛의 소리, 미지의 세계를 찾아서, 나의 수호천사, 지구 반대편에 있는 친구 만나기, 이웃을 사랑하는 마음, 현재 나의 모습, 미래의 나와 만나기, 모든 것을 이루어낸 나와 만나기, 환인·환웅·단군 할아버지·치우천황·나를 못살게 구는 자를 위하여 기도하기, 미운 친구에게 떡 주기, 이런 것이 잘 그려지지 않으면 얼굴 쥐어박기, 발로 차기, 말로 하는 욕 대신 선화로 욕 그려보기 등 무한대이다.

그는 우주심과 우주 에너지에 이르는 길을 다음과 같이 요약한다.

"소리를 그리는 것은 파동을 그려내는 것이고 파동을 그린다는 것은 에너지를 그리는 것이고 에너지를 그린다는 것은 존재의 내면을 그리는 것이고 존재의 내면을 그리는 것은 자신과 일체의 사물의 본질을 그리는 것이고 일체의 사물의 본질을 그린다는 것은 일체의 생명의 존엄성을 그리는 것이고 생명의 존엄성을 그린다는 것은 우주심을 그리는 것이고 우주심을 그린다는 것은 사랑과 자비를 그리는 것이고 사랑과 자비를 그리는 것은 자신의 정체성을 그리는 것이고 자신과 만물의 정체성을 그린다는 것은 자신의 완성을 그리는 것이고 자신의 완성을 그린다는 것은 자신도 모르게 인류의 보배가 되어 있음을 그리는 것이다."

"자연의 내면의 소리와 그들만의 대화를 그리다 보면 그들이 친구가 되어 있음을 알게 된다. 새를 그리는 것이 아니고 새소리를, 물을 그리는 것이 아니고 물소리를, 나무를 그리는 것이 아니고 그들의 속삼임과 내면의 기운을, 수 억 년 걸려 지구까지 온 별빛의 기운, 공기와 바람, 시간을 그리고 공간을 그린다. 소리의 파동을 이용하여 자신을 정화시키는 훈련법은 이제 전 세계적으로 일반화되었다. 선화는 듣는 것에서 그리는 단계로 한발 더 앞서 나아가는 것이다. 소리를 붙들어 자기의 작은 공간에 걸어 놓는 것이다. 자신이 자신에게 가장 알맞은 소리의 파동을."

강영기 소장은 선화의 효과에 대해서 다음과 같이 말한다.

1. 밖에서 격은 작은 일이 내면에서 충돌을 일으킬 때, 내면의 불안감을 밖으로 표출하는 수단으로도 최선일 뿐만 아니라 다른 쪽의 불안정한 에너지를 긍정적인 에너지로 전환해 쓰

는 데 지극히 효율적이다.

2. 스스로도 자각하기 힘든 심상의 왜곡된 부분과 상실감마저도 긍정적인 에너지로 전환하는 데 매우 효율적인 방법이 선화 그리기이다.

3. 그리는 대상이 사뭇 낭만적인데 그것에 부정적인 요소가 끼어들 틈바구니도 없어지고 기존의 내면 깊숙이 자리잡고 있던 일체의 욕구를 대자연의 흐름 속에 흘려 대자연의 파동에 실어 다시 에너지로 쓸 수 있다. 없애버리는 것이 아니다. 자신을 알게 모르게 괴롭히던 일체의 불안정한 욕구를 새로운 에너지로 탈바꿈시켜 재활용할 수 있다. 그림을 그리는 동안 자기 자신이 가지고 있는 내면의 어려움을 해결해 주는 역할을 한다. 마치 무심코 그리는 낙서를 통하여 우리는 어릴 적 많은 말 못 할 사연을 표현하고 저절로 심정을 그려본 것과 같이. 어른이 되어도 전화하는 중 낙서를 하는 본능을 가지고 있지 않는가.

4. 언어로 혹은 말로 다 표현하기 힘든 그 무엇도 그림을 통해서는 표현이 된다는 것을 알게 된다. 시인들이 일반인이 가지지 못한 섬세하고 수려한 언어로 우리들의 가슴을 따뜻하게 해 주는 것처럼.

5. 반복하여 상상과 공상, 꿈을 그리다 보면 자신이 나아가야 할 방향이 뚜렷해진다. 자신의 꿈을 현실화시켜 주는 데 매우 적합하다. 더 나아가 지나간 과거의 아픔도 모두 사라져 감을 느낄 수 있다. 이미 스스로 그리는 그림을 통해 자문자답이 다 이루어지기 때문이다.

6. 지금까지의 회화는 추상화를 빼고 모두 외면을 그리고 아름

답게 하는 데 치우친 것이라면 선화는 아름답지 못한 내면의 세계도, 아름다운 추억도 그릴 수 있어서 찌든 현대생활에 활력을 넣어준다. 잊어버리고 싶지 않은 추억을 간직한 그림, 잊어버리고 싶은 그림을 그려 강물에 띄워 보낼 수 있는 그림이 선화의 영역이다.

7. 삼라만상의 내재된 기운을 반복해서 그리는 동안 그들과 친구가 되는 것은 물론이고 그 기운들을 일상생활 속에서 끄집어내어 사용할 수 있다.

8. 무엇보다 눈에 보이지 않고 들을 수 없는 어제와 오늘 그리고 내일로 가는 통로를 그림으로 그려 스스로 알게 해 준다.

9. 가족끼리 같은 취미거리와 오락의 새로운 패턴을 제공하며, 사랑을 전달하는 기술이다. 자식과 부모가 그리고 부부가 서로의 마음을, 똑같은 사물을 두고 내재된 기운을 그리면서 그것을 서로 추측하며 모두가 화가가 되어 있는 것이다.

10. 10명이 그리면 옆 사람 것을 보지 않고도 6명 이상은 그 속의 동질성을 발견하고 우리는 스스로 놀라게 되고 그리하여 점점 자연과 벗이 되고 아끼고 사랑하는 우주 속의 아름다운 별이 되어 있는 것이다.

2. 생활인의 예술인화(化)로서의 선화(仙畵)

선화는 '자연의 소리 그리기'라고 한다. '소리 그리기'는 일반적으로 음악적 소재를 가지고 미술행위를 하는 것으로 음악과 미술의 만남이 되고 결국 소리 그리기를 통해 예술적 시너지 효과를 얻게 된다. 선화는 예술가가 아닌 생활인을 예술가로 만들 뿐 아니라 생활인의 예술가로의 이행을 도모한다. 소리 그리기는 감각의 가장 대표적인 것을 통해서, 자유로운 선화(線畵), 드로잉(drawing)을 통해서 상상력을 극대화한다. 소리는 더욱이 진리를 가장 자연에서 가까운 곳에서 부를 때 채택하는 것으로, 예컨대 밀교의 옴(OM)과 같은 것이 좋은 예이다. 진리를, 특히 보이지 않는 세계를 포함하여 극도로 압축하고 응축하면 결국 한마디의 소리에 불과한 것임과 연관을 지을 때보다 많은 의미를 시사한다.

선화는 예술의 문외한인 일반인을 위해서 '생활인의 예술가'로 이행하게 하는 것이지만 기존의 전문예술가로 하여금 때로는 말라버린 상상력의 샘을 회복하게 하는 작용을 하기도 한다. 선화는 자연의 혹은 인간 내면의 본질적인 소리를 듣게 함으로써 인간의 본래의 본성(nature)을 회복하게 하고 그곳으로 환원하게 하는 힘을 가지고 있기 때문이다. 점(point)과 선(line)은 실은 모든 미술행위의 기본이다. 이것이 소리(sound)와 만나게 하는 것은 예술의 기본소재들의 집합이다. 선화의 예술적 특징을 문화인류학적인 레벨로 확대하면, 이것은 시각중심의 문화인 서양과 청각중심의 문화인 동양을 통합하는 혹은 두 문화권에 다 통하는 보편적 힘을 가지고 있다.

선화는 필자가 주장한 '생활＝예술'이라는 대전제와 통한다. 인간의 보통 사람들의 삶도 실은 예술이라는 관점이다. 전문예술가들이 창조한 작품만 예술이 아니라 삶의 모든 행동과 궤적이 실은 시시각각 창조적인 것이고 일회적인 것으로서 퍼포먼스(performance)의 예술이다. 다시 말하면 음악과 미술이 만난, 미술행위이면서 동시에 그것 자체가 퍼포먼스가 되는 것이다. 인간의

삶은 공간에 몸으로서 선을 긋는 일종의 유희로서의 예술이라고
해도 손색이 없다.

선화는 특별한 예술적 재능을 가지고 태어났거나 예술가적 훈련
을 받지 않은 사람이라도 명상을 통해 자신의 내적 공간, 상상적
우주에 들어가면 저절로 다양하고 기상천외한 파동(波動)을 그릴
수 있고 그 파동이야말로 입자와 입자 사이를 이어가는 선형(線形)
의 예술이라는 것이다. 입자는 점(點)처럼 있고 파동은 만물만상을
형상화하는 것이다. 말하자면 점은 파동의 수렴의 상태이고 만물만
상의 파동은 팽창의 상태이다. 우주는 그렇게 점으로 열매처럼 모
였다가 다시 만상의 꽃으로 불꽃처럼 확대되는 판타지가 된다. 그
판타지를 따라가는 것이 선화의 요령이다. 이는 특별한 기술과 사
상이 별도로 필요한 종래의 예술과 다른 것이다. 그저 자연의 본
질인 파동에 자신을 맡기면 되는 것이다. 단지 비어 있는 자신에
게 밖으로부터 말이 주어질 때에 혹은 스스로 말을 하면서 주제를
설정하고 그리면 되는 것이다. 일종의 이 선화의 예술은 신의(神
意) 혹은 신필(神筆)을 추구하는 예술이라고 할 수 있다.

선화를 통해 우리가 발견할 수 있는 것은 동일한 주제를 주면
신기하게도 선화 그리기에 참가한 여러 사람의 그림이 비슷하다는
사실이다. 이는 파동의 공감대 같은 것을 가정하게 한다. 어떤 맥
락이나 경우에 따라 공통의 파동(波動)의 장(場)이 형성되는 것을
의미하고 그 장에서는 공감(共感)과 공명(共鳴)이 쉽게 이루어짐을
증명하는 것이 된다. 선화를 그리는 장(場)은 실지로 그림을 그리
는 '장소(場所)로서의 장(場)'이 있겠지만 그것과는 다른 '파동을
공명하는 장(場)'으로서의 자장(磁場)이 별도로 조성되는 것을 의
미한다. 이는 자연적인 것과 초자연적인 것이 함께 공존하는 것이

되기도 한다. 선화를 통해 우리가 알 수 있는 중요한 사실은 무엇보다도 인간이 '천지인(天地人)의 인(人)'으로서 천지를 교감하는 존재라는 사실이다. 선화가 그리는 선형도 또한 원방각(圓方角)의 여러 변형과 변이들이다. 이것은 무엇을 말하는가. 이것은 흔히 도형적으로 태극이나 만다라, 십자가 등으로 표상되지만 실은 그것들이 파동을 디자인화, 간략화한 것에 지나지 않는다. 선화는 따라서 우주공간에서 이루어지는 '우주시(宇宙詩)' – 우주화(宇宙畵)라고 할 수 있다. 더 정확하게는 공간이라기보다는 공(空)에서 이루어지는 '공선시(空禪詩)' – 공선화(空禪畵)와 같다.

3. 진선미를 통합하는 새로운 예술장르로서의 선화

선화는 어쩌면 진선미(眞善美)를 동시에 추구하는 예술장르가 될 수 있다. 선화는 '생활＝예술'이라는 예술인류학의 목표, 풍류인류학의 목표에 부합한다. 선화를 통해 '일반 생활인＝예술인＝풍류인'이라는 목표가 달성될 수도 있다. 이는 동시에 전통적인 예술을 무화시키는 작업이 되기도 한다. 필자는 학문, 예술, 종교가 서로 내밀하게 통하는 일종의 중간 영역, 경계 영역이 있고 그것을 통해 결국 이들이 추구하는 진선미가 하나라는 것을 예술인류학에서 통해 선언한 바 있다. 선화 그리기는 그 대표적인 행위이다. 선화는 우선 그리기 전에 내면에 침잠함으로써 혹은 내관(內觀)함으로써 일상적 공간에서 벗어나게 한다. 다시 말하면 상상력의 공간으로 여행하게 한다. 이는 마치 무당이 우주여행을 하는 것과 같다. 우주여행을 통해 인간 내면에 혹은 우주공간에 존재하는 물질의 원형적 형상들을 만난다. 그것들을 쉽게 말하면 음양오행(陰陽五行)의 상징들이라고 할 수 있다. 일월성신(日月星辰)과 물불(水火)이 그 대표적인 것일 것이다.

선화가들이 무당과 다른 점은 특정의 몸주 신(神)을 설정하지 않는다는 점이다. 그렇기 때문에 자유를 계속 유지하면서도 선화행위를 계속할 수 있고, 스스로 자유로움으로써 자신(自信) 혹은 자신(自神)의 경지에 도달하게 된다는 점이다. 그런 그리기를 통해 억압을 풀어버림으로써 긍정적 힘을 얻고(이를 우주적 에너지를 얻게 된다고 선화가들은 표현한다). 드디어 순진무구의 경지에 서서히 도달하는 희열을 맛보게 된다. 이것은 다시 말하면 예술행위를 통해서 우주적 진실(眞實) 혹은 진여(眞如) 혹은 여여(如如)에 도달한다는 의미이다. 이것을 기존의 종교에 적용하면 특정의 신(神) 혹은 신앙의 대상을 설정하지 않고도 우주적 깨달음의 경지에 도달할 수 있음을 의미한다. 이것은 일종의 구원이다.

선화가들은 그리기 행위를 통해서 자신이 날마다 새롭게 변신하고 있음을 느낀다고 한다. 이는 자신(自新)이다. 결국 선화가들은 자신의 몸인 자신(自身)을 가지고 날마다 새롭게 변신함으로써 결국 자신(自神)에 이르게 되는데 이것이 천지(天地)합일 혹은 천지인(天地人) 합일, 진선미(眞善美) 합일이라고 말할 수 있다. 이것은 주객일체(主客一體), 색즉시공(色卽是空), 공즉시색(空卽是色), 일즉일체(一卽一切), 일체즉일(一切卽一)의 경지이다. 이것을 이기론(理氣論)으로 말하면 이기(理氣)합일이 되고 물심(物心)합일이 된다. 이를 두고 진선미의 통합이라고 명명할 수 있을 것이다. 보통 사람들을 상대로 진선미의 통합을 이룰 수 있는 제도적 방법, 실천적 행위, 삶의 퍼포먼스는 쉽게 발견되지 않는다.

선화는 무엇보다도 동시성의 우주적 진실을 아름답게 느끼게 함
으로써 사람으로 하여금 선하게 하는 장점이 있다. 그래서 이것은
단순히 진(眞)이라고 할 수도 없고, 미(美)라고도 할 수 없고, 선
(善)이라고도 할 수 없다. 그래서 진선미 통합의 행위라고 말한다.

4. 무교적(巫敎的) 의례행위로서의 부적(符籍)과 선화(禪畵)

천지인의 중간 존재로서의 인간은 흔히 무당을 뜻하는 무(巫) 자
에서 상형화된다. 하늘과 땅이 있고 그 사이에 인간이 서 있으며
때로는 춤을 추는 것이다. 동시에 시초(蓍草) 점을 치는 모습을 형
상화한 서(筮) 자로 여기에 해당한다. 대마무로 만든 시초를 가지
고 점을 치기 때문에 대나무 죽(竹) 자가 무(巫) 자의 위에 있다.
결국 시초 점을 주역을 가지고 점을 치는 것이기 때문에 결국 무
(巫) 자는 주역(周易)과도 깊은 관계가 있음을 짐작케 한다. 예부터
하늘과 교통하는 사람을 무(巫) 혹은 무축(巫祝) 혹은 무축사(巫祝
史)라고 하였다. 무당들은 굿을 하면서 귀신을 몰아내기도 하였지
만 부적을 이용하여 사람들로 하여금 병마와 재앙들로부터 안심하
고 생활하게 하는 역할을 하였다.

	〈표 11〉 천지인과 무(巫)	
	天	
人	工 (巫)	人
	地	

	〈표 12〉 천지인과 무유(巫儒)	
	天	
儒	工 (巫祝史)	筮
	地	

무교 이후의 고등종교들에 이르면 주로 경전(經典)에 의해 사람들을 제도된다. 경전들은 성인의 말씀을 토대로 제자들에 의해 후에 결집된 것인데 어느 종교이든 방대한 내용을 이룬다. 그러나 그것을 이해하고 깨달음에 도달하는 것은 일반인으로서는 매우 어렵다. 그래서 각 종교들은 소위 아이콘(icon)을 사용하게 된다. 말하자면 그림으로 또는 형상으로 성인들의 탄생과 깨달음, 사람들을 제도하는 모습 등을 전함으로써 종교적 진리에 도달하게 하는 셈이다. 고등종교의 특징은 사람으로 하여금 선하게 하려는 데에 있다. 악과의 싸움에서 선이 승리하게 되어 있다. 일시적으로는 악이 이길 수도 있지만 종국에는 선이 반드시 승리하게 되어 있다. 이를 권선징악(勸善懲惡)으로 요약할 수 있을 것이다.

경전은 식자들의 전유물이고 대체로 무식한 일반 백성들은 도참(圖讖) 혹은 참위(讖緯)를 통해 종교의 이상과 목적에 이르게 하였다. 도상(圖象: 만다라)이나 진언(眞言: 만트라), 선화(線畵: 얀트라)는 일반 백성들에게 어렵게 느껴지지 않으면서 경전의 내용을 극단적으로 간략화하고 상징화한 것이기 때문에 접근하기에 용이한 장점이 있었을 것이다. 불교나 밀교의 만다라, 얀트라는 그 대표적인 것이다. 다시 말하면 이들은 광의로 선화(仙畵)에 포함할 수 있다.

이에 무당들은 반드시 선을 목표로 하지 않았던 것 같다. 일종의 점치는 자의 기복(祈福)을 목적으로 하는 것이었다. 그래서 때로는 상대방을 재앙에 빠뜨리기 위해서 굿을 하는 경우도 있었다. 그러나 선화는 결코 상대방을 의식하지 않기 때문에 자기와의 대화이기 때문에, 자기의 내면의 소리를 듣고 그것을 그리기 때문에 그럴 염려가 없다. 그런데 선화를 보면 부적(符籍)의 그림과 같은 경우가 있음을 볼 수 있다. 이는 무당들이 우주여행을 통해 얻는 영감을 그렸기 때문에 외양이 같게 되는 셈이다. 다시 말하면 무당들은 부적을 선하게도 사용할 수 있고 악하게도 사용할 수 있었던 셈이다. 선화는 자신의 선함, 긍정적 힘을 얻기 위해 사용하는 것이 다르다. 선화는 도리어 그림 그리는 과정을 통해 상대방에 대한 악의 감정을 스스로 소멸시켜버리는 신비한 힘을 가지고 있다.

천도교에서는 이 같은 것을 '영부'(靈符)라고 명명하였다. 천도교의 영부의 대표적인 것이 바로 궁을(弓乙)이라는 것인데 이것은 결국 태극이나 소용돌이, 파동, 만다라, 십자가와 같은 것이다. 선화의 종류가 아무리 다양하고 다종하다고 해도 결국 원(圓)에 도달하게 되어 있다. 이는 파동 자체는 원운동의 변형들이고 짧은 순간에는 직선 혹은 방(方) 혹은 각(角)이라고 해도 결국 원형, 원추형, 공 모양(지구본), 원 궤도야말로 완전한 것이기 때문이다. 그러나 무당들이 그린 부적들은 각양각색이다. 그 각양각색의 모양과 그림을 통해 파동을 표현하였고 점을 치러 온 사람들과 점을 치는 사람들의 교감을 표현하였다.

그렇다면 무당들은 왜 부적의 그림을 그렸던가. 그 그림을 통해서 에너지를 주고받고 에너지의 변화를 통해 액을 막고 복을 받게 하였던 것이다. 부적은 다시 말하면 에너지가 흐르는 매체(매질)와 같은 역할을 하였던 것으로 볼 수 있다. 부적은 또한 신표(信標)가 되었던 것 같다. 물론 무당들은 상대방을 저주하는 흑주술(black magic)을 담당하기도 하였지만 대체로 북을 빌어주는 기복(祈福)과 액과 재앙을 막아주는 불양(祓禳), 불제(祓除)에 치중하였던 것 같다. 고등종교들로 겉모양은 다르지만 결국 각종 종교는 항상 경전과 도상을 함께 이용하면서 선교 혹은 포교를 하였다. 그런데 선화는 특정 성인이나 특정의 경전적 내용들은 표상하는 그림이 아니라는 특징이 있다.

5. 선화의 수렴과 팽창의 판타지(fantasy): 진공묘유(眞空妙有)
- 공(空), 허(虛), 환상(幻想, 幻像, 夢幻)

선화 그리기는 우주여행이라고 하지만 일상으로부터의 탈출이라는 점에서 꿈의 판타지 여행, 몽환(夢幻)이라고 할 수 있다. 선화는 처음부터 끝까지 파동으로 이루어져 있다. 그 파동이 때로는 일상의 사물의 구상적 모형을 그릴 수도 있고 추상의 그림을 그릴 수도 있지만 선화가 추구하는 것은 마지막에 아웃풋(output)되는 작품이 아니다. 선화는 선화를 그리는 과정 자체가 바로 목적인 그림 그리기이다. 그래서 '자연 소리 그리기'라고 한다. 과정을 추구하는 그림 그리기의 일종이다. 물론 현대미술사에는 바로 과정 자체를 추구하는 미술운동이 있는 것도 사실이다. 자연의 우연성, 끊임없이 변전되어 가는 것을 추구하는 그림들, 물결모양, 소리모양, 파동모양 등은 현대미술의 좋은 주제들이기도 하다. 그러나 이들은 어디까지나 전문미술가들의 작품으로서 미술사적 평가를 받는다.

그러나 선화는 그런 압박을 받지 않는다. 선화는 그러니까 역사적 혹은 장소적, 다시 말하면 시공간의 압박을 받지 않는다는 점에서 가장 보통의 선남선녀들의 그야말로 글자 그대로 민중의 예술(계급적인 사상을 가진 민중예술이 아니다)로서 특징적이다. 선화는 구태의연한 계급의 의미도 초월하나, 시공간을 초월한 예술, '시공간(時空間) 혹은 시공간(視空間)의 예술'이 아닌 '시공(時空)의 예술'이다. 선화는 시공간의 개념이 없기 때문에 원근도 없고 상하전후도 없다. 그저 돌고 도는 그림, 소용돌이의 그림일 뿐이다. 그런 점에서 전통 회화의 그림이 아니다.

　그렇다면 선화를 왜 그리는가. 선화는 그림을 그림으로써 억압되어 있던 것들은 표출하고 표현하고 시공간의 폐쇄를 벗어나서 시공을 유영하는 '우주그림 그리기'이다. 이는 참가하는 사람들로 하여금 지금까지 경험하지 못했던 특별한 경험을 하게 하고 이를 통해 우주적 판타지(cosmic fantasy)에 초대하는 '환(幻)의 그림그리기'이다. 선화는 단지 시공간을 초월하는 경험을 위한, 시공을 초월하는 우주여행을 위한 그림일 뿐이다. 에너지는 쓰면 모이게 된다. 선화를 통해 억압된 에너지, 심리적 콤플렉스들은 버리게 되고 그 버린 자리에는 동시에 새로운 에너지가 모이게 된다. 다시 말하면 선화 그리기에 참가하는 사람들은 '동시성(同時性)의 우주'를 경험하게 된다. 결국 선화는 수도(修道) 혹은 수련(修鍊)으로서의 그림 그리기이고 소리그리기이다. 선화는 무한히 수렴하고 끝내 자신이 없어져 점이 되고 제로가 되고 다시 무한히 팽창하여 자신이 커져 무한대가 되고 우주가 되고 끝내 신이 되는 경험을 하게 되는 공(空)의 우주에서의 '자아 – 무아 발견 그림그리기'이다. 대립된 세계를 초월하는 그림그리기이다. 입자와 파동을 동시에 경험하는,

실상과 허상을 동시에 경험하는, 자아(아트만)와 우주적 자아(브라만)를 동시에 경험하는 무위(無爲) 혹은 무위(無位)의 그림그리기, 위상학적(位相學的) 그림그리기이다.

선화는 새로운 종교를 위한 새로운 참위(讖緯)라고 할 수 있다. 아마도 머지않아 새로운 종교, 예컨대 과학종교 혹은 우주종교가 나오면 그것을 깨닫게 하는 경전이 새롭게 쓰일 것이고 그때 선화는 그 경전과 쌍벽을 이루면서, 양 기둥을 이루면서 사람들로 하여금 깨달음으로 인도하는 데에 결정적 역할을 할 것이다. 특히 말의 오해나 장벽이 심각한 오늘날, 문화적 장벽, 종교적 장벽, 인종적 장벽을 극복하는 데에 선화는 말이 아닌, '무위(無爲)의 그림'으로 사람들에게 다가올 것이다. 기존의 회화가 '빛의 예술', '양(陽)의 예술'이라면 선화는 '어둠의 예술'이다. 왜냐하면 일단 명상이라는 어둠을 통해서, 속세의 일상적 공간과 차단됨으로써, 다시 빛을 찾기 때문이다. 이는 기존의 회화가 빛에서 출발하여 무의식의 어둠, 평면에서 입체로 발전한 것과는 달리 선화는 처음부터 어둠에서 출발하여 도리어 빛으로 나아가는, 처음부터 입체를 추구하는 역의 궤적이다. 기존의 회화는 면에서 출발하여 입체를 추구하지만 선화는 선에서 출발하여 입체를 추구한다. 선화는 다분히 동양적 선(線)과 여백(餘白)의 전통에서 피어오른 '음(陰)의 미술'이다.

6. 선화의 원천적인 힘과 음양·전기적 운동

움직이지 않는 사물은 없다. 시각적으로 움직임이 없고 아무런 변화가 없는 것이라 하더라도, 실제로 엄밀하게 말하면, 움직이지 않는 사물은 없다. 물론 변화도 움직임의 일종이다. 사물을 움직이게 하는 원천적인 힘을 무엇일까. 이 최초의 움직임에 대해 인류의 종교들은 나름대로 해석을 하고 설명을 하고 있다. 아시다시피 이것을 최초의 원인(first cause)이라고도 한다. 예컨대 고등종교인 기독교는 절대적인 창조주인 여호와 하느님을 최초의 원인으로 삼고 있다. 여호와 하느님이 천지창조를 했다고 한다. 놀랍게도 여호와의 뜻은 '나는 나다'라는 뜻이다. 다시 말하면 나를 나라고 할 수밖에 없는 것이 최초의 원인이다.

어쩌면 이 최초의 원인을 형상화한 것이 여호와 하느님인지도 모른다. 이것은 보통명사가 고유명사가 되는 방법이기도 하다. 종교가 아닌 과학은 최초의 원인은 '빅뱅'이라고 한다. 또 기독교의 종말에 대응하는 말로 '블랙홀'이라는 말을 한다. 과학은 무기물에서 유기물이 생성되었다고 하고 유기체가 진화하여 오늘의 인간에 이르렀다고 한다. 물론 과학은 그 중간과정에 대해 전부를 설명할 수 있는 것은 아니다. 틈이 얼마든지 있다. 그러나 과학적인 방법으로 해서 그렇게 설명하고 있다. 여기서 설명하고 있다는 것은 실제로 그렇지 않을 수도 있다는 것을 말한다. 물론 기독교 바이블의 설명이 옳다거나 합리적이라는 것도 아니다. 보다 확실한 것은 인간은 그렇게 일단 설명하여야 하는, 자기 자신의 정체를 확인하여야(identify) 하는 존재라는 사실이다.

불교는 12연기법으로 설명하고 있다. 아시다시피 무명(無明)에서부터 노사(老死)에 이르는 과정이다. 불교는 제행무상(諸行無常) 제법무아(諸法無我)라고 설명하고 있다. 불교의 방법은 절대 유일의 신을 상정하고 천지창조와 종말로 구성된 기독교와는 다르게, 다분히 시작과 끝에 대해서, 시종(始終)이 없는 순환론으로 세계에 대해 설명하고 있다. 창조종말론이 아닌 순환론으로 설명하는 종교가 불교 이외에도 많다. 대표적인 것으로 동학천도교는 개벽론(開闢)을 채택하고 있다. 시종이 있든, 시종이 없든 세계에 대해 설명하는 방식은 크게 두 가지가 있는 셈이다.

최초의 동인에 대해, 최초의 움직임이 일어난 것에 대해 설명하는 방식 가운데 동아시아 한자문화권의 음양론에 대해 주목할 필요가 있다. 음양론은 태극(太極) 음양(陰陽)으로 세계를 설명하고 있다. 음양론은 물론 크게 보면 순환론의 계열에 속한다고 할 수 있다. 음양은 돌고 도는 것이다. 음양론의 가장 대표적인 것은 사계절과 같은 것이다. 계절은 생장염장(生長斂藏)하는 것이다. 기독교나 불교의 방식은 절대적인 존재를 상정하든 안 하든, 대체로 관념적이고 초자연적인 것을 설정하였다는 공통점이 있다. 그러나 음양론은 자연 자체가 바로 음양이고 자연 자체를 세계라고 보고 있다. 음양론은 초자연적인 것을 설정할 필요가 없다.

혹자는 음양론의 태극이라는 것이 실은 초자연적인 것이고 절대적인 세계를 상정한 것이라고 주장할 수 있다. 절대적인 하나, 이것은 참으로 신비스런 용어이다. 하나는 움직이는 세계를 설명하는데 있어서 자기원인에 귀속하고 마는 약점이 있다. 예컨대 모든 것은 "하느님의 뜻이다."라고 하면 더 이상 설명할 게 없다. 일종의 판단정지를 하게 하는 셈이다. 현상학처럼 판단정지를 하여 종래의 설명에 대해 새롭게 검토하거나 반성하게 하는 것이 아니라 원점으로 돌리는 것이다. 이런 것에 소위 무조건 신앙, 맹신(盲信)에 끼어들 여지가 있는 것도 사실이다.

절대론의 가장 약점은 절대적인 하나를 설정함으로써 그 다음의 움직임에 대해 제대로 설명하는 기회를 박탈하게 하거나 세계를 정지시켜 버리게 할 위험이 있다는 점이다. 물론 절대론은 움직임을 설명하기 위해 다른 설명적 장치를 마련한다. 기독교의 삼위일체론(三位一體論)이나 불교의 삼신론(三身論)과 같은 것도 여기에 속한다. 또 여러 분신(分身)들을 마련하는 것도 다 이를 극복하기 위한 전략이다. 어떻든 태극론은 음양론의 절대적인 것을 상징하는 것이긴 하지만 태극 자체에 무게를 두고 있지는 않다. 태극은 더 이상 설명하는 데에 참여하지 않는다. 음양만이 실제로 작용하는 것이다.

음양론은 참으로 신기하다. 음양론을 토대로 탄생한 종교도 적지 않다. 동양의 도교는 그 좋은 본보기이다. 또 음양론은 보조적 설명 틀로 이용하는 종교도 많다. 그러나 음양론은 종교적인 영역뿐만 아니라 동시에 과학성을 가지고 있다는 점에서 매우 특이하다. 고등종교의 대부분은 엄청난 상상계를 거느리고 있다. 어쩌면 엄청난 상상계의 우주 때문에 종교가 생존하고 있다고 해도 과언이 아니다. 다시 말하면 종교는 인간이 살고 있는 현실계 때문에 존재하는 것이 아니라 상상계의 산물이라고 하는 편이 훨씬 타당성이 있다. 이 상상계가 인간이 생전에 들어갈 수 없는 죽음 너머, 사후세계와 만나서, 예컨대 천국과 지옥이라든가, 극락과 지옥이라든가, 엄청난 광대무변한 영원한 세계를 만들어 내는 것이다.

그런데 음양론은 그런 상상계가 없다. 말하자면 자크 라캉

(Jacque Lacan)에 의하면 상징계(symbol)에 머무른 이론이고 이데올로기다. 다시 말하면 현실계와 상상계를 중간에서 조정하고 소통하고 공유하는 상징계로 구성된 이론이라는 점이다. 현실계(실재계)＝태극, 상징계＝음양이다. 그런데 이 음양론이 현대에 들어 급속하게 발전한 원자론이나 전자기론에 의해 재조명을 받고 있는 것이다. 음양론은 바로 전기론에 안성맞춤으로 들어맞는 이론이다. 음양(--, ━)은 전기의 플러스마이너스(＋, －: on, off) 혹은 이진법의 제로와 일(0, 1)과 맞아떨어진다.

재미있는 것은 음양론의 태극(太極＝混沌)이라는 개념과 전기의 플러스, 마이너스도 아닌 상태가 유사하다는 점이다. 태극은 흔히 원(圓)으로 혹은 공(空)으로 혹은 무극(無極)으로 표현된다. 태극은 음양의 상위에 존재하는 개념이 아니라 음양을 품고 있는 그 무엇이다. 음양은 바로 태극이라는 역방향도 성립하는 것이다. 태극과 음양은 가역반응의 관계에 있다. 이것은 굳이 말하자면 수평적인 관계에 있다. 전자기에 있어서 제로상태는 플러스도 아니고 마이너스도 아닌 상태이다. 이것이 움직임에 의하여 플러스도 되고 마이너스도 되는 것이다. 여기서 중요한 것은 전기의 플러스, 마이너스가 처음부터 "이것은 플러스고, 저것은 마이너스다."라고 하듯이 분리되어 있는 개념이 아니라는 점이다.

인간이 사물을 대할 때 원초적으로 이분법을 쓰는 것은 거꾸로 뇌의 전도과정과 관련이 있다. 결국 뇌의 신경 전도과정도 전기적으로 이동하는 것이고, 그것을 언어적 관념이나 개념으로 정지시키려고 하면 결국 이분법이 될 수밖에 없다. 언어는 근본적으로 사물을 정지시키려는 힘이다. 언어에 의한 원시인, 인류조상들의 민속분류학도 그러한 것의 산물이다. 언어는 실은 지극히 상대적인 것의 산물이면서 마치 절대적인 양 행세한다. 왜냐하면 언어가 사물에 이름을 부여하는 것이고 이름을 부여하는 순간, 그 사물을 언어에 의해 존재(being)하기 때문이다. 존재라는 것은 실은 사물의 실재(substance)가 아니라 언어이다. 그런데도 사람들은 언어에 실재의 지위를 부여하면서 살아간다. 이는 언어가 거리를 없애주기 때문이다. 언어가 사물이나 사건을 지칭하거나 표상함으로써 사물을 실지로 손에 들고 보여주지 않아도 되기 때문이다. 그러나 바로 언어의 그러한 기능 때문에 사람들은 관념의 울타리에 구속되고 만다. 언어는 결론적으로 이분법의 산물이다. 언어는 기껏해야 음양론으로 이진법을 설명할 뿐이다. 그러나 실제의 세계는 이진법이다. 언어는 정(靜)을 지향하고 세계는 동(動), 그 자체이다.

모든 인간의 언어적 산물은 바로 움직이는 세계를 정지하는 세계로 표현하려는 분류학적 의지에 불과하다. 그래서 언어의 조합에 의해 이루어지는 구문(syntax)은 수많은 단어들을 연결시킴으로써 그 동적 세계를 커버하려고 한다. 이것이 인간의 특성이다. 그러나 언어라는 도구가 세계를 상대하기 위해서는 원천적으로 한계에 있기 때문에 인간은 끊임없이 그 변화를 따라가기 위해 새로운 글쓰기를 하지 않으면 안 된다. 이것이 언어라는 기호적 도구를 사용하는 인간의 핸디캡이자 함정이다. 아무리 많은 분량의 문장도 실은 이분법으로 묶을 수 있다. 예컨대 선과 악이라는 것은 그 대표적인 것이다. 물론 선과 악의 중간도 있다. 그것이 바로 태극이고 제로이다. 재미있는 것은 태극도 원(O)이고 제로(0)도 원이라는 점이다. 우리는 중심 혹은 중앙을 말할 때도 제로(0)를 쓴다. 결국 하나의 점인 중점(＝求心力)과 거대한 바깥의 원(＝遠心力)은 같은 것임을 은연중에 표현하고 있다. 인간은 마음속에 언어적 중심을

가지지 않으면 안 된다. 바로 그 언어적 중심의 하나가 실은 주
(主) 혹은 신(神) 혹은 신주(神主)이다.

〈표 13〉 인간 뇌의 구조와 우물 정(井, 囲) 자

	0＝1＝10＝5＝100＝∞＝主＝中＝哲 ＝理＝空＝虛＝无＝元＝玄＝公＝머리＝ 대가리(TENGRI)＝단군＝太極＝衡平＝天	

　이에 비해 뇌의 신경전도는 이진법이다. 전기의 플러스・마이너
스는 매우 활발하게 이동한다. 플러스는 마이너스와 만나려고 하고
플러스를 밀어내고 마이너스는 플러스와 만나려고 하고 마이너스
를 밀어낸다. 이러한 현란한 플러스와 마이너스의 가역과 반복 가
운데에 에너지가 생기고 힘이 생긴다. 이 간단한 동작이 만물과
만물의 움직임을 만들어 내는 것이다. 원자의 세계도 그렇고 천둥
과 벼락의 세계도 그렇고 태풍의 세계도 그렇다. 물결의 세계, 리
듬의 세계, 세포의 세계도 그렇다. 빌헬름 라이히(Wilhelm Reich)와
같은 학자는 세포의 운동도 오르가즘으로 규명하면서 '기계적 긴
장－전기적 충전－전기적 방전－기계적 이완'으로 유기체를 설명
하고 있다.
　최근에는 중력도 전자기의 결과이고 블랙홀도 전자기의 결과라

고 말한다. 말하자면 밀도의 집중과 이완의 결과라는 말이다. 문제는 결국 왜 전기적 반응, 움직임의 근본원인에 대해 설명을 가할 수 없다는 점이다. 전기적 반응은 단지 확인할 수 있고 이용할 수 있는 결과라는 점이다. 그런데 여기에서 선화의 효용성에 대한 답의 실마리를 끌어낼 수 있다. 선화를 왜 그리느냐고 하면 대답할 말이 없다. 단지 어떤 기회에 마음이 가는 대로 그림을 그려보니까 마음이 편해지고 에너지가 생기고 세계(우주)와 하나가 되는 마음이 생기더라는 것이다. 인간이 발명하거나 발견한 것 가운데 원인을 설명하지 못하고 이용하는 것이 한두 개가 아니다.

어쩌면 선화는 우주적 존재의 원초적인 운동, 동작, 움직임을 회복하는 인간의 몸부림인지도 모른다. 왜냐하면 인간은 기계적 문명과 환경에 의해 너무 찌들어 있고 본래 인간성, 네이처(nature)를 왜곡시켜 버렸다. 그래서 그 네이처를 회복하기 위해서 우주의 본래의 움직임을 회복하기 위해서 선화가 발명된, 발견된 것인지도 모른다. 선화는 기본의 어떠한 그림그리기의 제도나 관습에 얽매이지 않는 미술 아닌 단순한 운동의 그리기이다. 이것은 '자연의 소리 그리기'라고 명명하였지만 여기에 '소리 그리기'라고 명명한 것은 소리가 가장 왜곡되지 않는, 자연에 가까운 감각이기 때문이다. 불교에서는 관음(觀音), 즉 '소리 보기'라는 말이 있다.

신기한 것은 선화를 그리면서 우주의 자연스러운 음양운동에 몸을 맡기게 된다는 점이다. 그러면 우리 몸 어딘가에서 자신도 모르게 전기적 움직임이 일어나고 '죽었던 몸'이, '스트레스에 찌들었던 몸'이 살아나고 활기를 얻게 되는 것이다. 이것은 추상이 아니라 구체적인 메커니즘이다. 어쩌면 인류가 성인(聖人)이라고 하는 사람들은 그러한 큰 전기적 에너지를 가지고 있는 사람이라고 새롭게 규정해야 할지도 모른다. 그 에너지를 가지고 병든 사람을 치유하고 여러 가지 기적을 행하는지도 모른다. 이것은 일단 차치하고 선화는 일종의 자기치유의 효과를 가진다. 일단 맺힌 한이나 살이나 마음의 앙금은 풀어내야 한다.

물론 선화그리기 하나만으로 모든 것이 풀릴 수는 없다. 그러나 선화는 그 출발일 수 있다. 여기에 고등종교들의 여러 권선징악의 프로그램이나 마음비우기 프로그램 같은 것들은 치유의 성과를 배가시킬 것이다. 선화 그리기의 동작들을 태극음양과 이기론(理氣論)으로 말하면 이렇게 말할 수 있다.

"태극에서 음양으로 가는 것은 1에서 2로 가는 것이고 음양에서 태극으로 가는 것은 2에서 1로 가는 것이다. 태극에서 음양으로 가는 것은 이(理)이고 음양에서 태극으로 가는 것은 기(氣)이다. 1은 2가 되어야 하고 2는 1이 되어야 하고 음은 양이 되어야 하고 양은 음이 되어야 하고 이(理)는 기(氣)가 되어야 하고 기는 이가 되어야 한다. 이(理)는 기(氣)가 닫힌 상태의 것이다. 이를 전기에 비하면 태극은 균형점(0)이고 음은 마이너스 전기(−e)이고 양은 플러스 전기(+e)이다. 균형점 제로(0)가 가장 큰 하나, 태극(太極, 1)이다. 태극은 제로(0)이면서 하나(1)이다."

선화 그리기는 음양, 전기의 자기발전(自己發展)이고 더 정확하게는 자기발전(自己發電)이다. 선화를 그리면 결국 마음 가는 대로 가다가 다시 돌아오게 된다. 일종의 수필적 그림그리기일 수도 있다. 수필을 쓰듯이 그림을 그리는 행위이다. 여기서 중요한 것은 선화의 이론이 아니라 그리기라는 실천, 행위가 먼저 있어야 한다는 점이다. 선화는 '자연의 소리 그리기'라고 하지만 실은 '몸의 그림그리기', '몸의 그리기'이다. 실은 외부에 있는 자연의 소리그리기가 아니라 나의 몸 내부에 있는 소리그리기이기 때문이다. 물론 자연과 인간의 몸은 안팎으로 조응하는 것이고 그런 점에서 안팎이란 없다. 그런 점에서 하나이긴 하지만-.

"상대가 있는 것은 본래 하나이기 때문이다. 그렇더라도 음양 중에서는 양에 비해서는 음이 중요하고 1에 비해서는 2가 중요하고 이(理)에 비해서는 기(氣)가 중요하다. 이는 하늘(天)에 비해서는 땅(地)이 중요한 것으로 집대성된다. 나타난 기표(記標)보다는 나타나지 않은 기의(記意)가 중요하다. 나타난 것만 가지고 말한다면 생명은 언어에 의해 구속되고 활기(活氣)와 의미(意味)는 없을 것이다. 양과 1과 이(理)와 하늘은 구조적이고 대칭적인 우주를 비대칭의 우주, 권력의 우주로 변화시키려 배열하려고 하기 때문이다. 이들은 자신이 태극인 줄 착각하고 횡포를 부린다. 이들이 착각하기 때문에 태극은 절대가 되고 균형점을 잃는다."

지구는 불가능의 확률로 만들어진 영원히 하나뿐인 별인지 모른다. 인간은 불가능의 확률로 만들어진 스스로를 아는 생물인지도 모른다. 우주가 영원하다고 지구와 인간이 멸종하지 않고 계속 존속할 것이라고 생각하지 말아야 한다. 한 번의 기회야말로 영원한 기회이다. 만약 기회가 여러 번 있으면 결코 생사를 걸 수 있는 기회가 아니다. 단 한 번 있는 기회이기에 목숨을 거는 것이다. 일회성이야말로 바로 영원성이다. 선화는 일회성에 몸을 맡기는 순진무구의 그림그리기이고 이것을 통해 훌륭하게 세계의 일원성, 영원성에 도달할 수 있으면 최상이다. 이것을 선화의 열반이라고 하면 틀린 말일까.

선화그리기는 기도하는 마음과 같다. 이 말은 열린 마음으로 그림을 그린다는 점을 말한다. 기도는 이상하게도 사람들의 마음을 열리게 한다. 선한 사람은 더 선하게 하고 악한 사람은 선하게 한다. 이것이야말로 원－원(win－win)이다. 긍정이다. 선화는 인간으로 하여금 열린 우주로 돌아가게 하는 힘이 있다. 선화의 효과에 대해 기도의 효과를 말하고 싶다.

"기도하지 않으면 종교가 아니다. 서로 다른 종교가 만나도 기도하면 결국 하나가 된다. 그러나 기도를 하더라도 나를 위해서가 아니라 남을 위해 기도하면 좋은 기도이다. 어떤 종교가 아무리 타락하더라도 기도하면 타락으로부터 서서히 벗어나게 된다. 어떤 종교가 아무리 선하더라도 기도하지 않으면 서서히 타락하게 된다. 이는 종교의 정체가 기도에서 비롯되는 것이기 때문이다. 기도는 사람의 몸을 열리게 한다. 몸이 열리면 세상과 소통하게 되고 신과 소통하게 된다. 기도하지 않으면 몸이 닫히게 된다. 몸이 닫히면 결국 선도 악이 된다. 기도하라. 몸을 열어라. 죽음 앞에서도 기도하라. 죽음을 열게 된다. 열린 죽음은 귀신이 없다. 귀신이 되지 마라. 신이 되어야 한다."

선화의 진정한 효과는 귀신을 멀리하고 신을 맞이하는 것이다. 신은 현재에 살아 있지 않으면 안 된다. 신은 믿음에 기초하지만 부단히 자신을 새롭게 만들고 과거에 매이지 않고 미래에 살게 하는 것이다. 이것이 선화의 활기(活氣)이다. 선화는 그런 점에서 자기종교이다. 그러나 선화를 그리면서도 엑소시즘(exorcism)에 머무는 것이 아니라 현실에서 부단하게 노력하고 연습(exercise)하는 생산활동이 필요하다. 선화는 '몸의 그림그리기'이다. 선화는 '몸의 그림그리기 춤(dance)'이다.

7. 자아(self)의 자문자답으로서의 선화, 우주적 대화

　필자는 앞에서 '역동적(易動的, 力動的, 逆動的) 장(場)의 개폐(開閉)이론'(DSCO: Dynamic Space Close and Open: Dynamic Space Context and Out of context)을 소개했다. 이 이론은 우주는 열린 체계로 보는 일반이론이다. 말하자면 역동적 우주의 문(門)은 결국 열린 우주를 상정하고 있고 그것의 닫힌 형태가 폐(閉, Close)상태라는 말이다. 만약 우주가 닫힌 상태라면 문(門)을 가정하지 않고 벽(壁)을 가정했을 것이다. 우리가 흔히 동학사상을 개벽(開闢)사상이라고 하는데 이것의 '벽'(闢) 자가 시사하는 바가 크다. 이 '벽' 자는 닫힌 문을 연다는 뜻이다.

　DSCO이론의 S는 공간(Space)을 의미하는데 이것을 인간의 문제로 보면 바로 자아(Self)가 된다. 자아는 에고(Ego)와 다르다. 에고는 바로 자아의 닫힌 상태를 말한다. 자아는 삶의 과정에서 형성되는 것이기도 하지만 바로 형성된 그 이유로 인간에게 억압을 주기도 한다. 자기정체성을 형성하는 데는 긍정적 역할을 한 자아도 반대로 심하면 도리어 인간을 억압하는 도구가 된다. 그래서 불교를 비롯한 많은 종교들이 자아를 버리거나 혹은 극복하는 수행체계를 마련한다. 무아(無我, nonself)는 인간으로 하여금 평화와 평안을 가져다준다. 이것은 또한 만족(satisfaction)과 행복을 가져다준다. 지구상의 모든 생물을 환경으로부터 크고 작은 스트레스(stress)를 받는다. 또한 스트레스를 받는 긴장이 바로 삶의 과정이기도 하다. 삶과 스트레스는 하나이다. 자아가 있으면 반드시 스트레스가 있다.

　그런데 그 스트레스가 심하면 문제를 일으킨다. 또 스트레스가 심해도 그것을 극복하면 뜻하지 않는 큰 성공과 성취를 이루기도 한다. 그래서 스트레스는 긍정적인 것이기도 하고 부정적인 것이기도 하다. 이렇게 세계는 불확실한 것이다. 세계가 확실하다고 하는 것은 과학의 일종의 오만에 속한다. 특히 생물학에 있어서, 정신심리학에 있어서, 과학은 수많은 역설을 내포하고 있지 않으면 안 된다. 역설 자체가 또 다른 진리로 자리매김하는 경우도 많다. 그 좋은 예가 바로 스트레스라는 것이다. 스트레스는 없어도 안 되고 심해도 안 된다. 무엇을 기준으로 그것의 과소를 잴 것인가. 참으로 지난한 문제이다. 개인마다 혹은 국가마다 혹은 문화권마다 다를 수밖에 없다.

DSCO, 역동적 우주의 구체적인 모습은 어떤 것일까. 우주와 자아는 적당한 수준에서 적당히 열려야 하고 적당히 닫혀야 한다. 어떻게 보면 나름대로 적당히 열리고 있고 적당히 닫히고 있다고도 말할 수 있다. 자연스럽게 그것이 이루어진다면 무슨 문제가 있다는 말인가. 크게 보면 우주는 자아조절, 주체조절을 잘하고 있다고 보인다. 우주적 균형, 평형은 결코 깨뜨려지지 않는다. 부분적으로, 한시적으로 그 균형이 깨어지지만 이내 그것을 극복하는 것이 우주이다. 여기 극복의 해결에는 불행하게도 종의 멸종과 빙하와 지진과 화산, 강력한 태풍도 포함될 수 있다.

인간이 왜 이것을 문제 삼느냐 하면 인간은 만들어진 우주에, 태초에 설계된 우주에 그대로 수동적으로 적응하면서 살아가고 있는 존재가 아니라 지금 능동적으로 만들어 가고 있고, 개입(interfere) 혹은 참여(participate)하고 있는 존재라는 데에 있다. 인간은 진화의 산물이지만 스스로 창조하는 창조적 존재이다. 그 창조의 대표적인 것이 실은 신화라는 것이다. 창조신화, 창세기신화는 태초의 자연과 우주가 그것을 따라 조물(造物)된 프로그램이 아니라 거꾸로 시간을 소급하여 인간이 창조적으로 재구성하여 만들어 낸 이야기이다. 다시 말하면 창세기신화대로 인간이 만들어진 것이 아니라 인간이 창세기신화를 만들어 냈다. 지금도 인간은 끊임없이 그 신화를 다시 쓰고(rewrite) 있다.

자아(Self)로서의 우주는 결국 아무리 크고 멀다고 하더라도 하나이고 하나는 결국 자문자답하지 않을 수 없다. 이것이 바로 주문(呪文)이라는 것이다. 요즘은 주문이라기보다는 기도(祈禱) 혹은 기원(祈願)이라고 하는 편이 옳다. 이상하게도 기도하고 꿈꾸고 소망하면 그것이 시간의 차이를 있을지언정 대체로 달성되는 신비함이 있다. 이것은 우주적 교감(sympathy)이라고 말할 수 있을 것이다. 우리가 살아가는 우주는 동감(同感, 動感)의 우주이다. 우주는 닫힐 때는 존재(Being)이고 열려질 때는 비존재(non–Being)이다. 만물을 존재와 비존재 사이를 오가면서 혹은 존재와 비존재의 숨을 쉬면서 존재하고 있고 혹은 생성되고 있다. 이것은 또한 입자와 파동으로 해석할 수도 있다.

파동의 우주 속에 인간은 어쩌면 입자의 모임체로 살아가고 있는지도 모른다. 선화는 바로 닫힌 존재(Being)의 문을 열어주어 파동의 비존재(non–Being)가 되게 함으로써 우주적 파동의 힘을 받는 통로를 인간에게 열어주는 것이 될 가능성이 크다. 지금까지 대중을 이루는 우주소통의 방법으로는 선화보다는 기도나 기원 혹은 염불, 주문이었다. 몇몇 선지가나 지혜자, 선지식, 성현들은 나름대로 비밀스런 소통의 방법을 터득하였는데 선화의 등장과 더불어 더욱 공개적이고 일반화될 전망이다. 물론 선화를 그린다고 모두 소통하는 것은 아니다. 또 다른 방법으로도 얼마든지 가능하다.

이제 우주와의 소통도 대중화의 시대에 접어들고 있다. 명상은 거의 상식에 가깝게 되었다. 인간은 이제 각자가 인간으로서 혹은 신으로서 주체적으로 소통할 수 있다.

전자기적 우주는 열려 있는 우주이다. 전자기적 우주는 본래 하나이다. 하나이기 때문에 하나를 사용하는 것이다. 선화를 그리면서 혹시 치병을 하고 기도를 한 것이 실현되고, 개인적 만족과 행복을 이룬다면, 나아가 죽음을 아름답게 받아들이고 순명하는 단계에 도달한다면 이보다 아름다운 인생을 없을 것이다. 동서양의 성현들은 서로 다른 자신의 말로, 서로 다른 자신의 문화권의 말로 이러한 사정을 설법하고 이것을 제자들이 경전화하였다. 특히 성현들은 물과 불, 수(水)와 화(火)에 대해 적어도 정통하였던 것 같다. 그래서 인간을 제도할 수 있었던 것 같다. 물은 존재의 기본인 1이다. 불은 존재의 2이다. 다음은 한자의 자전에 나오는 '수' 자와 '화' 자의 일부를 발췌한 것이다.

수 = 1 = (水 數 輸 洙 收 手 壽 受 修 需 首 秀 授 樹 守 殊
隨 搜 遂 垂 獸 帥)

화 = 2 = (火 化 和 貨 話 華 花 畵 禾 禍 靴 嫿 樺 譁)

필자가 왜 이 글자들은 선보이는가 하면 각자 나름대로 이해를 촉구하기 위한 것이다. 인간은 물의 존재이다. 물의 존재인 인간이 살아가면서 불을 이용하면서 살아간다. 선화는 크게 물의 존재가 불의 존재를 혹은 불을 다스리는 것이 행위일 가능성이 크다는 점을 시사하고자 한다. 인간이 성취하는 많은 것이 불이다. 그러나 그 불이 제대로 공급되지 못하고 혹은 제대로 연소되지 못하는 것이 될 수 있다. 불이 없는 자에게는 불(에너지)을 주고 불이 잘 타지 않는 자에게는 제대로 연소되게 해 주는 것이 선화의 힘, 현실적 효용일 수 있다. 이것을 선화만이 달성하는 것은 아니다. 다른 많은 것 중에 선화도 포함된다는 말이다. 우리가 모르게 선화는 인간에 의해 곳곳에서 이용되어 왔을 것이다.

8. 파동과 원방각(圓方角), 그리고 무(無, 舞)

파동이든 입자이든 운동의 모양을 일반적으로 포지티브 피드백(positive feedback)과 네거티브 피드백(negative feedback)으로 나눌 수 있다. 이 긍정적 혹은 부정적 피드백의 과정 속에 열림과 닫힘이 있는 것이다. 열린다고 해서 영원히 열리는 것도 아니고 닫힌다고 해서 영원히 닫히는 것도 아니다. 열림과 닫힘의 미묘함이 바로 현묘(玄妙)함이고 우리 조상들을 이를 현묘지도(玄妙之道)에서 밝혔다. 여기서 중요한 것이 닫힘보다는 열림이라는 사실이다. 우주적 음양으로 보면 열림은 음이고 양은 닫힘이다. 이것은 자연의 과정이다. 그러나 문화적 과정에서는 실제로 열림이 양이고 닫힘이 음으로 나타난다. 이것은 매우 델리케이트(delicate)한 것이기 때문에 많은 논의가 필요하다.

이런 우주적 음양의 상황을 비유적으로 설명하면 열림은 여자이고 닫힘은 남자이다. 여자의 성기는 근본적으로 열려 있다. 그래서 문명은 닫고자 한다. 남자의 성기는 근본적으로 닫혀 있다. 그래서 문명을 열고자 한다. 여자의 자궁은 열려진 것으로서 인간을 재생산해 내고 남자는 그 재생산해 낸 것을 닫힌 것(제도)으로서 다스린다. 창조적이고 과정적인 우주는 생성될 때는 물(水)이 중요하다. 그러나 그 생성된 것이 살아가는 데는 불(火)이 필요하다. 수화(水火)의 순서가 화수(火水)로 바뀐다. 물은 여자이고 불은 남자이다. 물은 을(乙)이고 궁(弓)은 불이다. 물불, 수화는 항상 함께 있다. 때로는 물이 불을 감싸고 때로는 불이 물을 감싸고 있다.

음양화수(陰陽火水)를 가장 보편적으로 말하면 사계절이라고 말할 수 있는데 겨울은 물이니까 불을 보호하고 여름은 불이니까 물을 보호하는 형태로 있다. 이것이 생물 존재가 되면 목금(木金)이 되는데 '목(木)의 인간'은 불이 강하고 '금(金)의 인간'은 물이 강하다. '목의 인간'은 좌파가 되기 쉽고 '금의 인간'은 우파가 되기 쉽다. 이것을 좌도(左道) 혹은 우도(右道)라고 하였다. 남자는 좌뇌(左腦), 여자는 우뇌(右腦)가 발달하였다. 한국은 우뇌형의 국가이다. 다시 말하면 여성적인 국가이다.

우주가 생성될 때는 물불, 화수가 중요하지만 인간이 살아가는 데는 목금이 중요하다. 그런데 인간(人＝仁)은 토(土)의 존재로서 화수목금을 다 가진 생물종이다. 토는 별도로 있는 것이 아니라 화수목금의 합이다. 하늘도 마찬가지다. 그래서 천지(天地) 혹은 지천(地天)은 같은 것이다. 천지인(天地人)은 흔히 원방각(圓方角)으로 표현한다. 천＝원, 지＝방, 인＝각에 대응된다.

〈표 14〉 천지인 - 정기신 - 원방각

○	天	精(神)
△	人	神(氣)
□	地	氣(精)

<표 15> 천지인(天地人), 상천법지(象天法地)

	天 머리	
左	人 가슴	右
	地 배	

〈표 16〉 천지인과 음양오행

	天 北玄武/水	
右 西白虎/金	人 中黃人/土	左 東靑龍/木
	地 南朱雀/火	

　모든 형상, 그림은 실은 원방각으로 대표된다. 다시 말하면 원방각으로 이루어져 있다는 말이다. 다시 말하면 선화를 그리면 그것은 무엇을 주제로 하였던 간에 원방각의 적용이라는 말이다. 원방각을 그리면 천지인의 힘이 따르고 천지인의 힘이 따르면 천지인의 합인 인간에게 음양화수, 음양오행의 힘이 작용한다. 원방각은 반드시 시각적 형상, 즉 모양으로 그렇게 되어 있기 때문에 원방각이 아니라 어떤 운동과 행위도 원으로 보면 원이 되고 방으로 보면 방이 되고 각으로 보면 각이 된다. 다시 말하면 원방각은 있기 때문에 보는 것이기도 하지만 보기 때문에 있게 되는 것이다.

　참고로 사는 것과 아는 것과 믿는 것을 천지인(天地人)의 3분법에 대입해 보자. 여기에 프랑스의 구조주의 철학자 라캉(Jacque Lacan)의 세계를 보는 방식을 대비해 보자. 최첨단의 서양의 구조주의 방식이 단군에서부터 내려온 고래의 천지인과 부합한다는 것은 놀라운 일이다. 앞에서 예를 든 실재계, 상징계, 상상계를 천지 인에 적용해 보자.

〈표 17〉 실재계, 상징계, 상상계

실재계 (天, 地)	생물 (사는 것)	욕망 (느낌)
상징계 (人, 仁)	역사 (아는 것)	언어 (지식)
상상계 (天, 地)	종교 (믿는 것)	초언어 (지혜)

〈표 18〉 실재계, 상징계, 상상계

실재계 (天, 地)	0 (무극: 태극)	대상, 주체
상징계 (人, 仁)	1 (태극: +, −)	시니 피앙
상상계 (天, 地)	∞ (음양: +, −)	시니 피에

여기에서 천과 지는 하나이기 때문에 서로 바뀌어도 된다. 또 하나로 천지라고 축약하여도 된다. 그러면 실재계와 상상계는 하나가 된다. 문제는 인간의 역사, 아는 것, 언어로 구성된 지식이라는 것의 새로운 정립이다. 필자가 왜 이곳에 아래의 도표를 소개하는가 하면 선화는 언어의 세계를 초월하는 실재계와 상상계를 향하는 수단이 되기 때문이다. 선화에는 욕망도 있고 초언어적 지혜도 있을 것이기 때문이다. 그림으로서 언어적 장벽을 물리치고 극복할 수 있는, 그러면서도 언어적으로 제안된 주제들을 그림으로 그리는 상생(相生) 혹은 합생(合生: concrescence)이 되기 때문이다. 다시 말하면 그림으로서, 무의식적인 혹은 의식적인 그림그리기로서 합

생에 도달하는 기쁨을 맞이할 수 있기 때문이다.

우주는 무한히 팽창할 수도 있고 수축할 수도 있다. 이것에 만물은 저항할 수 없다. 아니, 만물 자체가 이것임으로 당연히 인간도 여기에 저항할 필요도 없다. 이것은 단순히 정치권력이 아니기 때문이다. 저항을 버리는 것, 무위 혹은 자연에 맡기는 것, 그럼으로써 세계와 하나가 되는 경험을 하는 것이 선화 그리기의 주된 효용일 것이다. 지금 인간세계는 문명의 폐해로 인하여 각종 문명의 장벽과 이로 인한 스트레스라는 벽에 갇혀 있다. 이 목마름에 단비를 내려주고 인간으로 하여금 쉬게 하는 것이 선화의 효용이라면 효용일 것이다. 인간은 지금, 후기자본주의 사회는 특히 소비는 생각하지 않고 생산에 혈안이 되어 있다. 더 정확하게는 생산과 이익에 혈안이 되어 있다. 이 때문에 자연은 점점 황폐화되고 있다. 자연을 인간을 위해서 너무 심하게 노예처럼 혹사당하고 있다. 어찌 자연이 보복을 하지 않겠는가. 현대인은 자연의 보복에 준비할 필요가 있다. 그 준비의 일환에 선화가 포함될 것으로 보인다.

9. 제도권 미술과 선화, 그리고 제도권으로의 진입

선화가 그림 일진댄 결국 제도권 미술과의 알력이나 긴장관계에 들어가지 않을 수 없다. 또한 제도권에서도 이미 선화의 개념과 기법이 부분적으로 동원되었을 가능성은 얼마든지 있다. 그렇다면 선화와 제도권 미술의 선화 같은 것을 어떻게 차별성을 지우고 역으로 선화를 제도권 미술로 진입시킬 것인가가 문제이다. 어차피 새로운 것은 기존의 것에 진입하지 않으면 생명력을 얻기 어렵기 때문이다. 결국 선화의 독립과 시민권 획득은 선화인의 사명이고 의무가 된다.

선화를 하는 사람들은 선화를 필연의 산물로 볼 것이다. 물론 우연의 산물로 보는 사람도 있을 것이다. 양쪽의 주장에도 얼마든지 논리적 정합성이 있을 것으로 보인다. 그러나 분명하게 말하자면 선화의 필연성은 증명할 수가 없다. 그리고 습관화된 혹은 관습화된 역사적 궤적이 없기 때문에 적어도 우연성에 몸을 맡길 수밖에 없다. 그러나 우연성에 맡긴다고 하는 것이 결코 미래의 미술사를 생각할 때 불리한 것은 아니다.

미술의 출발은 건축에서 시작했다. 물론 태초의 건축이라는 것은 자연의 동굴일 수도 있다. 동굴에 벽화를 그리고 다분히 주술적인 이미지와 의미로 가득 찬 그림으로 원시인들은 삶의 터전을 장식했을 것이다. 처음엔 이것이 그림이고 설치이고 조각이었을 것이다. 건축물의 일부로 혹은 부속물로서 미술이 있었던 것은 상당히 오래 지속되었다. 미술이 회화, 조각, 공예 등으로 분리된 후에도 그러한 미술의 원초적 본능은 때때로 부활하였다. 교회나 절간에 수많은 미술품이 덧붙여진 것은 비일비재하다. 인류의 명작이라고 하는 것이 대부분 사원 혹은 사원의 주변에 포진하고 있다. 또 궁전 혹은 궁전 주변에 들어 있다.

어쩌면 교회나 절간이 상징하는 종교가 없었으면 미술의 발전을 실현하지 못했을 수도 있다. 미술뿐만 아니라 음악도 그렇다. 종교적 인간의 힘이 아니면 예술은 발전하지 않았을 것이다. 역으로 예술은 종교가 아니지만 예술은 종교를 바탕으로 혹은 재료로 발전하였다. 예술가에게는 예술이 종교일 수도 있다. 그런 점에서 미술 혹은 예술은 여전히 원시의 주술적인 전통과 분위기와 떼려야 뗄 수 없는 존재이다. 근대에 들어 르네상스의 인문주의가 활발하게 전개되면서 미술이 종교의 울타리를 벗어나는 듯이 보였지만 실은 그렇지 못한 것 같다. 바티칸 궁전에 들어찬 미켈란젤로를 비롯한 수많은 화가, 조각가들의 미술품을 보면 미술이야말로 종교와 떨어질 수 없는 장르라는 것은 실감하게 된다.

상공업의 발전과 시민계급의 등장은 회화라는 것이 건축에서 독립하여 액자 속에 들어오는 독립선언을 하게 하였다. 귀족이나 신흥 상공업자들은 미술품의 수요자가 되거나 미술가들의 후원자가 되었다. 근대 인상파는 그 분기점이 된다. 인상파 이후 후기인상주의, 사실주의, 입체주의를 거쳐서 2차 대전 후의 추상미술운동인 앵포르멜(informel), 그리고 전위운동인 집대성인 아방가르드(avant garde)에 이르렀다. 최근엔 산업공해와 폐기물에 대한 관심이 고조되면서 환경운동과 함께 리사이클링(recycling) 운동도 벌어지고 있다. 또한 비디오 아트를 비롯하여 신매체의 등장과 아울러 우연성을 매개로 하는 각종 운동이 벌어지고 있다.

여기서 주목할 것은 바로 우연성이다. 우연성은 동양화의 필선에서 매우 심도 있게 발전해 온 분야이다. 농묵의 퍼짐은 그 대표적인 것이다. 현대 서양 미술의 드리핑(dripping) 작업은 매우 동양적인 것이다. 서양의 앵포르멜 운동은 동서양의 접목을 시도했다. 추상표현주의, 문자추상 등은 선화에 시사하는 바가 크다.

원초적인 심상의 운동성을 표현하는 선화는 아마도 제도권미술계에서 영역을 찾으려 한다면 여기에 둥지를 틀어야 할 것이다. 물론 우연성을 기초로 하는 선화라고 할지라도 기술적으로 연마된, 예술적 테크닉이라고 할 만한 수준에 들어야 함을 물론이다. 이는 매우 선화미술가 개인의 문제이다. 선화에는 다분히 기존 미술과는 다른, 자유로운 그림그리기의 그 무엇이 있고, 동시에 언젠가는 제도권으로의 편입이라는 제스처를 취해야 하는 이중적 몸짓이 필요할 것이다. 선화에 종교적 분위기, 주술적 분위기가 있는 것은 문제가 될 것이 없다. 예술은 그 출발이나 기반이 무엇이었던 간에 결국 미학의 새로운 발견과 형상의 창조에서 성패가 나기 때문이다. 그래서 부단히 연습(exercise)하여야 한다.

아마도 선화의 자유로운 필선은 동양적 전통의 문화바탕에서 자신도 모르게 분출한 것일 수 있다. 무당굿은 오늘날 예술로 대접받고 있다. 무당의 영적 체험이나 엑소시즘(exorcism)의 기술, 즉 주술(呪術)은 현대과학이나 의학에 밀려 주변부에 떨어진 지 오래다. 그러나 무당을 흔히 무의(巫醫)라고 하는 데서 알 수 있듯이 선화를 그리는 행위가 무의적 결과를 가져온다면 이것을 마다할 필요가 없다. 예컨대 자기 최면적, 자기도취적, 자기마스터베이션의 일환이라고 할지라도 인간을 만족과 행복에 들게 한다면 이를 이단시(異端視)할 필요가 없다.

인간에게는 자기치유적 능력이 숨어 있다. 인간에게는 자문자답적 능력이 내재해 있다. 그래서 종교와 과학은 영원한 인간존재를 이끌어가는 두 수레바퀴이고 쌍두마차이다. 여기에 예술은 기존의 물질을 이용한 조형작업을 통한 형상을 만듦으로써 존재이유를 발견하게 된다. 그 형상이 우상(偶像)이 되었든, 성상(聖像)이 되었든 상관할 바가 아니다. 이것은 형상 자체의 문제가 아니고 사람의 마음의 문제이다. 도리어 그 형상(icon)을 우상이라고 하여 아이콘 자체를 만들지 못하게 하는 데에 인간의 불행이 있다. 세계는 필연이면서 동시에 우연이다. 이것은 숨을 내쉬고(expire) 들이쉬고

(inspire) 하는 호흡과 같다. 둘은 하나이다.

선화를 하는 사람에게는 어떤 이데올로기보다는, 어떤 그리기의 목적보다는 마음의 소리를 따라가며 필선을 움직이는 그 자체, 호흡만이 살아 있는 것일지도 모른다. 말하자면 호흡의 그림이랄까. 운동 자체의 그림이랄까. 우주라는 매크로코스모스(macro – cosmos)와 '나'(self)라는 마이크로코스모스(micro – cosmos)에 공통으로 내재한 혹은 두 세계가 교감하는 가운데 이동하는 에너지의 흐름을 그리는 것인지도 모른다. 아마도 인류가 발명해 낸 그림그리기 가운데 가장 심리적으로 이완된 가운데 그리는 그림일지도 모른다.

이런 심리적 이완 혹은 긴장의 극과 극을 치닫는 제도권의 미술로는 낙서화(落書畵)를 들 수 있다. 선화와 가장 밀접한 제도권의 미술은 낙서화이다. 낙서화, 즉 그래피티(Graffiti)는 '긁음'이라는 뜻을 가진 이탈리아어 그라피토(Graffito)의 복수형이다. 낙서화는 본래 벽 표면을 긁어 만든 이미지와 드로잉을 말한다. 낙서가 미술의 주제로 등장한 것은 2차 세계대전 후이지만 기원은 구석기시대 암각화에까지 거슬러 올라간다. 이런 낙서는 기록이나 보존을 위한 것이 아니라 매우 표현 자체에 목적을 둔 것이다. 낙서화는 기본적으로 민중들에 의해 시작된 것이고 생활과 밀접한 관련이 있다.

낙서화가 본격적으로 미술작품으로 받아들여진 것은 70~80년대 뉴욕이었으며 반문화운동, 히피운동, 반전운동 등 기존의 문화에 저항하는 새로운 안티 문화운동의 물결을 타고 성립되었다. 낙서화가 가운데 가장 성공한 화가는 장 미셸 바스키아와 키스 해링이다. 그러나 둘 다 요절하였다. 바스키아는 27세, 해링은 31세였다. 그 후 낙서화는 큰 힘을 얻지 못했지만 부분적인 낙서 기법은 화가들에게 빈번히 차용되고 있다. 현대미술의 오브제나 콜라주에 이어 매력을 끄는 제3의 기법임에 틀림없다.

그러나 선화는 정확한 의미에서 낙서화도 아니다. 굳이 말하자면 '명상화'(冥想畵) 혹은 '종교화'(宗敎畵)라고 해야 할 것이다. 그림그리기 전에 이미 명상이나 심리적 평형 상태에 들어가서 그리는 것이기 때문이다. 아니면 상상계의 그림이라고 말할 수 있을 것이다. 왜냐하면 현상계의 형상을 보고 그리거나 그것을 토대로 단순화된 추상을 하는 것도 아니기 때문이다. 대체로 매우 추상적인 필선으로 이루어져 있지만 또한 추상화도 아니다. 분명 에너지의 흐름이라는 구체적인 흔적을 그리는 것이기 때문이다. 보이지 않는 에너지의 흐름을 그리는 선화는 그래서 독립적일 수밖에 없다. 그래서 경전(經典)을 보완하는 현대판 참위(讖緯)로서의 도참(圖讖)이나 영부(靈符) 혹은 부적(符籍)으로 불릴 수도 있을 것이다.

선화가 기운의 흐름을 타고, 더 정확하게는 몸에 느껴지는 전자기의 흐름을 타고 그리는 것이지만 역시 그림 속에는 무의식적이고 민중적이고 본능적인 표현이 주류를 이룰 것이다. 이들은 문명으로부터 혹은 계급적 사회로부터 억압되기 일쑤인데 스스로 기원하는 것을 그리거나 때로는 욕구불만인 것들이 표출될 것이다. 미술에 대한 전문교육을 받지 않는 혹은 미학적 표현을 목적으로 하지 않는 일반인들이 그리는 선화는 다분히 어떤 주제를 따라 그리거나 혹은 무의식적으로 그리다가 주제를 발견하기도 하는 과정을 거칠 것이다. 그러면서도 점차 미적 완성도나 세련미를 획득하게 될 것이다. 나름대로 미학을 마련하게 될 것이다.

그러나 동시에 선화의 미학이 어떻게 정립되던 간에 선화는 종교적, 주술적 효과를 가지게 될 것이다. 이것은 처음부터 미술을 목적으로 한 미술이 아니라 정신수련과 치유효과를 노린 성격이 강하기 때문이다. 과학은 미지의 것에 X자, 물음표를 붙이는 것이다. 종교는 미지의 것에 신(神) 혹은 귀신(鬼神)을 붙이는 것이다. 과학의 미지의 상자에 들어 있는 것은 원리 혹은 이치이고 종교의 미지의 상자에 들어 있는 것은 신비 혹은 기적이다. 과학과 종교가 미지의 것을 가정하는 것은 동일하다. 인간은 가정(假定)과 상상력(想像力)의 동물이다. 예술은 이것을 형상으로 표현하는 것이다. 선화는 예술, 미술의 한 장르가 될 수 있다.

선화는 무엇보다도 평면적 회화에 머물러서는 안 된다. 회화에서도 입체파라는 것이 있기도 하지만 선화야말로 입체, 즉 3D(dimension)적 사고를 하지 않으면 안 된다. 3D적 사고만이 우주공간의 혹은 개인의 기운생동의 실체와 면모를 알아낼 수 있기 때문이다. 인간의 몸은 소우주이다. 자연은 대우주이다. 소우주와 대우주는 규모는 다르지만 운동의 모양은 같다. 내 몸의 운동과 우주 몸의 운동을 일체화시키고 하나가 된다면 이보다 기쁜 것은 없을 것이다.

10. 선화는 불립문자의 수련방법

선화는 그러나 앞장에서 말한 미술로서의 그림이 아니다. 정확하게는 그림에 만족할 수 없는 그림이다. 그림을 그리기 위해서 선화를 그리지는 않는다. 어떤 것의 결과가 그림으로 남은 것이다. 처음부터 선화는 기운(氣運)을 그리는 그림이었다. 다시 말하면 선화의 궤적은 기운의 그림이다. 그렇다면 이 그림은 무엇을 말하는

가. 불교에서 말하는 달마도나 스님들이 수도의 일부로서 선시(禪詩)와 더불어 그리기도 하는 선화(禪畵)가 아니다. 또 여러 형태의 종교화도 아니다.

선화는 적어도 그리는 순간에, 그리는 행위의 순간에 정기신(精氣神)이 소통되는 것을 느껴야 한다. 다시 말하면 기통(氣通)의 수단으로 활용될 수도 있으며 궁극적으로는 인간으로 하여금 깨달음의 경지에 들어서 안심과 평안과 열락에 들게 하는 수단이다. 선화를 그리는 동안 몸속에 뭉쳤던 여러 형태의 기운이 서서히, 마치 점수(漸修)처럼 혹은 급하게, 돈오(頓悟)처럼 풀려야 한다. 이것은 재래의 천지인 사상으로 말하면 정충(精充 精忠 精衷) - 정은 충족되고, 기장(氣壯, 氣長, 氣張) - 기는 장대하게 되고, 신명(神明, 神命, 神名) - 신은 밝아져야 한다. 만약 선화를 하는 데 이러한 변화가 없다면 소용이 없다. 그러나 최소한 억눌렸던 기운, 사기를 생기로 전환시켜 주고 생기를 확충시키는 효과는 있다.

이런 관점에서 볼 때 선화는 일종의 수도를 위한, 스트레스를 풀기 위한 일반적이고 대중적인 '기운 그리기'에 해당한다. 처음에 '자연의 소리 그리기'라고 하기도 했는데 정확하게는 내 몸에서 소통하는 '기운 그리기'라고 하는 편이 옳다. 지금까지 인류의 각종 종교는 나름대로 기복(祈福)을 하는 방법, 적덕(積德)을 하는 방법, 스트레스는 푸는 방법을 신도와 일반인을 위해 가르쳐왔다. 경우에 따라서는 전문 사제 계급, 전문 수도자의 교육과정에도 포함시켜 왔다. 최근 선도, 단전호흡, 명상, 요가 등 여러 명상수련단체들이 새롭게 부흥하고 있다. 이제 종교와 생활을 예전처럼 이분법으로 구분하기도 어렵게 되어버렸다. 성(聖)과 속(俗)의 경계가 애매모호하게 되어버렸다. 심지어 무속과 고등종교의 구분도 애매모호하게 된 상황도 있다.

이는 절대 진리, 절대 권력의 허구성이 폭로되고 심지어 일상에서 배제되어 가는 후기 근대, 현대의 사조와도 맞물려 있다. 이를 현대판 교외별전이라고 할 수도 있을 것이다. 이를 불교사에 견주면 석가모니의 원시불교가 대승소승(大乘小乘), 교선(敎禪)으로 나뉘고, 다시 선(禪)은 여래청정선(如來淸淨禪), 무상(無相)의 인성염불선(引聲念佛禪), 육조(六祖) 이후의 조사돈오선(祖師頓悟禪)으로 나뉜 것에 비할 수 있다. 조사돈오선에 이르면 교외별전, 불립문자를 말한다. 한마디로 말하면 깨달음은 책에, 경전에 있지 않다는 뜻이다. 물론 책이나 경전을 통해서도 깨달음에 도달할 수는 있지만 책은 어디까지나 의미를 부활하고 그 의미가 새롭게 살아 있는 것, 기운이 흐르는 것이 되려면 새로운 사람에 의해 다시 쓰이고 해석되지 않으면 안 되는 것이다.

선화는 교외별전, 불립문자에 해당하여 경전(經典)의 일반론으로 보면 경전을 보완하는 참위(讖緯)에 해당한다. 선화는 예술과 종교의 경계선에 있는 행위이다. 후기 근대는 여러 면에서 학문과 종교와 예술의 경계가 무너지고 있다. 이것은 거대한 소용돌이다. 선화는 잘만 하면 세계와 쉽게 하나가 되는 경험을 할 수도 있고 못해도 건강에 도움이 될 것이다. 선화는 한마디로 무(無) 혹은 무위(無爲)의 그림그리기이고 무(舞)의 그림그리기이다. 필자가 오래전부터 구상하고 있는 잘살기 위한 운동, 행복하게 살기 위한 운동의 일환으로 펼치고 있는 '시화락차무(詩畵樂茶舞)'의 운동에 선화는 화(畵)로서 참여하게 되었으면 하는 바람이다.

11. 그림그리기 치료로서의 선화

　시 치료, 문학치료, 예술치료라는 말이 등장한 지 수십 년이 지났다. 치료라는 말은 실은 병은 전제로 한 말이다. 그런데 예술에 치료라는 접두어로 붙이니까, 어딘가 기분 나쁜 병이 침범한 것 같은 불쾌감을 저버릴 수 없다. 시를 비롯하여 문학, 예술은 지금껏 문화예술의 장르로서 다루어져 왔는데 이들이 마치 변질된 것처럼 느껴지고 심지어 예술을 모독하거나 그것의 지위를 격하하는 것 같은 기분도 든다. 도대체 흔히 인간의 정신활동의 고양된 표현, 진선미를 추구하는 형식, 카타르시스나 기쁨을 주는 문화양식을 두고 목적이 아니라 수단으로, 치료의 수단으로 사용하려는 것은 배반감을 준다.

　그러나 예술이 목적만이 아니라는 것은 어제오늘의 일이 아니다. 동시에 수단이라는 것이 비단 나쁜 것만도 아니다. 원인과 결과, 그리고 목적 자체가 후기 근대사회에 들어와서 종래의 문학이나 예술, 학문이나 과학에서 요지부동의 지위를 차지하는 것도 심하게 흔들리고 있다. 심지어 수단이라는 것이 '존재'(being)가 아니라 일종의 '과정'(process)이나 '되는' 혹은 '생성되는' 혹은 '실존하는', '비존재'(becoming)로 받아들여지면서 원인과 결과, 목적과 수단이라는 이분법은 논쟁의 중심에서 밀려났다.

　이러한 사회적·시대적 분위기와 함께 전문예술가의 예술은 고급의 것으로 취급되고 일반인의 그것은 폄하당하는 것도 멀어졌다. 실체(reality)나 본질(essence)에 대해서 누구나 자신 있게 말할 수 없게 되었다. 인간은 의지 혹은 권력의 의지와 방향을 가지는 존재로서, 사물을 재배열하는 존재의 주체로서 매우 주관적인 존재가 되었으며 끊임없이 현상을 생산하는 존재가 되었다.

플라톤 이후 서양철학은 이성 중심적인 궤도를 크게 벗어나지 않았다. 반(反)플라톤 철학의 전통도 있긴 하지만 역시 주류 철학으로서의 플라톤 철학의 영향력은 대단한 것이어서, 새로운 모습으로 부활하곤 한다. 신(新)플라톤 철학이라는 것이 그것이다. 어쩌면 철학이라는 것은 본래 플라톤적인 것인지도 모른다. 철학에 이성이 없다면 철학이 무슨 소용이겠는가. 문화의 질서라는 것이 본래 아폴론적인 그런 것이어서, 심하게 비하하면 전범이나 모델, 이상을 보여주고 다스리고 억압하는 것이어서 잘못하면 인간을 독재권력이나 문화권력의 시녀로 만든다. 철학은 이제 인과(因果)나 이상을 위한 것이 아니라 삶의 해석이고 설명에 만족하지 않으면 안 된다. 철학이 절대권력을 휘두르는 시대는 지났다.

역시 플라톤적 철학에 반기를 드는 것은 예술이다. 예술은 미학을 철학의 하위 분야로 하는 것을 거부한다. 예술가들은 도리어 철학은 미학의 언어 분야로 한정하고자 한다. 예술은 언어예술인 문학은 물론, 미술, 음악, 무용, 연극, 사진, 영화, 의례(축제) 등 재료와 매체가 다른 여러 가지를 포함하고 있기 때문에 형상작업을 할 수 있는 모든 것을 포함할 경우, 철학은 언어를 재료로 하는 미학이라고 하는 편이 옳기 때문이다. 그런데 예술은 원천적으로 기존의 질서에 대해 반기를 들고 반운동을 하는 생리를 가지고 있다. 물론 정치권력도 그렇긴 하지만 예술만큼 반체제적이지는 못하다. 심지어 예술은 이제 전문, 고급, 클래식을 넘어서 '생활＝예술'이라는 평등을 시도하려고 한다.

여기에 치료의 의미로서의 예술이 자연스럽게 등장하게 된다.

치료수단으로서의 예술 말이다. 예술은 치료의 시각에서 바라보는 것은 음식을 마치 웰빙(wellbeing)으로 바라보는 것과 같다. 음식은 웰빙을 위해서 먹는 것이 아니라 먹고살기 위해서 먹는 것이다. 음식을 먹지 않으면 죽는다. 그런데 왜 오늘날 음식을 영양소로 분석하고 웰빙으로 바라보는가. 그 이유는 크게 두 가지다. 하나는 음식을 단순히 먹고 살기 위한 물질적 재료로 보지 않을 정도로 생활수준이 높아졌다는 말이 된다. 둘째, 환경공해로 인하여 음식을 가려먹지 않으면 병에 들게 되고 더욱이 이미 병에 걸린 사람은 웰빙 음식으로 치료를 하여야 하는 것이 당면과제로 떠올랐기 때문이다.

전통적인 예술의 소통구조를 예술가(작품)와 향유자(작품 구매자), 그리고 시장으로 나눈다면 여기에 일반인(환자)과 예술치료자(의사)를 새로운 변수로 놓게 된다. 말하자면 예술가, 향유자, 예술치료자, 환자 등으로 모델을 만들면 그 중간에 예술시장이 있게 된다. 예술에 치료적 기능이 있다는 것은 새삼스러운 것이 아니다. 흔히 아리스토텔레스가 ≪시학(詩學)≫에서 말한 카타르시스가 그 대표적인 것이다. 동양의 경전 가운데 ≪시경(詩經)≫의 서문에 "시는 사람의 마음이 사물에 감동된 끝에(나머지) 말에 나타난 것이다."(詩者 人心之感物而形於言之餘也)라는 말이 있다. 이를 의역하면 마음속에 움직이는 것이 뜻이 되고 그것이 마침내 절실한 언어로 다듬어져 밖으로 나오면 시가 된다는 설명이다.

예술의 카타르시스 효과와 예술의 승화에 대해서는 동서양의 철학자들이 많이 거론했다. 예술적 승화는 예술가가 자신의 경험을 형상화 작업을 통해 보다 많은 사람들이 공유하고 감동하게 하고 심지어는 기쁨을 느끼게 하는 것이지만 때때로 예술가 자신의 병적 억압 혹은 심리적 억압에 대한 치유의 결과로서 이해되기도 했다. 그런데 최근 예술은 그 자체로서보다 치료적 기능으로서 예술을 바라보는 경향이 농후해졌다. 이것은 일종의 유행이기도 한다. 표현으로서의 예술과 치료로서의 예술, 그리고 예술가와 예술치료사 사이에 새로운 관계정립이 요구되기도 한다.

그림그리기(미술 혹은 낙서) 치료로서 선화를 바라보는 것이 필요한 것은 이러한 시대적 유행, 흐름과 관련이 있다. 선화는 이상하게도 선화를 그리는 사람으로 하여금 속에 응어리지거나 뭉친 것, 억압된 것을 풀어냄으로써 기분을 상쾌하게 하고 기쁘게 하고 새로운 에너지를 충전하는 것으로 경험자들에 의해 증명되고 있다. 이것은 종교 혹은 예술일반이 가져다주는 성령의 은혜나 축복, 혹은 유희로서의 즐거움, 카타르시스와 관련이 있는 것 같다. 이것은 전통적인 샤머니즘으로 보면 신내림 현상과도 흡사하다. 말하자면 그림강신, 혹은 그림공수라고 할 수도 있다.

선화를 그릴 경우, 그림의 개념을 본인 스스로 정하거나 혹은 제 3자가 정해 주면 그것을 중심으로 자연스럽게 그려가게 되는데 사람에 따라 다른 모습의 그림을 그려내기도 하고 때로는 같은 모양의 그림을 그려내기도 한다. 특히 같은 모양의 그림을 그려내는 것은 일종의 공명과 같은 것으로 신비스런, 에소테릭(esoteric)한 것이기도 하다. 선화는 여러 모습을 보이기도 하지만 종국에는 원운동, 곡선운동, 나선운동, 태극운동 등으로 수렴된다. 이는 원운동이 가장 자연스러운 운동에 속하는 것이기 때문인지도 모른다.

표현이라는 것은 억압의 강도가 심한 경우 혹은 심한 문화권의 경우 그 효과가 극대화될 것으로 짐작된다. 표현적 예술이 예술가에게 치료적 효과를 동반하는 것이 사실이라면 이것을 일반인에게도 확대 적용할 수 있다. 이것은 다분히 주술적, 혹은 샤만의 치료 효과와도 관련을 지어볼 수 있겠다는 생각이 든다. 무당은 자신의 억압 — 신체적, 정신적 억압 — 에 대한 극복의 경험, 다시 말하면 빙신과 몸주신 모심, 그리고 그 경험을 토대로 자신의 몸주로부터 신탁(공수)을 받고 고객(단골)에게 공수나 부적을 주고 혹은 귀신을 쫓아내는 처방을 준다. 이것이 엑소시즘(exorcism: 귀신을 쫓아내는 의례: 굿)이다. 예술을 굿에 비유하면 '예술굿'이라고 말할 수 있다. 예술은 안에(마음 안에) 있는 것을 풀어주는 행위이다.

이것은 과학적 입장에서, 합리성의 입장에서 미신이라고 치부하던 것들인데 최근 무당의 무의(巫醫: medicine)로서의 기능이 전혀 다른 의미로 다가오고 있다. 무당의 굿은 종합예술이며 동시에 종합치유의 의례로 다가오고 있는 것이다. 물론 굿을 하면 모든 병이 낫는 것도 아니다. 또한 모든 굿이 치료기능을 가지고 있는 것도 아니다. 그럼에도 불구하고 종종 굿이나 안수기도를 통해서 치료가 되는 경우도 있는 것도 사실이다. 이런 것을 과학적이 아니라고 해서 무시할 수만은 없다. 이런 치료효과에 공통되는 것은 심리적인 것과 관련이 있는 병이다. 인간은 영육의 동물이어서 몸과 마음이 서로 상호작용하는 동물이다. 심리가 건강에 영향을 미치기도 하고 건강이 심리에 영향을 거꾸로 미치기도 한다.

예술치료 분야는 특히 심리학이나 정신분석학과 결합하면서 다양한 양상을 발전하고 있다. 문제는 세균이나 물리적 외상으로부터 오는 병이 아니라면 결국 안에 있는, 마음에 있는 것의 문제가 된다. 마음을 어떻게 다스리느냐는 인간 종이 살아 있는 한 문제가 될 것이다. 자연환경과 문화환경은 인간을 억압하게 되는데 이때 적당한 억압은 도움이 되나 심한 억압은 결국 인간 존재의 병으로 발전하고 결국 죽음에 이르게 한다. 예술가들은 혹은 무당들은 자신을 표현하는 데에 익숙해져 있지만 일반인에겐 표현이라는 것이 낯설기만 하다. 왜냐하면 사회란 것은 표현을 제재하고 억압하는 경우가 많기 때문이다.

집단생활을 하기 위해서 필요한 억압이라는 것이 개인에게 때때로 병의 원인이 된다. 동시에 억압이라는 것도 크게 두 종류가 있다. 하나는 자연의 욕망 및 본능과 같은 것으로 자연의 진화과정의 산물로서 종이 존재케 하는 데에 결정적 역할을 하는 억압이다. 이런 억압은 우리 몸에 부여되어 있다. 다시 말하면 우리 몸에 내장되어 있다. 그런데 다른 하나는 사회적 억압으로서 행위를 규제하고 심하면 욕망과 본능을 거꾸로 억압하게 되는 경우가 많다. 따라서 예술가가 아니더라도 표현을 활발히 하는 것은 건강한 삶을 위해서 필요하다. 우선 표현에 덜 익숙한 사람들을 표현하게 하고 그 표현하는 데 따른 표현의 기술을 습득하게 하고 훈련시키는 것이 필요하다. 여기에 치료예술 혹은 표현예술치료가 필요한 것이다.

현대인에게 각종 정신심리적인 질병은 감기처럼 일반화되어 있다. 이제 정심심리치료라는 것은 특별한 것이 아니다. 따라서 마치 감기에 걸려 내과를 찾는 것과 같이 심리치료사나 정신신경과를 찾아야 한다. 현대인은 각종 강박관념, 노이로제, 우울증, 조울증, 콤플렉스에 시달리고 있다. 치료행위에 예술가들도 참여하여야 하고, 예술치료사들도 함께 참여하여야 한다. 특히 예술치료사들은 종래에 있던 의사나 예술가와 달리 새롭게 대두된 신종직업이다. 만연한 심리질병을 퇴치하기 위해서는 현대인은 문화로부터, 예술로부터 치료를 발견하지 않으면 안 된다. 이런 예술치료는 치료를 넘어서 사람들로 하여금 예술가가 되는 보람, 카타르시스, 기쁨을 덤으로 줄 수 있다는 점에서 새로운 참여예술로서도 주목된다.

선화의 발전 가능성은 특히 치료행위에서 두드러질 것으로 보인다. 이것은 분명 예술을 위한 예술, 미술을 위한 미술은 아니기 때문이다. 선화(仙畵)는 새로운 선도(仙道)의 한 방법도 될 수 있으며 정신수양, 명상 등 마음 다스리기에 충분히 원용될 수 있는 바탕을 가지고 있다. 경우에 따라서는 현대적 무당이 수련해야 할 도구일 수도 있다. 굿은 무당과 단골에게 동시에 풀이로서의 의미가 있다. 무당은 오랫동안 굿을 안 하면 앓게 된다. 단골은 무당으로부터 설명과 해석, 공수(신탁)와 부적을 받으면 마음의 평정을 얻게 된다. 푸는 것은 바로 표현이고 표현은 바로 예술이다. 선화도 예술이라는 잣대로 볼 때 정도의 차이는 있으나 예술 혹은 생활예술임에 틀림없다. 철학으로부터 독립한 미학은 다시 미학으로부터 탈출하여 생활로 합류하고 있다. 바야흐로 생활예술, 치료예술의 시대가 막이 오른 셈이다.

이제 선화에 대해 마지막 핵심을 말할 때가 되었다.

"선화란 기(氣) 혹은 기(氣)의 운동, 기(氣)의 궤적을 그리는 그림그리기이다."

여기서 기(氣)라는 것은 모든 이적(理的) 결과물, 이미지, 형상을 포함하면서 동시에 그것으로부터의 해방, 일탈을 의미한다. 그런데 후자에 무게가 더 주어진다. 왜냐하면 선화는 '무상(無常)의 그림그리기'이며 단지 화가라는 전문가의 그림그리기도 아니기 때문이다. 그런 점에서 선화에는 역사성이나 종래의 미술 사조와 같은 것이 없다. 그리고 그림의 우열과 가치평가도 없다. 만약 역사성이 있다면 단지 왜 인간이 선화를 시대적으로 요구되었나 하는 점이다. 그런 점에서 매우 현대적이고 시대적이다. 선화는 무엇보다도 억눌린 기의 표출을 통해 기운의 회통을 도와주고, 그럼으로써 일반인에게는 행복을, 전문가에게는 자기가 종사하는 분야에서 더 전문적이 될 수 있는 기운을 제공한다.

그런 점에서 선화는 예술이라기보다는 종교적 행위에 가깝다. 마치 현대판 주술과 같은 효과를 가진다고 말할 수 있다. 선화는 현대판 주술행위이다. 주술행위라는 것이 고등종교에 익숙한, 세뇌된 우리들에게 거부감이 있다면 예술치료라고 해도 상관이 없다. 주술이야말로 문화를 종합적인 예술로 바라보는 첩경이다. 인간이여, 이제 발가벗을 시간이 되었다. 문명의 옷으로부터 벗어날 때가 되었다. 선화는 온갖 문명의 옷을 한 꺼풀씩 벗는 행위이다. 의식의 발가벗기, 의식의 무의식으로의 여행, 카오스에 들어가는 여행, 세계와 일체가 되는 경험이다.

12. 춤추는 우주에 동참하는 가장 간단한 방법

우주는 춤추는 우주이다. 춤추는 우주는 카오스(chaos)이다. 카오스는 혼원일기(混元一氣)이다. 카오스는 흔히 혼돈이라고 하지만 이는 단순히 혼돈이 아니라 도리어 소통이다. 혼돈이야말로 자연의 또 다른 모습이다. 카오스를 코스모스의 입장에서 바라보면 무질서라고 보지만 카오스야말로 기존이 질서에 자유와 해방을 가져다주는 것이다. 선화는 카오스의 그림그리기이다. 더 정확하게는 카오스에서 코스모스로 가는 도중의 자유로운 그림그리기이다. 문명의 발달과 더불어 인간성은 복잡다단한 여러 제도와 억압의 구조 속에 살고 있기 때문에 자신의 본성을 잃어버리고 있다.

예컨대 코스모스(cosmos)가 절대일리(絶對一理)라고 말한다면 카오스는 절대일기(絶對一氣)가 된다. 코스모스가 동중정(動中靜)의 상태를 말한다면 카오스는 정중동(靜中動)이 되는 것이다. 코스모스와 카오스는 우주의 양면성이다. 그런데 이것의 끊임없는 반복이 우주이다. 이 같은 반복은 우주의 본성이라고 말할 수 있다. 그런데 문명의 체계와 제도는 인간에게 질서만을 요구한다. 질서란 우주적 차원에서는 다원다층의 질서이지만, 사회적 차원에서는 위계이고 계급이고 억압이 된다. 그래서 그 억압(stress)으로 인해 인간은 자유(自由)를 잃고 생기를 잃게 된다. 생기를 잃으면 이것은 병이 된다.

이러한 병은 개인과 사회에 동시에 있게 된다. 그래서 사회는 변화와 개혁과 혁명을 통해 이것은 기존의 질서를 바꾸게 되고 개인은 의학적 치료를 하게 된다. 기존의 의학적 치료에 대한 새로운 대체요법의 하나로서 선화가 등장한 것이다. 선화는 물론 정신 심리치료에 해당한다. 그러나 인간의 몸의 경우 정신과 육체는 둘이 아니고 하나이다. 그래서 처음엔 미약하지만 선화를 계속하게 되면 신체도 변화하게 된다.

선화가 육체와 관련을 맺는 것은 물론 우주적 기(氣)에 순응함으로써 발생하는 치료효과이다. 자신의 응어리진 기를 풀어줌으로써 처음엔 정신을 자유롭게 하고 나중엔 병든 육체마저도 자유롭게 하고 춤추게 하고 비상하게 하는 것이다. 이것은 우주적 유영이라고 할 수 있다. 선화는 점을 사용하고 면을 사용할 수 있지만 주로 선(線)을 사용한다. 선은 점과 면의 중간으로 율동을 표현할 수 있는 가장 편리한 수단이면서 시각적으로도 효과가 크다. 선화(仙

畫)는 따라서 선화(線畫)이다. 언제, 어디에서, 어떤 도구로도 선을 그을 수 있으면 실현이 가능하다. 극단적으로는 종이나 바탕이 없이도 마음의 종이에 그릴 수도 있다.

우주는 천지인(天地人) - 정기신(精氣神) 3·1체계이다. 이것을 천(天)과 지(地), 정신과 육체 혹은 이(理)와 기(氣) 등 여러 2·1체계로 해놓고 이원화하면 바로 역동성을 잃어버리게 된다. 물론 2·1체계 속에서도 영성(靈性)이 출중한 사람들은 저절로 3·1체계를 느끼고 그것을 실현하지만 그렇지 못한 사람들은 갈등과 모순 속에서 헤어나지 못하게 된다. 특히 인간은 이원체계 사이를 왕복하면서 양쪽의 세계를 동시에 경험하는 능력을 구비하고 있다. 인간은, 쉽게 말하면 하늘도 알고 땅도 안다. 그래서 하늘과 땅을 교통하고 교감하는 능력을 가지고 있다.

인류사에서 성현들은 바로 3·1체계를 생래적으로 안 사람들이다. 그래서 무(巫) 자의 상형성은 종교의 영원한 이미지가 되고 있다. 무자의 문화적 원형성은 그것이 춤추는 것, 무(舞)이면서 동시에 공(工)의 가로세로 겹침이라는 점이다. 그래서 무(巫)와 공(工)이 만나면 무(武)가 된다. 무(武)와 무(舞)는 같은 뿌리를 가지고 있다. 신체를 가진 인간이 몸 전체를 움직이는 과정에서 우주의 일원성을 발견하는 도(道)의 과정인 것이다.

세계는 바야흐로 종교와 과학이 만나는 장에 이르고 있다. 동시에 무력경쟁의 시대, 양육강식의 시대에서 평등평화의 시대, 예술 지상의 시대로 접어들고 있다. 이것은 문명의 원시반본(原始返本)을 의미하며 문명은 다시 주술(呪術＝呪文＋技術＝人文＋科學)로 돌아가는 셈이다. 물론 원시나 고대의 주술과 지금의 주술은 그 질에 있어서 다르지만, 새로운 문화의 통합시대로 들어간다는 말이다. 인간의 문화는 물론 삶의 디자인(design)이고 프로그램(program) 이다. 그 디자인이나 프로그램은 환경과 더불어 이루어지는 것이 다. 환경을 떠나서는 그것을 생각할 수 없다.

전체적으로 인류의 문명은 바야흐로 민중주의(populism)와 페미 니즘(feminism)과 에콜로지(ecology)의 시대로 접어들고 있다. 이 삼 자는 셋이면서 하나이다. 이것은 오늘의 천지인사상이다. 모계모성 사회에서 부계부성사회로 진입하였던 문명은 다시 모계모성사회로 접어드는 여러 징조를 보이고 있다. 이는 문자의 시대에서 이미지 의 시대로 전환하고 있는 것과 맥을 같이한다. 이미지의 시대는 방송매체나 인터넷에 의해 쉽게 실현되고 있다. 이들은 말할 것 없이 전파매체이다.

방송망과 인터넷망은 사물의 시대에서 전자기파의 시대로 전환 하는 과정에서 매체적 부응을 하고 있다. 문자가 아닌 이미지로 교감하고 교통하는 것이 더욱더 일반화하고 있다. 선화는 바로 이 미지적 문자이다. 이미지적 문자는 이성보다는 감성에 호소하기 때 문에 문자가 다른, 지역이나 국가의 사람과 공감대를 형성하기에 용이하다. 이미지의 원형이 선화에 있기 때문이다. 선화는 기(氣)를 바탕으로, 카오스를 바탕으로, 이(理)와 질서를 새롭게 형성해 가기 때문에 일종의 원초적 그림그리기가 된다. 다시 말하면 그림을 목 적으로 하는 것이 아니라 과정으로 하는 것이 된다. 과정으로서의 우주에 부합하는 것이 된다.

선화는 한마디로 카오스의 그림이다. 카오스의 그림이기 때문에 원초적 그림이다. 카오스의 그림그리기는 사람의 손으로 그리는 것 보다는 과학적 수식에 의해, 컴퓨터로 그리는 것이 더욱 다양하고 용이하다. 그래서 선화 그리기는 좋은(훌륭한) 그림을 그리는 자체에 목적을 두고 있지 않다. 좋은 그림은 컴퓨터가 훨씬 더 잘 그릴 것이고, 다양하게 그릴 것이기 때문이다. 선화는 그래서 사람이 직접 그리는 행위 자체에 목적을 두고 있다. 손으로 그림그리기에 참여함으로써 세계의 운동에 몸으로 직접 참여하는 것이 되고 시시각각으로 변화하는 세계의 진면목에 접목(혹은 접신)됨으로써 자신의 존재정립, 자아 찾기에 도움을 준다.

그래서 선화 그리기는 부차적으로 결국 종교적 의례행위에 흡사하다. 왜냐하면 자신과의 소통의 시간이면서 동시에 세계와의 소통의 시간이기 때문이다. 그러한 점에서 선화 그리기는 네오샤머니즘(neo-shamanism), 네오부디즘(neo-buddhism)이라고 말할 수 있다. 선화는 결국 원(圓)을 지향한다. 이는 무천(舞天)이면서 기천(氣天)이고, 원적(圓寂)이면서 원적(圓跡)이라고 말할 수도 있다. 따라서 선화는 미래의 대중적 그림그리기의 하나로서 자리매김하기에 유리하다. 선화는 남이 그린 그림을 보는 것이 중요한 것이 아니라 자신이 직접 그리는 것이 중요하다. 선화를 그리면 바로, 그 개인적 경험을 통해, 세계와 하나가 되는 것을 느낄 수 있다.

선화는 다시 말하면 세계와 하나 되기 위한 그림그리기이다. 우아일체(宇我一體), 범아일체(梵我一體)가 목적이다. 선화를 그리면 카오스적 세계가 시시각각으로 코스모스의 세계로 변화하는 경험을 할 수 있다. 그러한 점에서 선화는 존재론적(ontological) 그림그리기이다. 존재론적 그림그리기의 목적은 생성(becoming)을 느끼는 것이다. 선화를 그리는 손끝에서 세계는 지금 생성되고 있다. 그대의 손끝에서 세계의 움직임을 느껴라.

'지금 여기'(now and here)에서 선화를 그려라. 그러면 세계는 그대의 것이다(world is yours).

13. 대칭적 사고의 부활로서의 선화

흔히 이데아를 관념(觀念)이라고 한다. 관념이라는 단어에는 '생각을 본다.'는 의미가 들어 있다. 관음(觀音)이라는 단어에도 '소리를 본다.'는 역설적 의미가 들어 있다. 이때의 관(觀)이라는 단어에는 매우 집중적으로 본다는 의미가 들어 있다. 내관(內觀)이라는 단어에서 그 의미를 찾을 수 있다. 또 관(觀)에는 관통(貫通)의 의미가 있다. 관통한다는 것은 안과 밖 혹은 위와 아래 등 모든 이분법적인 것을 초월하여 세계를 하나로 보려는 내포적 의미가 들어 있다. 과학이라는 것은 사물을 통해서 비대칭적인 '하나의 법칙'을 수립하는 것을 목표로 하는 것이다. 그래서 여러 차원을 가상한다. 그러나 이 관(觀)은 그것을 무화시키고 '하나의 일원상'을 보려고 한다. 과학을 하는 것과 관하는 것은 참으로 인류가 보는 것의 가장 대표적인 것이다.

생각을 보고, 소리를 본다는 것은 참으로 역설적이다. 그런데 관념의 이면에는 이미지가 들어 있다. 그 이미지는 에이도스(eidos)＝형상이다. 선화의 이미지는 실재로 현실계에 있는 것이 아니다. 차라리 초월적이고 또한 선험적이다. 영어로 'transcendental'은 초월적이고 선험적인 것을 동시에 표현하는 단어이다. 초월적인 것은 차원을 달리하는 것이고 선험적인 것은 선후를 달리하는 것이다. 그러나 결국 시간과 공간이라는 것이 이분법적으로 나눌 수 있는 것이 아니라는 점이 이 단어에 이미 예시되어 있는 셈이다. 시공을 초월하여 그 다음에 무엇을 다시 하자, 행(行)하자는 것이 아니라 시공초월 그 자체를 즐기는 것이다. 즐기지 않으면 선화를 하는 것이 아니다.

선화를 그리는 사람들은 21세기, 자연과학의 시대에 역으로 동굴로 들어간 사람들과 같다. 조상인류들이 자연적 동굴에서 살면서 어둠 속에서 빛을 느꼈지만 지금 인간들은 마음의 동굴에서 원시의 그 빛을 느끼고 싶어 한다. 현대인은 왜 동굴로 들어가는 것이 필요한가. 매우 역설적이지만 마음을 물질에 잃은 현대인은 역으로 어둠의 동굴로 들어가야 하는 자연의 마음, 본래의 마음을 되찾을 수 있다. 눈을 감고 마음의 동굴로 들어가는 것은 아마도 인간의 본래 심성, 원시적 심성을 찾으러 가는 여로일 것이다. 눈(眼)만 감아도 안정을 얻을 수 있다. 명상(冥想, 瞑想)이라는 단어는 참으로 의미심장하다.

선정(禪定)에 드는 경우, 대체로 눈을 감는 것을 먼저 한다. 참으로 역설적인 것은 불교에서는 12연기(緣起)의 처음에 무명(無明)을 두고 있다. 무명이란 글자 그대로 '밝지 않은', '밝음이 없는' '어두움'이다. 어두움이라는 것은 이중적이고 역설적이다. 상식적으로 보면 어두움에서 벗어나야 한다고 하면서 동시에 어둠으로 들어가기를 원하니 말이다. 어두움은 이쪽, 저쪽에 서로 다른 얼굴을 가지고 있다. 말하자면 어둠을 잡기 위해서 어둠으로 들어가야 하는 것인가. 호랑이를 잡기 위해서는 호랑이 동굴에 들어가야 하는 것과 같다. 그 옛날 조상인류들은 어둠의 동굴을 벗어나기 위해서 몸부림을 쳤을 것이다. 그런데 현대인은 왜 어둠에 들어가야 하는 것인가. 이는 매우 원시반본적(原始返本的) 상황이다. 한때는 벗어나는 것이었다가 또 다른 한때는 들어가야 하는 상황, 이것은 한 마디로 모순적 상황이다.

자연의 일부로 태어났으면서도 자연을 잃어버린 현대인에게 자연의 어둠을 도리어 그리운 것이다. 자연은 개발의 대상이었다가 이제 도리어 회복해야 하는 대상이다. 회복해야 하는 대상으로서의 자연은 이제 대상이 아니라 거대한 주체로 떠오른다. 자연을 물질이라고 규정한 것은 참으로 불행이다. 자연은 물질이 아니라 몸(뭄: 몸, 맘)이다. 몸은 실은 몸과 마음을 함께 가지고 있는 것이다. 몸이 없이 마음만 있다고 하는 것은 생각하는 호모사피엔스 사피엔스의 함정이다. 정(精)과 신(神)은 함께 있는 것이다. 이 둘이 함께 있는 것이 가능한 것은 기(氣)라는 개념을 토대로 한 것이다.

선화를 그리는 사람은 우선 마음의 소리를 들어야 한다. 마음의 소리를 들으면 저절로 몸의 소리를 듣는 것이다. 몸은 개체발생적인 것이지만 동시에 계통발생적이다. 이는 인간이 개체이고 사적이면서도 계통적이고 집단적이라는 것을 말한다. 이는 또한 의식적이면서도 동시에 무의식적이라는 것을 말한다. 마음의 동굴에서 명상에 잠겨 있으면 시신경 안쪽에서 원인 모를 빛이 방사된다. 그 빛은 아름다운 기하학적 형상을 띤다. 주로 소용돌이지만 그렇지 않은 경우도 많다. 순수지성과 빛의 형태가 결합하여 만들어 내는 장관이며 판타지이다. 이러한 장소는 일종의 공(空)이나 허(虛)에 어울리는 공간이다. 공이나 허의 장소에 이르면 종래의 주객이 전도된다. 주객이 전도되는 것은 어떠한 것보다 자유롭다. 이는 기존의 질서에서 오는 심리적 압박을 벗어나게 하는 자유와 행복감을 준다. 이는 새로운 것이라기보다는 잊어버렸던, 잃어버렸던 것을 회복하는 기분이다.

선화를 그리는 사람은 권력적인 사회에서 수직으로 비상하려던 것에서 오는 중력을 벗어나서 도리어 수평으로 한없이 퍼져 가는 기분을 느낀다. 선화는 기본적으로 순환이나 소용돌이, 원형상을 목표로 한다. 공간의 상하가 권력이 되고 시간이 선후가 역사가 되는 것을 벗어나서 공간은 단지 대칭(對稱)과 순환(循環)의 장이 되고 시간은 단지 어떠한 흐름에 불과한 것이 되면서 종래의 시공간으로부터 승화하게 된다. 결국 선화는 모든 수직과 수평, 권력과 역사의 시공간을 기운생동의 순환의 장으로 탈바꿈시킨다. 기운만이 오고 가고 남아 있다.

자신이 마음의 하늘에 탯줄을 달고 땅을 향하여 매달려 있는 경험을 하게 된다. 이는 자궁경험의 반추이다. 자궁에서는 태아가 자궁벽에 태반을 형성하고, 거꾸로 매달려 있다. 결국 머리를 땅으로 박는 것이다. 머리를 땅으로 향하는 것은 '하늘: 땅＝발: 머리'의 모습이다. 비대칭적 원리가 하늘에 머리를 둔 자세라면 대칭적 원리는 땅에 머리를 둔 자세이다. 현대인이 선화를 그리는 이유는 우선 마음＝자연의 빛을 얻기 위해서다. 빛과 태초의 추상적이고 기하학적인 문양을 마음 가는대로 자유롭게 그리면서 현대인은 무엇을 얻는 것인가. 선화를 그리면 도대체 왜 마음이 평정에 들어가고 평화롭게 되는가. 도대체 이 명약(名藥), 엔도르핀, 유사 아편의 정체는 무엇이라는 말인가.

현대는 너무 논리적이고 계산적이다. 이것은 합리성이라는 단어로 미화되어 있지만 합리성이라는 것도 실은 인간의 자기합리화의 산물이라는 것이 증명되었다. 자기합리화도 일종의 자기도취, 자기최면의 일종인 것이다. 고대의 원시종교의 자기최면과 현대의 자기합리화는 엄청나게 다른, 하늘과 땅 차이의 것인 양, 하나는 미개한 것의 징표이고 다른 하나는 문명한 것의 상표인 양 생각하지만 그 원류, 근본은 같다. 좌뇌의 편향적 발달은 인류에 들어 더욱 두드러진 것이다. 그러나 이제 인간은 좌뇌와 우뇌의 균형을 잡지 않으면 안 되게 되었다. 문제는 좌뇌 발달은 인간으로 하여금 행복과 멀어지게 하는 것이다. 그래서 세상사 잊고 눈을 감고 명상에 잠기고, 대낮에 동굴에 들어가려는 것이다.

선화를 그리는 것은 적어도 좌뇌 편향에서 벗어나서 우뇌적 활동, 다시 말하면 비대칭적 활동에서 대칭적 활동으로 들어가려는 노력으로 보인다. 이는 언어적 지성에서 벗어나서 비언어적 지성으로 넘어가려는 탈출이다. 재미있는 것은 그 탈출이라는 것이 원시로의 회귀라는 점이다. 이것을 문명사적으로 보면 가부장제 사회에서 다시 모계사회로의 환원움직임과 궤를 같이하고 있다. 우뇌활동 – 대칭적 사고의 회복은 어머니에 대한 회귀, 자궁으로의 회귀와 맥락을 같이한다. 어머니의 자궁(matrix), 그것은 인간이 처음으로 잉태되었을 때의 어둠과 물로 가득 찬 공간이다.

자궁의 공간은 어둠과 물로 가득 차 있어서 분별의 공간이라기보다는 무분별적 공간이다. 재미있는 것은 자궁(子宮)이라는 단어 'matrix'가 수학에서 바로 행렬(行列)로 사용되고 있다는 점이다. 행렬이라는 것은 무한집합적인 수(數), 알 수 없는 것, 무(無)에서 무엇을 끄집어내서 배열하는 것이다. 이것은 수의 실체론적인 세계가 아니라 매우 관계론적인 세계이다. 무한집합 속에서의 수는 서로 끝없이 관계하는 세계일 뿐이다. 여기서 실체나 자아라는 것은 없다. 선화를 그리는 사람은 이와 비슷한 상황에 처한다. 처음부터 무엇을 그리려는 것이 아니라 무한집합의 도형(圖形)에서 마음이 가는 대로 끄집어내는 것이다. 흔히 '기하학＝정신의 세계', '산술학＝물질의 세계'로 연결시키는데 선화는 바로 정신의 세계로 들어가기 위한 어떤 퍼포먼스(performance)에 해당한다.

선화는 그리는 순간, 동굴에 들어가는 순간, 현생인류는 일종의 현대적 이니시에이션(initiation)에 들어가는 것이 된다. 선화는 처음부터 예술을 추구하는 것이 아니지만 그 자연스러움의 분출 혹은 자연스러움의 발로로 인해서 저절로 예술이 되는, 일종의 생활예술이다. 이 퍼포먼스는 태고와 초월의 생활예술이다. 선화를 그리는 사람은 마음의 저편에서 쏟아지는 황금빛에 둘러싸인다. 그 빛을 물론 대낮의 태양빛과 다른 것이다. 일종의 종교에서 성인들의 몸 주위에 감도는 오로라(aurora) 같은 것을 느낀다. 그런데 선사(禪師)들의 내관(內觀)은 그냥 마음속에서 깨달음에 도달하는 것으로 끝나는 것이지만 그리는 행위를 한다는 점에서 미술의 기하학적 추상 혹은 선화(線畵)와 연결된다.

물론 옛 선사들도 '달마도(達磨圖)'를 비롯하여 선화(禪畵)를 그리거나 선시(禪詩)를 쓰면서 자신의 깨달음을 예술로 표현해 왔다. 그러한 선화(禪畵)와 소위 선화(仙畵)의 다른 점은, 앞의 선화는 승려계급, 승려집단에 해당하는 것이지만 뒤의 선화는 일반 대중, 누구에게나 길이 열려 있다는 점이다. 그러한 점에서 선화의 대중화라고 할 수 있다. 말하자면 이제 성(聖)과 속(俗)이 하나가 된 셈이다. 시대적 흐름조차도 이제 성속(聖俗) 이분법을 벗어나야 할 때가 된 모양이다. 만약 선화를 그리는 행위가 무명(無明)에서 행(行), 식(識)으로 나아가는, 연기(緣起)의 굴레로 들어가는 것이 아니라 행(行)을 멸(滅)함으로써 연기를 타파하는, 깨달음과 선정에 들어가는 것이 된다면 종교의 일상화라고 할 수 있다.

만약 세계가 하나라면, 대우주와 소우주가 하나라면, 자연과 인간이 하나라면 선화를 그리는 자체가 우주만물에 퍼져 있는 인력(引力)＝중력(重力)과도 연결되는 것을 가상할 수 있다. 다시 말하면 어떤 강박관념, 비대칭적 사고, 로고센트리즘(Logocentrism)을 벗어남으로써 자연스럽게 우주의 원천적인 힘과도 연결되는 길을 열어주는 것이 될 수도 있다. 인간의 문명은 자연스런 힘의 운동과 이동을 중간에서 차단하거나 장벽을 만드는 경우가 많은 것 같다. 이는 현대의 여러 정신심리적인 질병에서도 알 수 있다. 선화는 그러한 점에서 자가치료(自家治療)의 성격을 가지고 있다.

제5장

예술인류학의 미학과 철학의 선언

1. 예술인류학의 미학의 제8원칙

　인간의 뇌는 신경전도에 의해 움직인다. 신경전도는 전기의 플러스(＋)에서 마이너스(－)로 흐르는 성질에 의해 이루어진다. 이것은 이진법(二進法)이다. 그런데 이진법에 의해 움직이는 신경에 비해 인간 뇌에 의해 형성되는 개념과 분류 등 각종 이데올로기는 이분법(二分法)을 바탕으로 하고 있다. 이 뇌의 이분법이 문제이다. 이분법은 예컨대 주체와 객체를 이분(二分)하고 있다. 서양의 모든 철학적, 신학적, 역사적, 정치적, 사회적, 환경적, 예술적, 과학적 문제는 바로 이 이분법의 문제이다. 이것을 벗어나려고 노력을 많이 하였지만 아직 문제가 해소된 것은 아니다. 이들의 해결 노력이란 다름 아닌 새로운 대립구조를 찾는 것에 불과하다. 다시 말하면 문제가 있는, 모순에 봉착한 하나의 대립구조를 해결하기 위해 다른 대립구조를 찾는 것이다. 그러나 어떠한 기발한 대립구조를 찾는다고 해도 문제가 궁극적으로 해소되는 것은 아니다. 문제는 바로 대립구조에 있기 때문이다.

　역설적이게도 서양문명은 인간 주체를 강조하다 보니 도리어 인간이 바라보는 대상의 주체성에 대해서는 간과하는 경향이 지배적이게 되었다. 이것은 결국 인간의 주체성까지를 훼손하게 되는 지경에 도달하였다. 주체와 대상은 결국 상호작용하는 것임에도 불구하고 이것을 굳이 이분화(二分化)·이원화(二元化)시킴으로써 발생하는 해독은 이제 그 도를 넘어서 인간의 위기를 조성하고 있다. 이에 대해 서구의 일단의 예술가들은 실은 대상(object)의 주체성을 선언하고 대상의 도구화(道具化)와 이로 인한 합리성의 도구화, 도구적 합리성을 벗어나기 위해 몸부림치게 되었다. 세계가 유기성의 연결, 유기체라는 사실에 주목하는 것이다. 예술인류학이라는 것도 그러한 맥락의 일부이다.

서양문명은 더 이상 질서의 입장에서 무질서를 규정하지 말고, 이성의 입장에서 비이성을 규정하지 말아야 한다. 무질서라는 카오스도 무질서의 질서이며, 비이성이라는 것도 기운생동의 이성이라는 것을 알아야 한다. 이는 우리가 쉽게 대상으로 규정하는 사물들에 대해서도 유기성이 있으면 단지 유기성의 정도가 덜한 것이라는 것에 동의하여야 한다. 다시 말하면 일종의 현대적 물활론(物活論)이라는 것이 부활되어야 한다. 세계는 단지 기계(機械)가 아니면 정령들이 떠돌아다니는 숨 쉬는 곳, 기계(氣繫)인 것이다.[38]

세계는 움직이는 것이고 작용하는 것이고 활발한 것이다. 이것을 질서와 이성과 구조(혹은 체계)의 입장에서 설명하는 노력을 하는 것이 서양의 학문이라면 이제 이것을 거꾸로 하여 무질서와 기운생동과 기능(혹은 작용)에 의해 설명하려는 노력을 하여야 할 것이다. 그럼으로써 적어도 '세계가 둘이 아니라'(不二門), '세계는 하나''(一門開閉)라는 것을 알게 된다. 이것은 소크라테스에서 출발한 '무지(無知)의 지(知) = 무지를 아는 것(愛知)'이 철학이 아니라 '무(無)의 지(知) = 무(無)를 아는(知) = 무지지(無之知)'가 철학이

---

38) 여기서 한글 발음은 같지만 정반대의 뜻을 가진 기계(機械)와 기계(氣繫)에 대한 이해가 요구된다. 전자는 입자론(粒子論)의 바탕 위에 있는 것이고, 후자는 파동론(波動論)의 입장에 있는 용어이다. 같은 발음의 정반대의 뜻은 일종의 반전효과, 동시성에 대한 언어적 풍자(諷刺), 시적 효과를 지닌다. 필자는 '원소(元素) - 단자(單子)'에 대한 반대개념으로 '기소(氣素) - 기소(氣疏)'를 제안한 적이 있다. 원소(元素) - 단자(單子)는 '사방이 막혀 있는 벽'과 같은 입자에 해당하는 것이고, 기소(氣素) - 기소(氣疏)는 마이너스 단자(－單子)로 '사방이 열려 있는 바람구멍'과 같은 상태를 나타낸다. 필자는 처음에 기소(氣素)라는 용어를 썼다가 다시 기소(氣疏)로 바꾸었다. 소(疏) 자가 기(氣)의 성질로 볼 때 더욱 적합하다고 생각하였다. 이들 용어는 필자가 처음 쓴 것이다. 필자의 ≪한국문화와 예술인류학≫, 112~113쪽 참조.

라는 것으로 테이크업(take up)을 하는 것이다. 말하자면 소크라테스의 입장보다는 부처의 입장에 서는 것이다.

동양의 중세철학은 이미 이기론(理氣論)에서 이(理)의 이(理), 이(理)의 기(氣) 혹은 기(氣)의 기(氣), 기(氣)의 이(理)를 알았던 것이다. 이는 간단하다. 음 속에도 다시 음과 양이 있고, 양 속에도 다시 양과 음이 있다는 이치이다. 모든 상대적인 개념은 이미 자신(主體)의 안에 상대를 가지고 있다는 태극의 원리, 즉 불변의 진리 ― 만약 이것이 아니라면 세계는 결코 하나가 될 수 없다 ― 를 가지고 있다. 무극(無極)이 바로 태극(太極)이냐, 아니면 다른 어떤, 보다 상위의 것이냐를 두고 논쟁도 하였다. 이것이 바로 무극태극(無極太極) 논쟁이다. 무극(無極)이 있는 것이냐, 무극이라는 것이 '태극(太極)이 없는 것'이냐는 아직도 풀 수 없는 수수께끼이다. 이것은 움직이는, 작용하는 우주를 규정하기 어렵기 때문이다. 결론은 이들이 바로 '움직이는 상태(狀態)'이기 때문에 어떤 개념으로 규정하면 정지해버리는 효과가 있다는 것이 문제이다.

불교적으로 무(無), 공(空)이라는 개념은 실체가 없는 것이고 실체가 비어 있는 것이냐라고 묻는다면 그렇지 않다고 대답할 수 있다. 이것은 현대 과학적으로 말한다면 플러스(+)와 마이너스(-), 그리고 그 사이에 중립적인 제로(0)의 상태로 설명할 수 있을 것이다. 미세계(微細界 혹은 微細體)에서 음(-)전자가 형성되고 이에 따라 양(+)전자가 형성되고 있다. 이것은 인간이 전자 혹은 전기로 이용하고 있지만, 입자파동의 이중성이 바로 양자역학의 본질이다. 바로 이 이중성, 불확실성이 바로 모든 이분법을 잠재운다. 물론 이분법을 벗어나서 본래의 전체성(Oneness)을 역동적(力動的)으로 한꺼번에, 동시에, 유지하는 것이 바람직하지만 인간은 이분법의 다원다층적(多元多層的) 전개로써 그것을 달성하는 특성을 보인다. 이 경우 뇌의 활성화와 사고의 탄력성이 부족하거나, 도그마(dogma)에 빠지거나, 정적(靜的)인 상태에 머물면 이분법으로 고착되는 경향이 있다. 전기와 전자는 항상 전기적으로 움직이고 있으며, 전기 작용은 인간의 뇌뿐만 아니라 우주에까지 교감되고 있다.

이분법(二分法: syntax: grammar)은 잘못하면 지상에 정지한다. 구조(Structure)는 하나의 세트(a set of Yin and Yang)이다. 이진법(二進法: on/off: 0/1)은 행성으로 나아간다. 역동(Dynamism)은 하나(Oneness: 一氣, 一理, 一物, 一心)이다. 이분법은 이데올로기이지만, 이진법은 운동의 방식이다. 두 발로(bipedalism) 땅을 딛고 선, 하늘과 땅 사이에 있는 인간은 일종의 인간반도체와 같은 것이다. 때로는 도체가 되고 때로는 부도체가 되는 것이다. 인간은 하늘의 말을 듣기도 하고 땅의 몸부림을 듣기도 한다. 이것은 하늘과 땅 사이에서 양쪽의 메시지를 들어야 하는 운명인지도 모른다. 인간은 이원대립항의 매우 균형적인 존재이다. 하늘과 땅, 좌뇌와 우뇌, 이성과 감성, 왼쪽과 오른쪽, 위와 아래 등 그것을 예로 들자면 끝도 없을 것이다. 인간이 균형(balance), 형평(equilibrium), 대칭(symmetry), 중용(中庸), 중도(中道)를 이루려고 하는 것은 이 때문인 것 같다.

동양문화에서 가장 중요한 진전은 바로 전통적인 태극음양론(太極陰陽論)·이기론(理氣論)과 불교의 중론(中論)·공(空)사상의 만남이다. 인간과 사물에 대한 고정관념을 불식하고, 주체(subject)와 대상(object, objet)이라는 것의 입장을 바꾸어 대상이라는 것에 다시 물활성(物活性)을 부여하고 그럼으로써 주체도 더욱 활성화되는 효과를 낳게 된다. 이는 분명 문명과 문화와 미학의 새로운 변증법적 진전이다. 이는 주체와 대상의 가역반응 혹은 유동성을 강화하는 것이다.

문명의 흥망성쇠는 서로 주고받으면서 진행된다. 장기 지속의 시간에서 보면 입장이 정반대가 되는 경우도 왕왕 있다. 역사의 중용과 균형은 언제나 균형점에서 이루어지는 것이 아니고 크게 보면 플러스(+)에서 마이너스(-)로 가면서 그 사이에 중심(0)을 두고 이루어진다. 문명과 역사도 실은 자연을 닮았다. 악조건이 도리어 문명을 발달하게 하고 부족이 필요를 만들어 내는 것이다. 적당한 스트레스는 적당한 적응을 불러와서 상대적으로 스트레스가 전혀 없는 행복한 나라보다 더 훌륭한 나라를 만들어 낸다. 식량부족은 도리어 약탈과 전쟁을 불러오고 전쟁은 무기와 과학의 발달을 가져왔다. 인구압은 다시 농업혁명과 산업혁명, 그리고 최근에 정보혁명을 가져왔다.

이는 마치 사계절과 같다. 왜 계절이 평균적으로 적당한 온도와 습기로 이루어지지 않고 여름(+)과 겨울(-)이 있으며 여름에서 겨울로 가는 사이에 가을(0)이라는 환절기를 두고, 겨울에서 여름으로 가는 사이 봄(0)이라는 환절기를 두는 것과 같다. 이는 남녀를 비롯하여 모든 음양의 우주만물에 적용할 수 있을 것이다. "인류사회는 왜 평등하지 않고, 모계에서 가부장제로, 다시 가부장제에서 모계로 움직이는 반복을 계속하는가."라는 물음에도 같은 대답을 할 수 있을 뿐이다. 작은 입자에도 하늘의 이치와 땅의 이치가 있고, 거대우주에도 하늘의 이치와 땅의 이치가 있다.

신경전도의 이진법은 전기만 있으면 되지만 이분법은 여러 이분법의 단어들과 그 단어들을 연결하는 구문(syntax)이 필요하다. 구문에는 반드시 문법(grammar)이 필요하다. 이는 사회가 법이 필요한 것과 같다. 구문은 아무리 길다고 해도 언젠가, 어느 곳에선가는 끊어진 대목이 있기 마련이다. 그래서 문장에는 인과론과 당위론, 그리고 단순히 앞과 뒤를 이어주는 접속사와 관계대명사가 있는 것이다. 이는 역설적으로 문장이라는 것은 끊어진 것을 이어주는 기술이라는 점을 상기시킨다. 그러나 전기는 구문이 필요 없다. 구문이라고 굳이 말한다면 플러스와 마이너스라는 두 단어의 연속만 있을 뿐이다. 우주는 전기의 세계이다. 동양의 음양론은 현대의 전자전기론은 아니지만 그 같은 음양의 성질을 일찍이 간파한 것이라고 말할 수 있다.

<예술인류학의 미학의 제8원칙)

1. 철학(哲學)은 미학(美學)의 상위개념이었다.

그러나 이제 미학(美學)이 철학(哲學)의 상위개념이다.

그 이유는 말 이전에 형상이 있었기 때문이다.

2. 진선미(眞善美)는 이제 미선진(美善眞)이 되어야 한다.

3. 소리는 발생학적으로 형상의 상위개념이다.

그러나 소리는 존재론적으로 형상이 되고자 한다.

보이지 않는 질료로서의 소리

청각적인 것은 시각적인 것이 되고자 한다.

(이것이 오브제로서의 음악이다)

보이는 질료로서의 사물

시각적인 것은 청각적인 것이 되고자 한다.

(이것이 소리를 표현하는 비디오아트이다)

4. 감각은 인간의 내부통로에서 서로 교차하고 통합하고자 한다.

5. 말(소리)은 글자(형상)가 되고자 한다. 글자는 말이 되고자 한다.

6. 음악(소리)은 미술(형상)이 되고자 하고 미술은 음악이 되고자 한다.

7. 예술은 몸(물질)이다. 그러니 당연히 실천이다. 형상이라고 하는 것은 몸의 대용물이다. 그래서 창작은 체육을 닮았다(몸으로 할 수 있으면 몸으로 해야 한다). 정신노동, 그것은 예술을 향수하는 자의 말이다.

8. 최초의 이분법이고 이진법인 음양전기전자(陰陽電氣電子)는 비어 있다. 음양전기는 빈 공간으로 메워지기를 기다린다(한국문화는 소리를 좋아하고 중국문화는 형상을 좋아한다. 그래서 문화의 원형은 한국이지만 문화의 지배는 중국이다. 이는 한국과 중국, 한글과 한자의 운명이다).

2. 철학인류학의 10가지 명제

<예술인류학의 미학의 제8원칙>에 이어 철학의 원칙, 다시 말하면 <철학인류학의 10가지 명제>를 통해 예술인류학의 총정리를 하자.

서양문명은 결국 이원대립항의 다원다층의 것들을 하나의 건축물처럼 쌓아올리기를 즐긴다. 말하자면 이원대립항들 중 하나를 중심으로 '텍스트'(Text)로 설정하고 나머지 것들은 다시 권력적인 층위공간으로 재배열하지 않으면 직성이 풀리지 않는 것이다. 다시 말하면 다원다층의 이원대립항들을 서로 이중나선구조로 자유롭게 역동적으로 움직이는 것을 보지 못하는 강박관념, 이성강박관념에

사로잡혀 있다는 뜻이다. 이는 여러 조합 중에 하나의 조합의 순열만을 권력으로 혹은 질서로 혹은 정의로 삼는 습관과 같은 것이다. 이는 결국 수많은 콘텍스트(Context)를 인정하지 못하는 것이된다. 서양인들이게는 이것이 무질서이며, 무질서는 용납이 되지않는 것이다.

화이트헤드는 서양철학의 전통에서 실은 현실적 존재라는 것을거론하였지만 결국 이성(理性)으로 돌아가고 말았다. 그것의 정체가 바로 자기초월적 자기라는 것이고, 영원한 객체들이라는 것이다. 이것은 마치 이성이 아닌 것처럼 여러 가지 연막전술, 예컨대이성이라는 것은 하나는 현실적 존재의 쪽에, 그리고 다른 하나는한정 형식들 쪽에 갈라놓았지만 실은 그것은 '분열(分裂)된 이성(理性)'인 것이다. 이것을 좋게 말하면 질서를 위한 '이성(理性)의형평(衡平)·가역반응(可逆反應)'이라고 말할 수 있다. 이는 서양철학의 일종의 자기순환이고 순환론에 빠진 것이다. 이것을 비난하고 싶지는 않다. 그 까닭은 인간의 철학하는 행위, 즉 생각 혹은사고라는 것이 처음엔 결국 이성의 힘에 의해 인과적인 것을 발견하는 것 같지만 실은 태초의 자기의 전제로 돌아가는 것을 알기때문이다. 이것은 매우 인간적인 것이며 동시에 자연적인 것이다.

철학도 자연의 질서를 벗어날 수는 없는 것이다. 플라톤은 동굴의 비유에서 동굴의 그림자를 벗어나서 따라서 동굴 밖으로 나오면 "태양과 존재의 참모습과 참된 소리를 들을 수 있다."고 했는데실은 그 태양과 태양에 의해 보게 되고 알게 되는 존재의 참모습과 참된 소리는 전해 주는 것은 아무것도 없다. 동굴 밖에도 밤은오며 밤은 동굴과 다를 바가 없다. 바로 그 동굴이 삶이며 삶의원형인 것이다. 그러한 점에서 인류는 구석기시대 동굴에서 사는 것에서 한 치도 벗어나지 못했다. 인간은 아직도 밤과 동굴과 여자의 자궁의 신비를 모르고 있다.

동굴은 더 이상, 모르는 것, 우상의 대명사가 되어서는 안 된다. 동굴이야말로 철학의 아포리아가 되어야 한다. 블랙홀과 빅뱅과 밤과 동굴과 여자는 인간의 영원한 아포리아이다. 그것이 그것으로 있기 때문에 우리는 우주의 별들과 태양과 철학과 인구의 증식을 계속하는 것이다. 근대 경험론의 출발과 과학의 길을 열어놓았던 프란시스 베이컨은 '동굴의 우상'을 더 이상 비난하지 말아야 한다. 베이컨은 동굴의 우상으로 동굴에 있지 않아도 인간이 자신의 지식이 절대적인 진리인 양 착각하는 상태를 말했는데 도리어 과학에도 그 말을 돌려줄 수 있다는 것을 알아야 할 것이다. 결국 동굴에 결박된 사람이나 동굴의 우상을 가진 사람이나 모두 세계에 대한 그릇된 생각, 우상을 가지는 공통점이 있다. 우상이라는 것이 아포리아임을 알아야 한다. 삶은 아포리아이고 우상이다. 우상이야말로 분화된 신화이다.

자, 이제 마지막 말을 하여야 할 때가 되었다. 결국 신이라는 것도, 이성이라는 것도 말(Language)일 따름이다. 말은 본래 거짓말이며, 거짓말이라는 것은 '말을 할 수 있는 능력'이다. 호모사피엔스 사피엔스는 끊임없이 말을 할 수 있는 능력을 높여왔다. 말할 수 있는 능력은 때때로 인간으로 하여금 사기를 치게 하지만 그것으로부터 자유로운(벗어날 수 있는) 말은 단 하나도 없다. 신화적·종교적 담론이라는 것도, 학문적·과학적 담론이라는 것도, 예술적 담론이라는 것도 실은 거짓말[39)]의 한 양식일 따름이다. 화이트헤

---

39) 백남준이 "예술은 사기다."라고 한 말도 실은 이러한 차원에서 발언한 것으로 보인다. 백남준은 이미 예술과 철학과 삶의 궁극에 대해 알고 있었던 것으로 짐작된다. 그래서 그는 새롭게 말하는(거짓말하는) 비디오아트라는 새로운 장르를 창설할 수 있었던 것이다. 백남준은

드의 자기초월적 주체라는 것, 영원한 객체들이라는 것도 말일 따름이다. 철학이라는 것도 삶의 압력(Stress)에 대응하는 하나의 필요(Need)였을 따름이다. 말은 인간의 절대적인 도구인 셈이다. 그러나 그 도구로 인간이 지구상에서, 우주에서 영원하리라는 보장은 하나도 없다. 삶은 지구 혹은 우주에서 인간이 몸을 움직이며 살아가는 '아름다운 한 형식', '아름다움의 한 형식'일 따름이다. 몸을 떠나서 함부로 말하는 것을 철학은 버려야 한다.

삶, 그 자체는 차라리 완전히 알지 못해서 완전한 것이다. 철학은 이제 앎이라는 것도 인간의 여러 동굴 중의 하나, 여러 우상(偶像) 중의 하나라는 것을 알아야 하며 적당히 만족하여야 한다. 그저 필요한 만큼 철학하여야 한다. 마치 철학이나 과학이라는 것은 필요와 상관없이 무한정 개발하고 발명하는 특권을 누린 것처럼 생각하는 것은 오산이다. 철학과 과학은 이제 더 이상 자신의 이름으로 지구·생태·환경(Ecology)을 파괴하는 개발독재를 해서는 안 된다. 과학은 부정에서 긍정으로 가고, 종교는 긍정에서 부정으로 간다. 그래서 과학의 부정과 종교의 긍정은 이성과 자기최면의 결과이다. 종교의 사랑은 인간으로 하여금 앞으로 나아가게 하고, 과학의 이성은 인간으로 하여금 도구를 얻게 한다. 우주는 자기창진적(創進的)이다.

과학은 시간과 공간을 만들고 법칙을 만들지만 종교는 하나밖에

말한다. "비디오 아트는 우리의 삶과 예술에서 온갖 색깔의 거짓말들을 수없이 창조해 내고 접할 수 있다는 사실을 보여준다. 물론 거짓말과 거짓말을 하는 행위는 진실보다 훨씬 흥미롭다. 예술 분야에서는 새로운 진실이 밝혀져도 일간지 일면에 실리는 경우는 극히 드물다. 반면 거짓이 발견되면 언제나 시끄럽기 마련이다. 비디오는 시간의 직선성을 빠르게 하거나 늦출 수 있고, 뒤바꾸거나 뒤집을 수 있으며, 변형시키고, 변조시킬 수 있다. 프랑스인들은 시간이 흐른다는 것을 '시간이 저절로 지나간다.'라고 표현한다. 여기서 '저절로'가 무슨 의미인지 궁금하다."(≪말(馬)에서 크리스토까지 - (백남준의)그 밖의 글모음≫, 1993년) 앨런 긴스버그(Allen Ginsberg)는 "시간은 엄청난 거짓말이다."라고 말했다.

없는 우주에서 현재의 교감과 소통할 뿐이다. 자연은 언제나 자신의 조화와 중용과 균형을 잃은 적이 없다. 만약 그것이 확실히 위협받는다고 느끼면 언젠가는 그 균형의 회복을 위해서 인간의 멸종을 선택할지도 모른다. 그때 철학은 무의미할 것이다. 카오스와 동굴의 고마움을 알자.

철학은 보다 더 솔직해져야 한다. 아포리아(aporia)를 '삶'(Life)이라고 해야 한다. 삶에서 분리되었던 앎은 다시 삶으로 통합되지 않으면 안 된다. 아포리아를 신(神)이라고 하거나 이(理)라고 하는 것은 벌써 삶을 찢어놓은 것이다. 인간의 삶은 결코 자연에서 분리된 것이 아니다. 그래서 삶은 자연 스스로의 압력이자 나의 자연에 대한 압력이다. 신(종교)이나 이성(과학)이라는 것은 그러한 상호압력의 집단적 '약속＝말'에 불과하다. 신은 눈에 보이지 않는 변화하는(흘러가는) 것(시간)을 (잡기 위해) 소급하는 말이고, 과학은 눈에 보이는 흩어진 사물(공간)을 (이용하기 위해) 재구성하는 말이다. 신(종교)이나 이성(과학)이라는 것은 그러한 상호압력의 집단적 '약속＝말'에 불과하다.

이제 진선미(眞善美)는 미(美)로 통합되어야 한다. 미는 삶의 종합적이고 총체적 양식(wholistic style)이다. 선(善)과 진(眞)은 이를 위한 행동과 말의 잠정적 구성원칙에 불과하다. 철학적 명제들은 바뀌어야 한다. "나는 길(道)이요, 진리(眞)요, 생명(生)이다."는 말은 "나는 생명이요, 길이요, 진리다."라는 순서로 바뀌어야 한다. 생명이 곧 길이요, 진리인 것이다. 생명이 곧 삶이다. 생명 자체보다 더 아포리아인 것이 없다. 아포리아가 생명을 좌지우지하는 것이 아니다. 철학은 이제 '존재'(being)의 문제가 아니라 '생성'(becoming)의 문제이며 생성의 문제는 바로 만족(satisfaction) 혹은 행복(happiness)의 문제가 된다.

"만족은 주체나 실체라기보다 오히려 자기초월체이다. 존재들의 생성을 가능하게 하는 창조성에 그 자신의 특성을 부과하는 자기초월체이다. 그것은 존재를 마감한다. 그러면서도 그것은 문제의 존재에 대체되는 존재들의 생성을 가능케 하는 창조성에 자신의 특성을 부과하는 자기초월체이다. 현실적 존재의 이와 같은 종결은 그 자신을 넘어서는 현실적 존재의 자기초월을 구현한다. 다시 말하면 그것은 현실적 존재가 자신을 넘어서는 미래의 개척지에다 결정적인 조건을 부과하는 방편이 되고 있다."[40]

이제 철학적 명제는 인류학적 명제로 대체되어야 한다. 이를 철학인류학적 명제 혹은 인류학적 철학명제라고 명명한다. 모든 것은 앎의 문제가 아니고 삶의 문제이다. 앎도 삶의 압력에 의해 발생한 부차적인 것이다. 쉽게 말하면 인간은 철학하기 위해 사는 것이 아니고 살기 위해서 철학한다. 혹은 살다 보니 철학하는 것이다. 그래서 삶의 문제로 귀결되지 않는 철학은 철학이 아니다. 단순히 앎의 문제로 인한 철학은 철학이 아니라 관념의 놀이이며 실체가 없는 철학이다.

<철학인류학의 10가지 명제>는 다음과 같다.

① 철학의 제1명제: 철학의 아포리아(aporia)는 앎이 아니고 삶이다.
② 철학의 제2명제: 삶은 삶을 압력한다. 주체와 객체는 하나이다.
③ 철학의 제3명제: 신(神)은 보이지 않는 것을 잡으려는 시간적

---

40) A. N. 화이트헤드(1966), ≪과정과 실재≫, 오영환 옮김(1991), 620쪽, 민음사, ≪A Key Whitehead Process and Reality≫, (ed) Donald W. Sherburne, Macmillan Publishing Co. inc.

으로 소급하는 말이다. 종교는 나를 포함하는 방식으로 아포리아에 접근하는 것이다. 결국 종교는 세계(世界: 인간이 포함되는 세계)에 대한 나의 은유이다. 이것을 주체적 방식이라고 한다.

④ 철학의 제4명제: 이성(理性)은 보이는 것을 이용하려는 재구성의 말이며 현재의 관계의 양식이다. 과학은 나를 배제하는 방식으로 아포리아에 접근하는 것이다. 결국 과학은 남(事物: 내가 없는 사물)에 대한 나의 환유이다. 이것을 객체적 방식이라고 한다.

⑤ 철학의 제5명제: 진선미(眞善美)는 이제 미선진(美善眞)이 되어야 하고 미는 삶의 종합적 총체적 양식이다(그러한 점에서 칸트는 판단력 비판을 먼저 썼어야 했다. 그리고 실천이성 비판, 순수이성비판을 썼어야 했다. 이렇게 잘못 쓰는 자체가 이미 그의 철학의 출발이 잘못되었다는 것을 입증한다). 인간의 모든 활동은 예술이다. 아름다움(美)이라는 것은 입으로 먹는 '맛있는 것'(味), '구체적인 것'을 점차 감각으로부터 추상화한 것이다. 그래서 처음엔 입(舌)으로 먹고, 눈(眼)으로 먹고, 귀(耳)로 먹고, 코(鼻)로 먹고, 몸 전체(身)로 먹고, 마지막에 뜻(意, 義)으로 먹는 것이다.

⑥ 철학의 제6명제: 선(善)과 진(眞)은 이를 위한(혹은 美를 위한) 행동과 말의 잠정적 구성과 배열의 원칙이다.

⑦ 철학의 제7명제: 신은 자연의 은유이다. 과학은 자연의 환유이다.

철학이 말의 분류학(언어의 층위 혹은 건축)으로 만물의 위에 인간을 놓으려고 해도 그것은 말장난이다. 자연은 인간에게 특별한 지위를 부여한 적이 없다. 인간은 자연의 일부이며 동시에 전체이다. 인간은 자연으로부터 떨어진 적이 없다. 괜히 소외되고 대상화되려고 한다. 인간은 본질적으로 자연(스스로 그러한 것)에 대해서, 만물(萬物)을 거꾸로 놓는(反하는), 도취(陶醉, 徒取, 盜取, 都聚)될 요소를 가지고 있다. 이제까지 철학은 자연으로부터 멀어지는 훈련을 한 것이나 다를 바가 없다. 이제부터 자연으로 돌아가는 훈련을 하여야 한다. 그렇다고 자연이 인간을 특별대우하지는 않을 것이다.

자기팽창은 신(神: 나아가는 신, 펼쳐지는 신)이고, 자기수렴은 귀신(鬼神: 돌아가는 신, 환원하는 신)이다. 과학자는 신(神)을 빅뱅(Big Bang)이라고 하고, 귀신을 블랙홀(Black Hole)이라고 한다.

⑧ 철학의 제8명제: 삶의 목적은 만족이다. 만족은 설사 객관적으로 보면 불행일지라도 행복이다. 만족은 존재의 자기팽창이다. 극단적 팽창은 극단적 수렴과 동시에 있다. 자기팽창은 신(神: 나아가는 신, 펼쳐지는 신)이고, 자기수렴은 귀신(鬼神: 돌아가는 신, 환원하는 신)이다. 과학자는 신(神)을 빅뱅(Big Bang)이라고 하고, 귀신을 블랙홀(Black Hole)이라고 한다. 또 신을 확률(確率)이라고 하고, 귀신을 데이터(Data)라고 한다.

⑨ 철학의 제9명제: 결국 인간은 자신의 생존과 행복을 위해 나름대로 최선을 다하는 자기순환적 존재로서 '자기최면(催眠)의 존재'이다. 또 자기최면의 변형으로서 '자기합리화(合理化)의 존재'이다. 그래서 신(神)과 이성(理性)이 있다. 자기최면이 있기 때문에 신(神)이 있고, 자기합리화가 있기 때문에 이성(理性)이 있다. 귀신(鬼神)이 되지 않기 위해서는 신(神)이 되지 않으면 안 된다. 귀신은 과거이고 신은 미래이다. 결국 나아가지 않으면 죽음이며, 나아가지 않는 것이 바로 귀신이다. 신과 귀신은 도처에 있으며 어느 곳에서나 만날 수 있다.

호모 사피엔스에 이르러 생물은 자기를 알아보는 존재, 즉 '거울의 인간'을 탄생시켰으며 그 '자기'는 그동안 감각적 파악(prehension)에 의해 '대상으로만 여겨졌던 존재' 혹은 '먹이로서의 대상'에게로 확대되어 결국 '우주적 인간'이 탄생하게 된다. 이는 인간의 '자기화의 과정'이라고 말할 수 있다. 인간은 결국 '종교적 인간'과 '과학적 인간'의 이중성을 동시에 가지면서 자신의 몸을 통해 '예술적 인간'의 종합을 꾀한다. 과학적인 종교가 불교이고, 종교적인 과학이 기(氣)이다.

인간은 자기최면과 자기합리화를 위해 온갖 노력을 다한다. 만약 인간이 자기최면이 불가능하면, 극단적인 어려움이나 한계상황에 처할 경우 살인을 하거나 타락을 하거나 자살을 택하거나 인생을 방임할 것이다. 이는 결국 자기소외의 결과이다. 인간은 세계를 '남'(나 외에의 인간도 포함됨)이라고 보면 결국 자기 자신으로부터 세계를 소외시키고 급기야 세계로부터 자기 자신을 소외시키게 된다.

인간의 삶의 도구 가운데 가장 큰 것을 역사적으로 열거하면 귀신, 신, 이성의 순이다. 이제 이성이 신과 귀신을 설명하고 과학이 종교를 설명하여야 한다. 예전에는 종교가 과학을 대신하였듯이 말이다. 종교가 과학을 증명하는 것이 아니라 과학이 종교를 증명하여야 한다. 진리는 보통 하나라고 생각하는데 실은 진리는 하나가 아니다. 진리는 둘이다. 이것이 모순의 진리이다. 왜냐하면 진리는 항상 반대진리를 내포하고 있기 때문이다. 진리를 구성해 가는 데는 이미 여러 반대개념을 거친다. 이는 진리가 다원다층의 이원대립항 중에서 여러 차례 선택해 온 결과라는 점을 반영한다. 그래서 진리는 둘을 알아야 하나를 알게 되는 것이다. 말하자면 태극과 음양의 관계이다. 음양을 알아야 태극을 알게 된다. 진리는 태극과 같은 것이다.

⑩ 인간은 이기합일(理氣合一)의 존재이다. 인간이 스스로의 신

에 도달하는 과정에서 모든 활동은 결국 예술이 된다. 인간의 모든 활동은 '이기합일의 예술'이다. 인간의 삶 자체가 이미 퍼포먼스이며 예술이다. 인간이 합일을 추구하는 것은 결국 자기정체성을 가진 존재로서 자아(自我)에서 무아(無我)로의 자기 확대의 과정이며 자기만족(self-satisfaction)의 과정이다. 인간과 자연은 무의식에서 만난다. 인간이 자기 확대 과정의 정점에 이르면 하늘과 땅이 하나가 된다. 하늘과 땅은 상하의 관계가 아니며 이로써 모든 존재는 평등한 관계가 되고 원융한 것이 된다.

인간의 모든 활동(activity)은 유기체(有機體)에서 무기체(無機體)로의 과정이다. 이것을 인간은 생산(product)이라고 한다. 그런데 그 반대의 과정, 즉 무기물에서 유기물로의 과정인 재생산(reproduction)은 전자의 과정보다 속도가 느리다. 그래서 엔트로피는 증가한다. 후자의 과정은 여자(혹은 암컷)의 담당이다. 그런데 가부장사회는 후자의 역할을 과소평가한다. 남자와 여자가 균형을 이루어야 하듯이 생산과 재생산은 균형을 이루어야 한다. 생산만 있으면 인간은 3대 이전에 망하고 재생산만 있으면 3대 이전에 굶어죽는다.

〈표 19〉 자기최면으로서의 종교와 과학, 그리고 氣

一理 (자기循環論) (理의 神)	一神 (자기降神自神) (神人合一)	一氣 (自身自新自信) (氣의 神)
天 (남자)	人 (인간)	地 (여자)
眞 (학문, 과학) 자기초월체	善 (종교) 원초적 본성	美 (예술, 삶) 현실적 존재

모든 철학은 이분법의 함정 위에 있다. 이는 인간의 뇌의 구조가 어떤 지점(point)에서 이분법으로 되어 있기 때문이다. 결국 철학은 삶에 대한 부정이며, 부정을 부정으로 극복하는, 그럼으로써 대긍정에 이르는 도정(道程)이라고 할 수 있다. 여기서 귀신(鬼神)이 되지 않기 위해서는 신(神)을, 삶을 찬양하는 길밖에 없다. 귀신은 과거이고 신은 미래이다. 지금 현재에서 어느 길을 택하느냐는 본인의 업보(태초에서부터 나에 이른)에 달려 있다. 결국 나아가지 않으면 죽음이며, 나아가지 않는 것이 바로 귀신이다. 신과 귀신은 도처에 있으며 어느 곳에서나 만날 수 있다. 이것은 네오 샤머니즘(neo-shamanism) 입장의 철학과 미학과 인류학에 대한 재해석이다.

인간이 하나의 생물종으로 태어나 벌이는 '철학하는 존재'라는 것, 그리고 과학이나 종교나 예술이라는 행위는 인간에게 무엇을 의미하는가. 지금까지는 진위(眞僞), 선악(善惡), 미추(美醜)를 논하였으나 이제는 이러한 이분법을 떠나지 않으면 안 되게 되었다. 세계가 하나가 되기 위해서는 예컨대 선과 악은 서로 변형된 것이 되지 않으면 안 된다. 세계가 하나가 되기 위해서는 섹스와 깨달음은 서로 변형된 것이 되지 않으면 안 된다. 세계가 하나가 되기 위해서는 생과 사가 서로 변형된 것이 되지 않으면 안 된다. 상대적인 세계는 서로 교차하고 변형되지 않으면 안 된다.

샤머니즘과 고등종교의 우주관은 생태적인 압력과 관계가 있고, 선과 악, 섹스와 권력은 인간 종 내부의 생존경쟁 및 인구 압력과 관계가 있는지도 모른다. 결국 인간 종 스스로의 문제이고, 문제해결인지도 모른다. 실지로 우주는 인간의 생사에 특별한 관심이 없다. 왜냐하면 인간이라는 종도 실은 수많은 생물 종의 하나이기 때문이다. 삶은 자연과 호모사피엔스 사피엔스의 상호 압력과 필요의 문제이다. 인간 종 내부의 인구압의 문제와 그것의 해결을 위한 산업의 발달은 도리어 인간 종 외부의 생태학적인 압력과 서로 충돌하고 있다. 쉽게 말하면 "인구는 너무 많다." 인간은 천국이나 극락을 가기 위해 기도하고 수도하는 것이 아니라 인구자체를 줄일 필요가 더 있는 것이다. 생태계 내에서의 인구 많음도 문제인데 인간은 도리어 영원히 살려고 한다. 혹자는 영원은 이성의 질병이라고까지 말한다. 인간에겐 새로운 최면이 필요하다. 다른 동식물과 함께 적당한 인구를 유지하면서 서로 공존하는 지혜가 필요하다. 그러한 점에서 새로운 과학과 새로운 종교가 필요한 셈이다.

애니미즘, 토테미즘, 샤머니즘, 그리고 고등종교에 이르기까지 모든 신앙의 형태는 바로 최면의 제도였는지 모른다. 그렇다면 철학하는 이유에 대해 인간의 삶의 의식화 혹은 최면(催眠)의 문제와 결부시켜 볼 필요도 있다. 최면이란 나쁜 것이나 사이비가 아닌, 우주의 무의식과 소통하는 메커니즘으로 보인다. 어떤 모르는 것에 대해 궁극적으로 그렇다고 생각하는 것은 일종의 최면효과를 지닌다. 특히 종교의 역사는 최면의 문제와 떼려야 뗄 수 없다. 조상인간들은 삶을 거의 종교에 의지해서 영위해 왔다. 그 후 이것이 분화되어 진선미에 대한 의식의 발전을 가져왔다. 진선미는 인간으로 하여금 "이렇게 살아라."라고 하는 의식화와 최면의 문제가 된다.

자기최면을 통해 엑스터시[41]에 이르는 가장 훌륭한 기술자가 무당이었다. 무당은 과거의 귀신을 미래로 사용하는 자이다. 그러나 네오 샤먼(neo - shaman)은 신을 미래로 사용하는 자이다. 인간의

---

41) 무당의 엑스터시는 모든 리듬 있는 것의 클라이맥스 혹은 오르가즘의 변형이라고 보는 설이 있다. 엑스터시, 클라이맥스, 오르가즘은 같은 구조인 셈이다.

삶은 과거에 자신최면을 걸든, 미래에 자기합리화를 하든, 삶이라는 예술을 하는 것이다. 삶=예술은 결국 신(神)과 이성(理性)을 두 기둥으로 삼지만 남는 것은 결국 살다가 죽었다는 사실뿐이다. 그리고 생물학적 DNA를 자손에게 물려주고 죽은 호모사피엔스 사피엔스일 뿐이다. 인간의 어떠한 행위도 결국 자연을 은유하거나 환유한 것에 불과하다. 그러한 점에서 인간은 자연의 자기복제의 일종이다. 그러한 점에서 종교와 과학과 예술의 삼자 가운데서 가장 중요한 것은 역시 예술이다. 인간은 자연의 자기복제의 예술이다.

인류학자들은 철학자들과 달리 왜 고대의 인간이 현대의 인간과 다른가에 대해서 혹은 현대의 인간이 고대의 인간들과 달라야 하는지에 대해서 잘 모른다. 고금이 소통되는 것이고, 호모사피엔스 사피엔스가 그 후 지금까지 크게 변한 것이 없다면 그들의 방법이 왜 현대인의 방법과 소통될 수 없는지에 대해서 의문을 제기한다. 철학도 오만을 버려야 한다. 그러기 위해서는 인간의 문화의 원형에 좀 더 가까이 다가가지 않으면 안 된다. 다시 말하면 원시인의 모습에서 거꾸로 우리를 발견하는 노력을 벌이지 않으면 안 된다. 이는 현대인이 지구적인 정신적 분열현상에서 치유되기 위한 자구 노력에 속한다. 이제 팽창의 노력보다는(노력에 못지않게) 수렴의 노력을 해야 한다.

현대에 있는 것만을 가지고 보편성을 논한다는 것은 결국 시대적 한계성에 머물게 된다. 이것은 보편성이 아니라 시대적 특수성이다. 그렇다면 고대에, 나아가서 원시에도 있었던 것을 가지고 논할 수 있을 때에 보편성을 얻게 된다. 결국 고금동서를 소통하지 않고는 보편성에 도달하지 못한다. 그런 점에서 인간의 자기최면은 고찰해 볼 가치가 있다. 인간은 무엇보다도 스스로를 최면하게 함으로써 자연에 적응하면서 동시에 자연을 극복한 동물 종으로 여겨진다. 그 최면이라는 것은 자칫하면 유치한 원시종교의 특성쯤으로 보기 쉬운데 실은 그보다는 훨씬, 아니 인간의 모든 활동, 예술, 종교, 과학 등 문화전반에 걸쳐서 공통적으로 추출되는 것이다. 인간은 자기최면을 함으로써 지금까지 발전하고 진화해 왔다고 보아도 무방할 것 같다.

인간은 아포리아(aporia)에 대한 자기최면의 존재이다. 이 최면은 3가지 차원에서 진행되는데 그것이 학문, 예술, 종교이다. 이것이 바로 천(天), 지(地), 인(人)의 상호 순환작용으로 일어나는 것이고 그 결과가 진(眞), 미(美), 선(善)이다. 이것은 맑은 정신 상태에서 걸리는 최면이다. 인간은 자신도 모르게 그러한 최면에 걸려 있으며 실지로 그 최면에 걸려야 행복할 수 있다. 최면에 걸리지 않으면 아무것도 신명나게 할 수 없다. 최면에 걸리는 것이 바로 신명나는 것이다. 인간은 거대한 우주에서 자신의 존재가 너무 초라하기 때문에 자신에게 최면을 걸지 않으면 도대체 살아갈 수 없었을 것이다. 신(神)과 이(理)라는 것도 그렇고, 자연과 인간을 닮은 크고 작은 이미지들, 특히 거대한 이미지들, 예컨대 유일신, 지고신(至高神)들, 범신(汎神)들도 그렇다. 이것은 모양은 다르지만 결국 자기 자신의 분신들이며 '아포리아＝X＝하나의 것'의 여러 가지 측면과 기능들이다.

현실적 존재들이란 동양에서는 기(氣)라고 말한다. 기(氣)는 극미(極小)한 단위로 하나의 계기에 불과한 것들인데 이것의 합생으로 생긴 극대(極大)한 것도 기(氣)이다. 기(氣)의 합생으로서 신(神)도 있고, 이(理)도 있다. 화이트헤드의 문맥을 따라가 보면 결국 자기 초월적 주체와 영원한 객체들은 이(理)와 기(氣)의 상호작용(相互

作用)을 양쪽(전자는 理의 편에서, 후자는 氣의 편에서)에서 말한 것이 되고 신(神)도 그 작용의 결과로 합생(合生)의 최고봉을 말하는 것이 된다. 그래서 신도 '이(理)의 신＝성부'가 있고, '기(氣)의 신＝성령'이 있고, '인간적(人間的)인 신＝성자'가 있는 것이다. 화이트헤드는 기(氣)를 '느끼는(feeling) 것'이라고 했다. 그래서 화이트헤드는 합생의 여러 단계를 순응적 느낌, 개념적 느낌, 단순한 비교적 느낌, 복잡한 비교적 느낌 또는 지성적 느낌이라고 설정하였다. 그래서 혼성적 파악(hybrid prehension)이 필요하다.

철학이나 미학에서 '궁극적 하나'라고 하는 것은 그것 자체가 이미 아포리아이다. 아포리아는 영원한 X이다(아포리아＝X). 아포리아는 결코 말하여지는 것을 허용하지 않는다. 따라서 이름이 있는 어떠한 것도 아포리아의 실체가 아니다. 궁극적 아포리아는 분석과 해체를 결코 허용하지 않는다. 단지 아포리아에 접근하는 3가지 방식, 천지인(天地人)이 있을 따름이다. 그러니까 천지인은 고정된 사물과 개념이 아니고 상징이다. 상징은 사물과 이(理)와 기(氣)와 상호작용을 한다(象徵↔事物↔理↔氣). 아포리아는 오직 자기최면만을 요구한다. 이들 3가지 방식도 자기최면의 종류이다. 자기최면이 어느 차원에서 이루어지고 있느냐는 다른 문제이다. 차원이 높은 자는 원의 둘레가 클 것이고 낮은 자는 원의 둘레가 작을 것이다.

우주는 여러 차원(dimension)으로 구성되어 있다. 그러나 최고의 차원은 결국 최저의 차원으로 내려오지 않으면 안 된다. 그래서 미륵부처가 있고, 재림예수가 있는 것이다. 또 불보살들이 있고, 기타 성인들이 있는 것이다. 천지는 하나이기 때문이다. 흔히 차원이 높은 것만 생각하기 쉬운데 잘못하면 이것이 영혼의 계급 같은 것이 되어서 타락의 원인이 된다. 기성종교가 활력이 부족하게 되고 권력화되고 타락하는 이유가 바로 여기에 있다. 그래서 새로운 영혼의 순환을 이루어야 삶의 새로운 활력이 일어나는 것이다. 자연의 생태학적 먹이체계가 사회적으로 계급이 되고, 다시 영혼의 계급이 된다면 이는 바로 우주의 꽉 막힘이 된다. 막힌 우주를 다시 풀기 위해서는 그것을 여는 열쇠가 필요한 것이다. 그것이 가장 낮은 곳에 있는 태모신 마고이고 마고의 희생(犧牲)이다. 마고는 희생을 통해 다시 천상의 문을 연다. 이것이 지천(地天)이다.

"하늘은 스스로 돕는 자를 돕는다."는 말이 있다. 또 "두드려라. 열릴 것이다."라는 말이 있다. 이 말은 "'뜻'이 있는 곳에 길이 있다."는 동서양의 대표적 말이다. 한자말에 '뜻'을 표시하는 두 단어가 있다. 의(意)는 "인간이 서서(立) 태양(日)을 바라보는 마음(心)"이고, 또 다른 말인 의(義)는 "인간이 스스로(我) 제물, 양(羊)이 되는 것"이다. 이것은 문명의 두 방법을 나타낸다. 인간은 태양을 바라보면서 살았고, 동시에 자신의 몸을 희생함으로써 살았다. 이것은 바로 '천(天)/의(意)'와 '지(地)/의(義)'를 나타낸다. 인간은 결국 '하늘과 땅/자연'에 적응하는 것밖에 다른 길이 없다. 이것이 도(道)이다. 도덕경 첫머리에 이러한 구절이 나온다. 여기서 말할 수 없는 것, 이름할 수 없는 것, 이것이 바로 '아포리아＝X'이다.

"말할 수 있는 도는 영원한 도가 아니다. 이름할 수 있는 이름은 영원한 이름이 아니다. 이름이 없는 것이 천지의 시작이고 이름이 있는 것은 만물의 어머니이다. 그러므로 항상 욕심이 없으면 그 묘함을 보고 항상 욕심이 있으면 그 나타남을 본다. 이것은 둘 다 같은 데서 나오지만 이름은 다르다. 같은 것을 '현'이라고 한다. 현 중의 현은 중첩된 묘의 문이다."(道可道非常道, 名可名非常名. 無名天地之始, 有名萬物之母. 故常無欲以觀其妙, 常有欲以觀其

徼 此兩者同出, 而異名, 同謂之玄. 玄之又玄, 衆妙之門)

이름이 있고 나타남이 있는 것은 만물의 어머니이다. 천지의 시작은 이름이 없다. 그런데 왜, 여기에 아버지는 없는가. 그런데 가부장사회는 아버지를 이름으로 삼았으니 결코 천지의 시작을 볼수 없었다. 어머니를 통해서 이름을 찾는 길밖에 없다. 이것은 "땅으로부터 하늘로 올라가야 하늘도 제대로 알 수 있다."는 뜻이다. 너무도 단순한 이것을 위해서 인류는 먼 길을 돌아왔다. 길을 돌아온 이유도 역시 먹고살아야 하는 자연이다. 인간은 먹고살아야하는 자연의 조건 위에서 자기최면의 여러 방식을 개발하여 적응해 온 동물이다. 그것이 문화이고 습관이고 제도이다. 그러한 문화, 습관, 제도들은 당연히 현실적 존재들의 어떤 계기에 의해 바뀌는것이 당연하다.

인간의 문자는 상형문자에서 시작하였다. 처음에는 그림글씨였다는 뜻이다. 그러나 나중에 문자가 생기고 이미지와 문자는 서로떨어지게 된다. 그래서 이미지는 극단적으로 전혀 논리가 없고 이미지만 있는 것이 있을 수 있게 되고, 문자는 극단적으로 전혀 이미지가 없고 논리만 있는 것이 있을 수 있게 되었다. 인간은 시각으로 이미지를, 청각으로 발성기관으로부터 나오는 말을 듣게 된다. 시각은 사물과 바로 대하지만 청각은 사람(말하는)과 사람(듣는) 사이에 성립되는 것이다. 청각은 사물과 바로 직접적이지 않다는 말이다. 그래서 간접적이다. 이 간접성이라는 말은 추상적인 것과 상관관계를 갖는다. 물론 문자가 점토판이나 종이에 써지면서시각적으로 확인할 수 있게 되지만 그것은 훨씬 뒤의 일이다. 이미지는 구체성을, 문자는 추상성을 요구한다.

이미지는 여성성을, 문자는 남성성을 표상한다. 이것이 문명, 다시 말하면 부계사회와 모계사회의 문명적 특성과 관련이 있을 줄이야. 여성은 이미지시대에 유리하고, 남자는 문자시대에 유리하다. 여성은 여러 가지 점에서 형상적(이미지)이고 구체적이다. 남자는 여러 가지 점에서 문자적이고 추상적이다. 남성과 여성의 신체적 조건도 그렇다. 예술인류학이 자궁인류학(matrix anthropology)인 것은 바로 이미지를 추구하는 것이고, 문명의 가부장 — 비대칭구조를 자연의 모계 — 대칭구조로 치유하려는 것이다.

자연은 신의 예술이다. 신은 이제 가장 위대한 예술가이다. 신은 죽은 물질도 아니고, 높은 곳에 떠 있는 법칙도 아니고, 지금 정령으로 천지만물에 떠돌고 있다. 자연과 문명을 생명으로 바라보려는 노력을 하지 않으면 안 된다. 자연은 생명으로 바라볼 때 생명이 되는 것이고, 물질로 바라보면 물질이 되어버린다. 바로 대칭적 구조 사이에서 자연은 숨을 쉬면서 생명의 광채를 발휘(發輝)하고 있는 것이다. 질서를 위해서, 문명을 위해서 비록 비대칭구조를 사용하지만 언제나 대칭성을 회복함으로써 조화를 달성하여야 한다. 하늘은 하늘이기 때문에 땅이 되어야 하고, 땅은 땅이기 때문에 하늘이 되어야 한다.

[발문]

◆ 예술인류학으로 밝힌 한국적 심정의 원형

문화·예술현상에 대한 연구는
시간(역사)과 공간(사회) 속에 존재했던 인간의 삶에 대한
정신적 가치관의 연구로부터 비롯된다.

金在權(미술이론가·경희대강사)

이 책은 예술인류학이라는 새로운 학문적 코드로 한국의 문화·예술 현상의 상징(의례)을 연구 분석함으로써, 한국문화의 원형, 즉 '한국문화＝심정문화'라고 하는 가설을 증명해 보이고 있다.

일반적인 의미로 볼 때 어떤 특정 문화는 인종·언어·관습·신봉대상 등에 종속된 채 그 특성을 드러내게 되는데 이때 예술은 하나의 상징(의례)처럼 나타난다. 따라서 문화·예술현상을 연구하기 위해서는 시간(역사)과 공간(사회) 속에 존재했던 인간의 삶에 대한 정신적 가치관의 연구로부터 비롯되는 것이며 접근방식에 따라서는 여러 가지 시각의 차이를 드러내게 된다. 특히 오늘날의 문화·예술현상은 종래의 철학적이거나 역사적인 접근방법 외에

예술학 · 인류학 · 생태학 · 언어학 · 사회학 · 징후학 · 심리학 등 다양한 접근방법이 적용되고 있다.

이러한 점에서 볼 때 한국에서 저자에 의해 '예술인류학'이라는 새로운 학문 코드가 등장하게 됨은 아직까지 열악한 환경에 처해 있는 한국 인류학계의 학문적 위상에 새로운 변화가 일고 있음을 시사해 주고 있다.

◆ 한국문화의 골격은 기(氣)

저자는 이 책에서 예술인류학의 연구 범위를 타 학문과 연계하여 상세하게 비교 분석한 뒤 예술인류학의 기본이 되는 철학과 방법론, 그리고 모델(패러다임)제시를 포함하여 예술인류학의 생성배경, 문화와 비교문화론, 문명사적 시각으로부터 비롯되는 예술인류학의 필요와 등장, 그리고 당위성을 피력하고 있다.

저자는 이 책에서 예술인류학은 학문적 대상이 아닌, 하나의 방법으로서의 문화 예술적인 상징(의례)을 연구 분석하고 있다고 말한다. 따라서 그 방법론에 있어서는 동양의 전통철학인 음양론(陰陽論) 중 양(陽)에 속하는 기(氣)를 주제로 선택, 과학(학문)과 예술 그리고 종교를 언어⇄상징⇄기(氣)⇄사물이라는 네 가지 변수에 위치시켜 이에 대한 상관관계를 통합적으로 고찰하고 있다.

저자는 기를 역동적인 힘을 지닌 하나의 에너지로 규정하고 기야말로 한국문화의 골격을 이루고 있으며 이로부터 비롯되는 상징(의례)을 연구를 통한 신화적인 원형의 발견만이 한국문화의 올바른 이해를 돕는 길이라고 서술하면서 이를 위한 철학적 토대가 요구되고 있음을 강조하고 있다.

특히 기가 언어화되는 과정을 관념론적 입장에서 체계적으로 설명하는 단계에서는, 상징적 자연주의 또는 자연적 상징주의 모델의 하나인 '역동의 장(場)의 개폐(開閉)이론(DSCO)'을 인류학자인 강신표가 제안한 '시간과 공간의 이원적 장치의 상호교환의 변증법적 호혜성(BSTD)모델'에 대비시켜 비교 분석해 감으로써 자신의 DSCO이론에 대한 당위성을 주장하고 있는데 이는 한국 인류학계에 있는 최초의 본격적인 학문적 토론이라는 점에서 눈길을 끌고 있다.

여기서 저자는 강신표의 구조인류학적 코드에서 비롯된 이원론(이원적 理氣)을 자신의 예술인류학적 코드인 일원론(일원적 理氣)에 대비시켜 비교 논술하고 있다. 즉 강신표의 이원론은 음양대립의 이원적이기로, 시간과 공간을 이원론으로 보고 이것의 동적 관계에서 일원적인 것을 추구하는 분석적 입장의 이분법을 채택하고 있으며, 저자의 이원적 일원론은 장(場)의 표현형태로 개폐(開閉)의 상태를 설정, 개의 상태는 일원적이고 폐의 상태는 이원적인 것으로 역동적인 입장을 취하고 있다. 말하자면 강신표의 논리는 '언어의 구조화 과정에서 발전한 것'이라면 저자의 그것은 '감각의 비(非)언어적 상징화' 속에서 탄생된 이론이라 할 수 있다.

그런데도 불구하고 나의 전공 분야인 예술학적 코드에서 본다면 이 두 사람의 이론적 주장은 모두 정당성을 지니고 있다고 판단된다. 왜냐하면 인간의 모든 창조행위는 '감각→사고→지각→개념→매체→행위→이미지 또는 상징'으로 나타나게 되는데 강신표의 이론은 사고(思考) 시스템 위에 세워지는 개념 분석적인 것이며 저자의 그것은 직관(감각)시스템 위에 세워지는 상징 분석적이기 때문이다.

◆ 동양문화 분석에 적합한 이론

사실상 이 두 개의 논리적 쟁점은 서로 다른 학문적 코드에서 비롯된 당연한 것으로, 서로 상충적 관계가 아니라 상호 보완적 관계이다. 즉 저자의 DSCO이론은 전통적 문화·예술, 그것도 동양의 문화·예술현상 분석에 적합한 이론이며 강신표의 BSTD이론은 서양의 문화·예술현상 그것도 현대문화·예술현상 분석에 적합하다고 본다. 왜냐하면 동양인은 서양인에 비해 감각적인 체질과 능력을 소유하고 있으며 서양인은 동양인에 비해 사고적인 체질과 능력을 지니고 있기 때문이다. 그 결과, 동양에서의 창조성은 무(無)개념이 패권적인 극화 현상으로 나타나며 서양에서는 개념과 방법으로서의 메시지가 극대화되는 현상을 볼 수 있게 된다.

특히 오늘날의 서양 현대예술은 과거 자신들의 전통예술에 존재해 왔던 관조적 형태를 철저히 거부함으로써 상징이라고 할 수 있는 이미지가 배격된 채 언어분석을 통한 개념이나 행위의 과정인 현상으로서의 문화예술을 형성해 가고 있는 것이다. 반면에 저자의 DSCO이론은 이미지 분석 방법론으로 동양, 특히 한국인의 의식구조나 전통적 문화·예술현상의 연주 분석에 가장 적합한 논리적 구조성을 지니고 있다.

학문의 코드는 많을수록 좋다. 그래서 오늘의 학문적 위상 역시 종래의 단일화된 코드에서 볼 수 있는 깊이로서의 학문이 아니라 넓이로서의 그것이라고 볼 때 이 책은 학술적인 충분한 가치를 지니고 있다.

박정진 ————————————————————————————————————

▌약 력

대구에서 태어나 한양대학교 의예과를 수료하고 동 대학 국문과를 졸업한 뒤 영남대학교 대학원에서 문화인류학과 박사과정을 마친 특이한 이력의 소유자이다.

대학 졸업 후 경향신문을 통하여 언론계에 투신한 이후 20여 년간 언론계에 몸을 담고 있다. 또한 그는 문화비평가로, 문화인류학자로 활동하면서 권위 있는 시 전문지인 월간 <현대시>를 통해 시인으로 등단하여 주위를 놀라게 하기도 했다.

세계일보 논설위원으로 재직하기도 했으며 현재도 한국 문화 및 인류 문화 전반에 걸쳐 진단, 집필 중이다.

예술인류학으로 본 풍류도

초판인쇄 | 2009년 9월 25일
초판발행 | 2009년 9월 25일

지은이 | 박정진
펴낸이 | 채종준
펴낸곳 | 한국학술정보㈜
주 소 | 경기도 파주시 교하읍 문발리 파주출판문화정보산업단지 513-5
전 화 | 031)908-3181(대표)
팩 스 | 031)908-3189
홈페이지 | http://www.kstudy.com
E-mail | 출판사업부 publish@kstudy.com
등 록 | 제일산-115호(2000. 6. 19)

ISBN   978-89-268-0399-8 93150 (Paper Book)
       978-89-268-0400-1 98150 (e-Book)

이담
Books 는 한국학술정보㈜의 지식실용서 브랜드입니다.